国家社会科学基金项目成果

温州大学 学术精品文库

U0462483

著

欧洲国家的
社会住房政策研究

A Study on Social Housing Policies
in European Countries

当代世界出版社
THE CONTEMPORARY WORLD PRESS

图书在版编目（CIP）数据

欧洲国家的社会住房政策研究／李罡著. -- 北京：
当代世界出版社，2024.12
ISBN 978-7-5090-1745-6

Ⅰ. ①欧… Ⅱ. ①李… Ⅲ. ①城市-住房政策-研究
-欧洲 Ⅳ. ①F299.5

中国国家版本馆 CIP 数据核字（2023）第 088016 号

书　　名：欧洲国家的社会住房政策研究
作　　者：李罡 著
出 品 人：李双伍
策划编辑：刘娟娟
责任编辑：刘娟娟　杨啸杰
出版发行：当代世界出版社
地　　址：北京市东城区地安门东大街 70-9 号
邮　　编：100009
邮　　箱：ddsjchubanshe@163.com
编务电话：(010) 83907528
　　　　　(010) 83908410 转 804
发行电话：(010) 83908410 转 812
传　　真：(010) 83908410 转 806
经　　销：新华书店
印　　刷：北京新华印刷有限公司
开　　本：710 毫米×1000 毫米　1/16
印　　张：23
字　　数：310 千字
版　　次：2024 年 12 月第 1 版
印　　次：2024 年 12 月第 1 次
书　　号：ISBN 978-7-5090-1745-6
定　　价：88.00 元

目　录

第一章 导 论

一、问题的提出及研究意义

20 世纪 80 年代以来，伴随着经济体制改革，中国对住房制度也进行了一系列的改革。与其他国家住房市场化改革类似，中国首先通过向住户出售福利公房的方式，推行公房私有化改革，并逐渐取消原有的福利住房分配制度。1998 年，以国务院发布《关于进一步深化城镇住房制度改革加快住房建设的通知》为标志，自新中国成立以来实行的福利住房分配制度彻底终结。政府从福利住房的主要提供者的角色中退出后，开始大力促进房地产市场的发展，以使市场成为满足居民住房需求的最主要手段。房地产及相关产业快速发展，成为中国经济发展的重要推动力量之一。为了解决低收入人群的住房需求，保证住房市场化改革的顺利推进，中国不断制定和完善新的住房保障制度，形成了包括安居工程、经济适用房、廉租房、公租房、自住商品房等多种形式在内的住房保障体系。经过 30 多年的改革，中国城镇居民的居住条件有了很大改善。

但是，应该看到在改革进程中，中国在住房领域涌现出很多问题，住房保障制度还有待完善。作为人口大国的中国正处在工业化和城市化较快发展的时期，住房保障面临较大压力，与西方发达国家相比，中国的住房保障体系在制度设计、组织管理、法律建设等方面存在诸多值得改进之处。城市化过程中面临的一个难题就是城市人口增长产生的住房需求与住房供应之间的矛盾。"安居"方可"乐业",保障本国公民住有所居不仅是政府的义务和责任,也是对公民住房权的尊重。住房不仅是一种商品,而且是居民家庭赖以生存的生活必需品,具有社会属性。住房权是公民个人与生俱来的基本权利,即每当有一个人降生在这个社会,社会就有义务保证为他提供最基本的居住条件。公民个人是社会形成的元单位,保证公民个人的基本居住条件,实际上是维系整个社会生存、发展与繁衍的前提,也是社会公平正义的体现。作为工业革命的发祥地,欧洲是世界上开启城市化进程最早和城市化程度最高的地区之一。经过上百年的发展,欧洲国家的社会住房政策日益完善,在解决城市住房问题中发挥了重要作用,是维系社会稳定的润滑剂。《欧洲人权公约》《欧洲社会宪章》均充分体现了欧洲对住房社会权的解释与认识。充分认识和理解欧洲国家社会住房政策的框架结构、制度设计、组织管理模式,总结和归纳欧洲国家社会住房政策的成功经验,对于推进中国的住房保障制度改革与完善,提高住房保障管理的水平和效率具有一定借鉴意义。概括起来说,研究和认识欧洲国家的社会住房政策及其成功经验是本课题研究的出发点,为中国住房政策体系的科学构架提供经验借鉴和智力支持是本课题研究的落脚点。研究欧洲国家的社会住房政策具有一定的社会现实意义和理论价值。

二、相关文献综述

关于欧洲住房问题研究的文献非常庞杂,涉及经济学、金融学、社会学、公共政策学、城市土地规划学、环境学等多个学科和领域。本课题以欧洲社会住房政策为主要研究对象,在文献资料的搜集和整理中聚焦欧洲社会住房政策。概括起来,关于欧洲社会住房政策研究的文献主要包括以下几个方面。

（一）关于住房政策的理论研究

马克·斯蒂芬斯认为，20世纪，在欧洲与亚洲等的诸多国家与地区，随着经济的增长与城市化进程的加快，提供公共住房成为这些国家与地区应对城市化和解决城市住房问题的常见措施。但在20世纪90年代末，公共住房的诸多弊端逐渐暴露，如政府财政负担过重、向贫民窟转化、社会排斥等问题被视为公共住房的伴生物。随着新自由主义经济学的复兴和"华盛顿共识"成主流思潮，私有化一度成为一种世界性浪潮。不仅西方发达国家在住房领域进行了私有化改革，欧洲前社会主义国家更是进行了大规模的住房私有化改革，导致中东欧地区出现了拥有"超高住房自有率"的国家。正处于改革开放和城市化进程中的中国也在住房领域进行了类似的改革。肇始于美国的次贷危机演变为全球金融危机，欧美各国为了走出危机纷纷实行财政紧缩政策，财政紧缩使得公共住房预算减少，公共住房供给出现下降。欧美政府从房屋直接供应者这个角色中进一步脱离出来，选择性拆迁、鼓励混合型的住房产权机构和提高需求方补贴成为大多数西方国家保障性住房政策的主要做法。[①]

刘志林、景娟、满燕云认为，欧美发达国家政府从19世纪末开始介入住房领域，并在提高家庭住房支付能力、改善居民住房条件，以及改善住房不平等状况等方面采取了多种措施。不同地区、不同历史时期形成的政策模式和政策工具，为中国完善适应市场经济体制的保障性住房政策体系提供了丰富的参考。但值得注意的是，各国和地区在各个历史时期选择特定的政策手段，与其面临的特定住房与城市发展问题、宏观经济环境等密切相关，也受到不同时期主流政策理论思潮的影响。因此，在回顾保障性住房政策的国际经验时，必须将其放

[①] 陈杰、马克·斯蒂芬斯、满燕云编,陈杰译:《公共住房的未来——东西方的现状与趋势》,北京:中信出版社,2015年版,第6—7页。

在特定的历史条件下来评述。①

自 20 世纪 70 年代以来，自由主义经济思潮再度复兴，并随着全球化进程向世界各国和社会领域渗透。受新自由主义经济学的影响，住房政策领域逐渐形成了一种统治性话语，即随着自由住房市场的发展，所有国家的社会住房都将最终走向一种最小化的、残余化的模式，成为市场住房补充的社会安全网。瑞典学者凯梅尼通过梳理欧洲大陆（尤其是北欧国家）社会住房模式的历史理论根源和实施机制，提出北欧国家的社会住房并非英美自由主义的一个变体，而是建立在"社会型市场模式"基础上的。凯梅尼将市场分为"营利型市场"和"社会型市场"两种模式，两种模式代表社会政策的两种不同取向。"营利型市场模式"起源于"经济人"概念，以效用最大化为基本原则。而在"社会型市场模式"中，经济领域并非一个不受限制的追逐利润的竞技场；相反，它必须面对来自非营利机构的竞争。经济和社会的因素被认为有着同等的重要性。②在"社会型市场模式"下，住房政策的目标不是市场利益的最大化，而是要通过有效的、与市场原则一致的干预，实现社会利益的最大化。凯梅尼认为，北欧国家即属"社会型市场模式"，其社会住房不是一种与市场隔离的、残余化的、针对弱势人群的住房，而是一种面向社会各阶层、与营利型住房在同一个市场上竞争的住房。此种社会住房在其成熟化过程中带来的逐渐降低的成本，为人们提供负担得起的住房，同时起到调节市场住房价格的作用。

（二）对欧洲国家社会住房含义的界定和分析

从欧洲国家社会政策理论和实践的发展可以看出，住房政策一直是欧洲国家社会政策的重要组成部分。但是，大多数研究住房政策的

---

① 刘志林、景娟、满燕云：《保障性住房政策国际经验——政策模式与工具》，北京：商务印书馆，2016 年版，第 3—4 页。

② 吉姆·凯梅尼著，王韬译：《从公共住房到社会市场：租赁住房政策的比较研究》，北京：中国建筑工业出版社，2010 年版，第 5 页。

文献都没能给出一个"住房政策"的明确定义，欧洲各国对"社会住房"的界定存在差异，甚至对社会住房的称呼也不尽相同。欧洲公共住房、合作社住房和社会住房联合会（CECODHAS Housing Europe，以下简称"欧洲住房联合会"①）发布的社会住房政策报告②从欧洲国家社会住房的多样性特点出发，从社会住房的保有形式、社会住房提供主体、社会住房目标群体、社会住房融资模式等方面分析和界定了欧洲国家社会住房的差异性。从社会住房的保有形式来看，多数欧洲国家社会住房采取出租形式，即以低于市场平均水平的租金将社会住房出租给符合条件的申请者。有些欧洲国家还存在共有产权模式的社会住房，如英国，即政府和申请者共同占有住房的部分产权。而在希腊、西班牙、塞浦路斯等南欧国家，社会住房仅以低价出售的方式提供。从社会住房的提供主体来看，欧洲各国也存在明显差异，包括地方政府、公共公司、非营利公司（或限制性营利公司）、私营营利性公司、住房合作社等多种主体。从社会住房的目标群体来看，在一些欧洲国家，社会住房面向各个阶层的申请者，荷兰是这类国家的典型代表。社会住房面向全体市民的做法的主要是为了促进社会融合，防止贫困

---

① 欧洲住房联合会成立于 1988 年，总部位于比利时首都布鲁塞尔，是覆盖欧洲住房领域的网络机构，同时也是欧洲关于住房市场、住房政策、社会住房研究的重要机构。欧洲住房联合会由欧洲 24 个国家的 45 个全国性或地区性住房联合会组成，包括各种类型的住房协会和机构 4.3 万家，共管理和拥有 2600 万套住房，占欧盟住房总存量的 11%。欧洲住房联合会的最高管理机构是董事会，由主席和 8 名成员组成。董事会主席和成员不管来自哪个国家，均需遵守联合会的章程，代表联合会行使相应的管理权限，均不代表母国或其所属的住房机构。董事会主席任期 3 年，由欧洲住房联合会大会选举产生，董事会成员任期 3 年，每年改选三分之一。欧洲住房联合会董事会下设 5 个专门工作委员会，分别为能源与建设委员会、经济与金融事务委员会、社会事务委员会、城市事务委员会和欧洲社会住房研究中心。欧洲住房联合会社会住房研究中心（CECODHAS Housing European Observatory）成立于 2004 年，是欧洲住房联合会的专门研究机构，其主要工作职能是确定和发布研究项目选题，分析欧洲层面的住房和社会住房发展趋势，通过战略性和实证性分析为欧洲住房联合会的政策制定提供理论依据。欧洲社会住房研究中心除了完成和发布研究报告和研究简报外，还参加很多欧盟资助的研究项目，同时该中心与一些欧洲和国际机构，如经合组织、联合国欧洲经委会、欧洲住房研究网等，保持密切联系。
② 欧洲住房联合会社会住房研究中心于 2007 年和 2012 年先后发布了关于欧洲社会住房、合作社住房和公共住房现状及政策的报告，是全面了解欧洲社会住房政策发展、现状和趋势的两篇重要文献。

人口的过度聚居和社会隔离，同时也可以发挥社会住房调节住房市场供需的作用。多数欧洲国家设定了严格的社会住房申请准入标准，申请社会住房的家庭收入通常不能高于最高收入限额。从社会住房的融资模式来看，欧洲各国社会住房建设的资金来源呈现出多样化的特点。政府拨款、政府低息贷款、商业银行贷款等是欧洲国家社会住房建设的主要资金来源。

（三）关于欧洲社会住房模式的研究

让·克劳德·德里昂将欧洲多样化的社会住房政策划分为"剩余模式"（Residual Model）、"一般模式"（Generalist Model）、"普惠模式"（Universal Model）三种。"剩余模式"的特点是社会住房供给不足，社会住房供给以穷人、被社会排斥的弱势群体、必须依靠政府帮助才能维持基本生存的人群为目标群体，这种模式主要涵盖了南欧以及东欧前社会主义国家，尤其以波罗的海国家及匈牙利最为典型。在"一般模式"下，社会住房虽然存在准入资格限制[①]，但其潜在目标是社会中的大部分人群。一旦市场无法提供充足合适的住房时，社会住房将作为市场的补充。法国、比利时、英国和德国都沿用了这种"一般模式"。"普惠模式"以在社会住房领域大量的资本投入和基本不设限制的准入为标志。在该模式下，政府将社会住房作为调控住房市场的主要工具，同时实行租金控制和租房补贴制度。瑞典[②]、丹麦、荷兰[③]的社会住房政策即属于此种模式。让·克劳德·德里昂认为，西欧发达国家的住房政策出现两种趋势：一种趋势是政府不断削减公共财

---

① 收入水平是社会住房准入的一个普遍标准，但一些欧洲国家（如英国、荷兰）还根据不同人群的社会条件对满足收入限制的目标人群进行细分，如残疾人、老年人、青年雇员等。

② 在瑞典，绝大多数社会住房属于市政住房协会，租住这些房屋并没有收入上限的约束，但优先考虑某些特殊类型和有特殊困难的家庭，如有残疾人的家庭、老年人家庭、贫困家庭等。

③ 荷兰的社会住房主要由非营利组织住房协会管理和分配，虽然社会住房申请者需满足最高收入标准限制，但该标准较高，满足条件的目标人群较为广泛。低收入人群具有获得社会住房的优先权，但中等收入人群也有资格申请社会住房。荷兰社会住房约占全国住房存量的33%，是欧洲社会住房比重最高的国家。

政中有关社会租赁住房的支出，另一种趋势是政府鼓励居民购置自有住房。这两种趋势的结果是政府不断缩小社会住房的目标人群范围，使社会住房越来越聚焦于最贫困的人口。这导致了"普惠模式"逐渐消失，并给"一般模式"敲响了警钟。[①]

欧洲住房联合会社会住房研究中心发布的《2007 年欧洲住房报告——欧盟 27 国社会住房、合作住房和公共住房政策评述》(*Housing Europe 2007：Review of Social，Cooperative and Public Housing in the 27 European States*) 根据社会住房比重和准入标准的不同将欧盟国家社会住房模式划分为两大类："普惠模式"和"目标模式"，"目标模式"又细分为"一般模式"和"剩余模式"。该报告对欧洲国家社会住房模式的界定略有不同。如表 1-1 所示，报告认为，荷兰、丹麦、瑞典社会住房为"普惠模式"（社会住房比重大于或等于 20% 且准入门槛较低）。属于"一般模式"的国家社会住房比重大多较低，如意大利、斯洛文尼亚、卢森堡、希腊社会住房比重在 10% 以下，奥地利、捷克、芬兰、波兰社会住房也属于"一般模式"，但社会住房比重相对较高。"剩余模式"国家的社会住房比重大多低于 10%，如爱尔兰、爱沙尼亚、马耳他、匈牙利、塞浦路斯、葡萄牙、保加利亚、立陶宛、拉脱维亚、西班牙。"剩余模式"国家集中在波罗的海沿岸和南欧，这与让·克劳德·德里昂的分析基本一致。报告将英国社会住房政策也划分为"剩余模式"，是因为英国社会住房比重虽然较高，但主要以低收入和贫困人群为目标群体，在分配模式上属于"剩余模式"。该报告认为，在法国、德国、比利时的社会住房分配中，"一般模式"和"剩余模式"并存，这与让·克劳德·德里昂的分析有较大差别。

---

① 让·克劳德·德里昂著，马璇、姚鑫译：《欧洲与法国社会住房政策的主要问题》，载《国际城市规划》，2009 年第 4 期，第 22—27 页。

表 1-1　欧盟国家社会住房模式分类

社会住房比重	普惠模式	目标模式	
		一般模式	剩余模式
≥20%	荷兰、丹麦、瑞典	奥地利	英国
11%—19%	—	捷克、法国、芬兰、波兰	法国
5%—10%	—	比利时、德国、意大利	爱尔兰、比利时、爱沙尼亚、德国、马耳他
0—4%	—	斯洛文尼亚、卢森堡、希腊	匈牙利、塞浦路斯、葡萄牙、保加利亚、立陶宛、拉脱维亚、西班牙

资料来源：Darinka Czischke and Alice Pittini, "Housing Europe 2007: Review of Social, Cooperative and Public Housing in the 27 European States", https://world-habitat. org/publications/housing-europe-2007-review-of-social-cooperative-and-public-housing-in-the-27-european-states/。

　　中国学者余南平则根据欧洲国家社会福利模式的差异，将欧洲国家社会住房政策模式划分为自由主义模式、斯堪的纳维亚北欧模式、欧洲大陆法团模式、欧洲大陆竞争法团模式、地中海国家模式、中东欧转型国家模式等。[①]

（四）对欧洲社会住房政策的全面综合性研究

　　在《2007 年欧洲住房报告——欧盟 27 国社会住房、合作住房和公共住房政策评述》中首先概述了欧洲社会住房的发展历程，然后运用大量数据综述了欧洲社会住房、合作社住房和公共住房的现状和面临

————————

　　① 余南平：《欧洲社会模式——以欧洲住房政策和住房市场为视角》，华东师范大学博士论文，2008 年。

的问题。报告最后一章分国别对欧盟 27 国的社会住房、合作社住房和公共住房情况进行了阐述和比较。为便于对欧洲国家社会住房情况和政策进行比较,报告在国别部分采取了相同的结构和体例。每个国别报告均包括六个方面的内容:社会住房、合作社住房和公共住房概况,住房市场变化趋势及其对社会住房政策的影响,社会和人口情况变化及其对社会住房需求的影响,社会住房政策变化与调整,社会住房提供机构的情况及变化,城市化进程中城市更新和可持续性社区政策。为了便于读者快速对欧洲国家住房情况有一个整体性和概要性的认识,在每个国家的国别报告部分均列有一个关于该国住房整体情况的数据表,表中的主要数据信息有:住房存量、住房可支付性、建设成本、住房市场变化、居住质量、住房和房租补贴、人口情况。①

2008 年,肇始于美国的次贷危机席卷全球,并蔓延到欧洲,引发欧债危机。欧债危机对欧洲经济和社会造成冲击,随着欧洲经济社会情况的变化,欧洲住房市场、社会住房、住房政策等也发生了变化,欧洲住房联合会社会住房研究中心于 2012 年再次发布《2012 年欧洲住房政策报告——欧洲社会住房政策概况》(*Housing Europe Review 2012:The Nuts and Bolts of European Social Housing Systems*)。这份报告聚焦欧洲国家的社会住房,详细论述了欧洲社会住房的含义界定、社会住房供需变化、社会住房政策调整。这份报告不仅仅是对 2007 年报告的数据更新,在内容上也做了较大的调整。报告第一章从住房保有结构、住房存量和短缺问题、住房可支付性、住房质量和居住条件、人口变化对住房市场的影响几个维度对欧盟 27 国住房情况进行分析。报告第二章则着重从社会住房的含义、社会住房存量、社会住房提供主体、社会住房融资方式、社会住房目标群体和准入标准等 5 个方面分析欧洲国家社会住房情况。该报告认为,欧洲国家的社会住房在保有结构、

---

① Darinka Czischke and Alice Pittini, "Housing Europe 2007: Review of Social, Cooperative and Public Housing in the 27 European States", https://world-habitat.org/publications/housing-europe-2007-review-of-social-cooperative-and-public-housing-in-the-27-european-states/.

提供主体、目标群体、融资模式等方面存在诸多差异，各国对社会住房的界定和称呼也不尽相同，但多样化的欧洲社会住房也存在一些共同特点。报告将欧洲国家社会住房的共同特点概括成如下六点：可支付性高、具有一定准入限制（制定分配原则）、公共性强（社会住房的建设和提供与地方政府存在密切联系）、稳定性强（社会住房租户租期长且稳定）、质量标准较高、租户与住房建设机构关系密切。报告第三章对欧盟 27 国的社会住房情况分别进行论述和比较，并配以大量的数据和图表。①

由凯瑟琳·斯坎伦、克里斯汀·怀特黑德等学者主编的《欧洲社会住房》（*Social Housing in Europe*）一书系统全面地介绍了欧洲主要国家社会住房的发展现状、融资模式、租金管理、准入分配制度、政策调整等。全书共分两个部分，第一部分为国别部分，各章对欧洲 12 个主要国家和地区的社会住房情况和社会住房政策进行了详细的介绍。该书根据欧洲各国社会住房占全国住房存量的不同比重，将其划分为社会住房比重高、中、低三类，社会住房比重高的国家和地区，包括荷兰、苏格兰、奥地利，社会住房存量占全国住房总存量的 20%—30%；社会住房比重处在中等水平的国家和地区，包括丹麦、瑞典、英格兰、法国，社会住房占 17%—19%；社会住房比重低的国家和地区，包括爱尔兰、捷克、德国、匈牙利、西班牙和中东欧国家，社会住房存量占全国住房存量的比重均低于 10%。在国别介绍部分，作者主要从社会住房历史和现状、社会住房融资制度、社会住房的分配制度、社会住房租金管理制度、社会住房补贴制度等方面对各国的社会住房制度进行了介绍和比较。第二部分为专题部分，超越国别限制，对社会住房领域的热点问题进行阐述和介绍。这一部分围绕欧洲社会住房政策的发展历史、社会住房目标群体、社会住房融资方式、社会

① Alice Pittini and Elsa Laino, "Housing Europe Review 2012: The Nuts and Bolts of European Social Housing Systems", https://www. researchgate. net/publication/236144096_Housing_Europe_Review_2012_The_nuts_and_bolts_of_European_social_housing_systems.

住房法律制度、城市化与社会住房、社会住房私有化等专题从欧洲层面阐述和分析欧洲社会住房政策。①

（五）关于欧洲社会住房融资模式的研究

詹斯·伦德、克里斯汀·怀特黑德编写的《欧洲住房金融发展》（*Milestones in European Housing Finance*）详细讲述了欧洲住房金融市场的起源和发展。全书围绕以下四个议题展开：一是自 20 世纪 80 年代以来，住房私有化和住房市场化改革的背景下，欧洲国家住房金融市场的变化与应对；二是全球金融危机对欧洲国家产业结构和企业融资方式的影响；三是西欧发达国家各国政府和欧盟如何解决和应对金融风险和负债率上升，中东欧国家政府如何健全和完善金融市场，创新产业融资模式；四是金融危机对各国金融市场造成冲击，欧洲国家如何应对可支付性住房融资面临的挑战。全书共 25 章，主要以国别为单位，对奥地利、比利时、捷克、法国、英国、匈牙利、冰岛、荷兰、挪威、波兰、葡萄牙、西班牙等欧洲国家的住房金融的发展、现状和挑战进行了介绍。②

欧洲住房联合会社会住房研究中心 2013 年发布《欧洲 6 国社会住房融资问题研究报告》（*Study on Financing of Social Housing in 6 European Countries*），通过大量的数据和具体案例对奥地利、英国（英格兰地区）、荷兰、德国、芬兰、法国的社会住房融资模式进行了详细介绍。报告对欧洲 6 个国家的社会住房存量情况、社会住房提供主体、社会住房融资方式、住房补贴制度、房租管理制度、社会住房分配管理制度等进行论述和比较。报告在论述奥地利、英国、德国、芬兰、法国 5 个国家社会住房建设成本和融资方式时，选用了具体的社会住房项目

---

① Kathleen Scanlon, Christine Whitehead and Melisa F. Arrigoitia, eds. *Social Housing in Europe*, Oxford：John Wiley & Sons, 2014.

② Jen Lunde and Christine Whitehead, eds. *Milestones in European Housing Finance*, Oxford：John Wiley & Sons, 2016.

作为典型案例，使得论述更加直观具体。荷兰的社会住房建设成本和融资方式则以全国平均水平进行分析。在分析奥地利社会住房建设成本和融资方式时，报告选取了位于维也纳市中心的一个社会住房建设项目作为典型案例。该项目 2010 年开工建设，2012 年完工，属于棕地（Brownfield）① 开发项目（原为铁路区），建成社会住宅 220 套，总使用面积 16 940 平方米，平均每套面积为 77 平方米，户型共有一至五室 5 种。该项目的配套设施和能耗标准为：100 个地下车库车位和 800 个自行车车位，平均每平方米能耗 43.1 千瓦时。土地使用成本每平方米为 280 欧元（每套约 2.2 万欧元），建筑材料和人工费约为每平方米 1710 欧元（每套约 13.2 万欧元），住宅建设总成本为每平方米 1990 欧元（每套约 15.4 万欧元）。就融资来源而言，该社会住房项目的融资来源主要包括社会住房公司的自有资金、商业银行贷款（贷款期限为 20 年，年利率为 3%）、公共贷款（贷款期限为 10 年，年利率为 1%）、房租收入，各类融资来源占该项目资金的比重分别约为 14.0%、41.9%、33.6%、10.3%。这一典型案例在一定程度上反映了商业银行贷款和公共贷款是奥地利社会住房建设资金的主要融资方式。根据该报告，2011 年，荷兰新建社会住房 26 917 套，每套平均建设成本约为 18.2 万欧元，其中土地成本约为 2.3 万欧元（占总成本的 12.6%），建筑材料和人工费约为 15 万欧元（占总成本的 82.2%），其他成本费用约为 0.9 万欧元（占总成本的 5%）。荷兰社会住房的融资来源主要有住房协会自有资金和政府担保银行贷款两条渠道，其中住房协会自有资金约占总资金需求的 25%，政府担保银行贷款约占 75%。可见，政府担保银行贷款是荷兰社会住房建设的主要融资来源。②

---

① 棕地是指被弃置的工业或商业用地，此类土地可能在过往的土地利用中被少量的有害垃圾或其他污染物污染，土地再次开发利用前需要做适当的清理和无害化处理。

② "Study on Financing of Social Housing in 6 European Countries", http://www. housing europe. eu/file/217/download.

（六）关于欧洲社会住房政策的国别研究

戴维·莫林斯和艾伦·穆里的《英国住房政策》一书对英国住房政策的历史发展和重要事件进行了系统而清晰的梳理。作者在第二章和第三章中简要介绍了英国住房政策的起源和发展（1997 年以前的住房情况和住房市场）。在工业化时代以前，英国政府和慈善组织分别通过《扶贫法》和救济院建设来解决贫困人口的住房问题。伴随着工业化时代的到来，英国社会出现更大规模和更加集中的住房问题，需要新的住房法律和住房政策工具来协调。1915 年，英国制定和实施《租金和按揭利率增长法》（战争限制条例）①，引入租金管制，标志着英国长期私人租赁住房管制的开始。1919 年，英国出台《住房和城镇规划法》（艾迪生法）② 和《住房法》（附加法）③，规定政府为社会住房建设项目提供财政补贴，标志着英国社会住房政策的开始。此后，英国对《租金管制法》和《住房法》进行多次修改和完善。1915—1945年，英国住房政策还包括贫民区拆迁和改造④、为贫困家庭发放住房补贴⑤等。二战后，因遭受战争破坏，英国城市住房严重短缺⑥。英国政府开始大量修建住房，增加住房存量。同时，这一时期也是英国住房政策不断成熟的时期。战后初期（1945—1953 年），在城市住房严重短缺的背景下，英国以增加住房供给为主要目标，将贫民区拆迁项目暂时搁置，由地方政府主导住房开发和建设，通过增加财政补贴的方

---

① 该法律要求租金和按揭利率维持在 1914 年 8 月的水平。

② 该法律要求为各地方政府的住房建设项目提供财政补贴。

③ 该法律要求政府给予为工人建设住房的私人建设公司提供财政补贴。

④ 1930 年,英国颁布新的《住房法》(格林伍德法),标志着英国住房政策的焦点从缓解住房短缺向改善居住环境转变。新法规定,每个拥有超过 20 万人口的地方政府均需制定贫民区清拆和改造的五年计划。

⑤ 尽管自 1919 年英国社会住房政策诞生以来,英国政府和非营利机构为低收入家庭建设了大量社会住房,但由于租金水平的限制,贫困人口仍然无力支付社会住房租。根据当时租房管理制度,当租户欠租累积到一定程度,所租住房就会被收回。为了使社会住房真正发挥解决低收入人群住房问题的作用,英国政府开始向低收入人群发放住房补贴,提高其房租支付能力。

⑥ 二战期间,英国全国大约有 400 万套住房被损坏或摧毁。

式促进社会住房建设。1948 年，英国地方政府建设的社会住房数量由 1945 年的 3364 套猛增到 190 368 套。在接下来的 10 年中（1954—1964 年），英国持续推动增加住房供给，但政府部门建造的住房数量开始下降，私人部门建造的住房数量开始增加。二战后的一段时间内，英国政府主导的社会住房建设取得了重要进展。在两次世界大战之间的 20 年里，英国地方政府建设住房 130 万套，不到私人部门建设住房数量的一半。但在 1945 年到 1965 年的 20 年中，英国地方政府建设住房 290 万套，比私人部门新建住房多了近 100 万套。1979—1997 年，连续执政的英国保守党在住房供给和住房政策方面进行了大规模的改革，采取的主要措施包括：促进自有住房的增长、住房私有化改革、放松住房市场管制、住房供给市场化等。这一时期的住房政策同时保留着部分早期住房政策的元素，具有一定的连续性。该书作者总结了 20 世纪 80 年代和 90 年代保守党执政时期英国住房建设和重要住房法律的演变过程，在第四章论述了工党执政时期（1997—2004 年）英国住房政策的变化与发展。

在对英国住房政策历史进行全面梳理的基础上，作者从地方、区域和民族差异的角度探讨了住房所有权的演化，论述了不同住房所有权形式（自有住房、私人租赁住房、社会住房）下的住房政策，综合考量了社会住房租赁部门，论述了政府对社会住房的治理和监管机制，探讨了住房管理机构改革、社会住房融资等问题，强调了非营利部门在社会住房建设中发挥的重要作用。作者还着重评价了住房政策与其他政策（如社会福利、社区规划、社会包容政策等）之间的相互联系。

戴维·莫林斯和艾伦·穆里认为，在英国，政府从来就不是住房的主要提供者，即使在政府住房提供的顶峰时期，社会住房也仅占全国住房供应总量的三分之一。大部分住房建设及其管理是由私营部门来组织实施的。尽管如此，社会住房在英国社会福利体系中仍占有重要地位。英国住房体系涵盖了各级政府、非营利机构和私营部门等各类机构和组织。①

约翰·艾克豪夫在《德国住房政策》一书中通过对比和分析民主德国和联邦德国在住房政策上的不同做法及其产生的经济和社会效果，揭示了以市场经济体系为基础，辅以社会保障政策的必要性和可行性。艾克豪夫认为，二战后，联邦德国采取市场经济为主导、辅以社会福利的住房保障政策，使住房问题得到了较为有效的解决，居民对自身的住房状况也较为满意。在联邦德国，对于大多数人来说，市场机制是唯一的调控准则，供给需求决定价格。联邦德国民众在"无形的手"的调控下，创造了战后的"奇迹"，经济得到高速发展。但是，联邦德国的市场经济，不同于很多其他发达国家的市场经济。在联邦德国，经济发展只是社会发展的一部分，经济发展最终是要为社会发展服务的。社会的发展，不能不考虑那部分无法通过个人力量获得生活尊严的人。完善市场机制但不干扰市场机制、救助需要帮助的贫困群体但同时激励他们尽快通过自身努力走出贫困，是联邦德国社会稳定、经济发展的基础。一个良好的社会经济体制，不应该对弱势群体视而不见。联邦德国的住房政策，大体上也是按照以上思路制定的，即市场机制解决大多数人的住房需求，政府则针对贫困群体予以资助。②

约翰·艾克豪夫对德国社会福利住房体系存在的问题进行了深入分析，并提出相应的改革建议。长期以来，德国社会福利住房建设主要采取为自用住房建设发放补贴和为社会住房开发建设机构发放补贴③两种补贴方式。约翰·艾克豪夫认为，"德国的社会住房建设类似于抽奖游戏，幸运的人可以获得一个巨大的资产礼物——自用住房建

---

① 戴维·莫林斯著,艾伦·穆里著,陈立中译:《英国住房政策》,北京:中国建筑工业出版社,2011年版,

② 约翰·艾克豪夫著,毕宇珠、丁宇译:《德国住房政策》,北京:中国建筑工业出版社,2012年版。

③ 接受政府补贴的私人建房机构需与政府签订协议,协议规定项目完工后,所建住房需由政府支配用作社会住房,在"锁定期"内(一般为20—30年)所建住房必须租给符合申请条件的社会住房申请者。超过"锁定期"后住房资产归建房机构所有和支配,可以市场价格出租或出售。

设和购买补贴①（Eingenheimföderung）或者获得一个租金礼物——低廉的社会福利住房租金，这个抽奖游戏甚至到了荒谬的地步，即使你是中高收入群体，只要运气好，同样能获得这样的政府礼物。然而你如果运气不好，那即使你是真正的贫困群体成员，你依然什么也得不到"。这种向建房者或购房者发放的"客体补贴"（Objektföderung）是德国社会福利住房政策存在的最大问题。因为"有权利获得国家资助的贫困人口，往往是没有能力承担自用住房建设或者购买住房的自有资金部分的"。除了自建住房和购买住房补贴，社会住房租赁存在同样的支付能力不足的问题。德国社会住房建设标准较高，住房建设投入也更大，间接导致租金水平与市场租金水平相差不大。低收入人群虽然有资格申请社会住房，但因房租过高仍无力支付房租，不得不在申请社会住房的同时向政府申请租房补贴，这就造成了社会住房"准入问题"与"支付问题"的矛盾。自用住房建设和住房购买补贴政策的实际效果是，收入越高的阶层获益越多。约翰·艾克豪夫从政治和政策制定者的层面指出了德国自用住房建设和住房购买补贴存在的根本原因，"住房补贴政策的制定者往往是直接的特权阶层，从'理性经济人'的特点出发，拥有特权的个体出于个人利益的考量几乎一定会'寻租'，对稀缺的社会福利资源来讲，这个'寻租'导致了存量资源的二次分配不公"。针对上述社会住房建设和补贴方面存在的问题，约翰·艾克豪夫提出了相应的改革建议：第一，"政府不应该为贫困群体补贴超高标准的新住房，而应该使他们更容易获得廉价的存量住房"；第二，停止自用住房建设补贴和自用住房购买补贴，因为这不是给予贫困群体的社会福利支持；第三，除了保留针对特殊群体（如残疾人群体）的社会福利住房建设外，应停止其他形式的社会福利住房建设，福利房的建设不应该成为评价当地福利政策落实的依据。第四，使补

---

① 为了鼓励有一定经济实力的居民自建和购买房屋，解决自身的住房需求，德国政府向有经济实力建设自用房屋或购买房屋的居民发放补贴，降低其建房和购房成本。

贴形式由间接针对建房者的"客体补贴"向直接针对贫困家庭的"主体补贴"转变，贫困家庭的衡量标准必须进行动态评估和检查。目前，直接针对贫困人群的租房补贴（Wohngeld）已经成为德国住房政策的核心内容。约翰·艾克豪夫认为，"德国的租房补贴政策总体上说，是一个不影响市场价格机制、又能帮助政府达到社会福利住房目标的政策"，具有目标群体明确①、选择灵活②、覆盖面广③、不扭曲住房市场④、政策执行成本低⑤等优点。

三、全书结构与主要研究内容

本书共分九章。第二章对保障性住房政策的相关理论问题作了讨论。第三章主要从住房保有结构、居住条件、可支付能力等几个方面对欧洲国家住房基本情况展开分析和论述。住房基本情况和住房条件是国家制定和调整住房政策的依据，同时住房状况的优劣与住房政策密切相关。因此，在研究欧洲国家住房政策之前全面了解欧洲国家住房基本情况和住房问题十分必要。第四章着重从保有形式、提供主体、目标群体、融资方式等几个方面分析欧洲国家社会住房的多样性和差异性。同时对欧洲主要国家的住房补贴制度进行详细介绍和比较。全球金融危机和欧债危机爆发后，英国宏观经济受到冲击，并从金融领域蔓延到房地产领域，表现为新房供给下降、房价上升，房价的持续上涨使得英国住房市场出现房价收入比上升、住房自有率下降、租房

---

① 租房补贴的目标群体为低收入人群，具有严格的资格限制，需满足相应的收入水平标准，收入标准根据物价和租金水平的变化进行动态调整，目标群体容易明确界定。

② 相对于福利住房分配，租房补贴直接通过现金的形式发放，领取者可自行在市场上选择租房，区域不受社会福利住房的限制，更加灵活方便。

③ 租房补贴面向所有符合条件的社会群体，凡是符合条件的社会成员均可申请。而社会福利住房由于住房存量有限而成了一种"抽奖游戏"，有幸获得社会福利住者获利巨大，没有获得福利住者则完全无法得到政府的福利支持。可见，租房补贴覆盖面广泛。

④ 政府直接向符合条件的申请者发放租房补贴，只是提高了弱势群体在租房市场上的支付能力，不过度影响租房市场供需，不会造成租房市场的扭曲。

⑤ 租房补贴政策清晰的群体界定、明确的补助标准、透明的行政审批机制，减少了政策执行中的行政管理费用，同时也最大限度地减少了寻租行为。

人群比重上升、"回巢"青年比重增加等特点。第五章着重分析在宏观经济受到冲击，住房问题突出的背景下，英国是怎样调整住房支持政策的。第六章首先从住房存量、住宅条件、住房保有结构等方面对法国住房基本情况进行详细介绍。法国社会住房的现状、社会住房保有结构、社会住房的分类和准入标准是第六章研究的重点。第七章主要探讨德国的住房政策如何保障住房的可支付性。首先介绍德国的住房政策基石，即德国二战后开始实行的社会市场经济制度。然后着重介绍德国的社会住房政策，分析德国社会住房的政策制定、执行和发展趋势。之后分别就德国的住房补贴政策、租房管理相关政策进行梳理和归纳。最后，探讨德国住房价格长期保持稳定的原因。荷兰社会住房政策诞生 110 多年来，是欧洲国家中社会住房比重最高的国家，荷兰在社会住房开发建设、运营管理方面积累了丰富经验。第八章主要对荷兰住房政策的百年发展史和相关的制度框架（组织管理制度、融资担保制度、住房分配制度）的分析，并从中发现对完善中国住房保障制度可资借鉴的有益经验。第九章则在全书研究基础上尝试总结了欧洲国家社会住房政策经验并立足中国实际提出对策建议。

总结起来，本课题以欧洲国家住房政策为主要内容，研究主要围绕欧洲国家房地产市场发展，社会住房政策（社会住房的准入、分配、融资、住房补贴等），合作社住房，欧洲国家解决城市住房问题的成功经验和对中国的启示等问题展开。

四、基本思路与研究方法

本课题的基本研究思路是：在阅读相关文献和分析欧洲国家住房数据的基础上，对欧洲城市化进程中社会住房政策的演变及作用进行系统分析，在分析其成功经验的基础上，提出并构建适合中国国情的社会住房政策。在研究过程中，本课题主要使用了文献分析法、数据分析法、案例分析法、比较分析法、实地调研法。

第一，文献分析法：在对相关文献进行全面分析的基础上，系统考察欧洲国家住房基本情况、社会住房的内涵、社会住房政策的发展演变历程、欧洲国家社会住房政策等具体内容。

第二，数据分析法：对欧洲住房存量、住房保有结构、住房质量和条件、欧洲国家经济形势和房地产市场变化、社会住房融资等问题的分析主要运用数据分析法。所使用数据主要来自欧盟统计局（Eurostat）、各国统计局、各国政府住房建设主管部门网站等，以保证数据的权威性和真实性。

第三，案例分析法：择取典型案例，着重分析典型国家住房政策的具体做法和成功经验。如本书在分析社会住房融资模式时，以奥地利社会住房建设的结构化融资模式为例；在分析欧洲国家住房补贴制度时，分别对奥地利、捷克、丹麦、英国、荷兰、瑞典、法国、爱尔兰、德国等国住房补贴制度的具体做法进行分析比较。

第四，比较分析法：欧洲国家社会住房政策虽然存在共同点，但各国社会住房政策的具体做法存在很大差异，为了充分了解各国社会住房政策的具体做法，本课题选择荷兰、英国、法国、德国为研究对象，对上述国家社会住房政策的具体做法进行分析比较。

第五，实地调研法：为全面真实地了解欧洲国家社会住房的基本情况和社会住房住户对住房保障政策的评价和态度，在课题研究中，作者到德国、荷兰、英国等国家社会住房典型社区进行了实地走访和调研，以了解第一手资料。

五、创新之处与未来研究方向

（一）研究视角的创新

住房问题既是一个社会问题也是一个经济问题，住房问题的产生与经济、社会、政治、历史等多种因素相关。课题研究将经济理论与社会发展理论相结合，将城市化与城市问题相结合，着力研究社会政策与经济发展的相互作用和相互影响，体现了研究的多元化视角。

（二） 研究方法的创新

欧洲国家社会住房和社会住房政策是一个十分庞杂的研究课题，本研究首先宏观层次对欧洲社会住房的整体情况进行分析和归纳，然后选取英国、法国、德国、荷兰为国别研究对象，详细介绍各国社会住房和社会住房政策情况，做到点面结合。本课题将宏观分析与国别研究相结合，体现了研究方法的创新。

（三） 研究理论的创新

本课题对欧洲国家社会住房政策的历史发展、具体做法、经验教训进行系统分析。不仅对完善中国的住房保障制度具有一定的借鉴意义，同时也有助于补充和完善住房保障理论和实践。

本课题研究不同于其他课题研究的突出特点在于，对欧洲典型国家的社会住房问题进行了深入细致的剖析。欧洲国家的住房政策存在共同特点，但由于各国社会经济条件、住房政策历史、执政党的执政理念、住房状况等存在较大差异，各国住房政策的具体措施和实际操作也存在较大差异，认识和了解欧洲典型国家社会住房政策的具体做法是了解欧洲福利制度和保障性住房政策的起点和基础。因此本课题在实地调研和文献研读的基础上，着力对欧洲国家社会住房政策的具体措施进行详尽论述，为深刻认识欧洲社会住房政策的共性和差异化特点打下坚实的基础。但措施认知不是研究的目标，本研究的最终目标是总结出欧洲社会住房政策的一些成功经验，以期获得对中国制定和完善保障性住房政策的启示。

（四） 研究的不足之处

本研究定量分析不足，未能构建计量模型对住房政策与经济发展、社会稳定等变量的相关性进行数量分析，这也是今后进一步研究的方向。同时，由于篇幅限制和研究时间的限制，本课题主要选择西欧国家作为典型国别案例研究，未能对欧洲其他国家，如北欧国家、南欧国家和中东欧国家的住房状况和住房政策进行研究和分析。今后将在此基础上，进一步完善对欧洲国家住房政策的国别研究，深入研究和比较欧洲国家社会住房政策的具体措施和成功经验。

第二章　保障性住房政策的基本理论问题

什么是住房？住房不同于普通商品的特点和属性是什么？人类为什么难以逃避住房问题？保障性住房政策体系由哪些要素构成？保障住房政策的理论依据是什么？这些关于住房政策的基本问题是认识和研究欧洲住房政策的基础和起点。本章主要对保障性住房政策的几个基本理论问题进行阐释，为欧洲国家住房问题和社会住房政策的研究做好理论铺垫。

第一节　住房形式变迁、住房属性和住房问题

一、住房及住房形式的变迁

衣、食、住、行是人类生存的基本需求。作为人类的基本生活资料之一，住房为人们提供立足之地、栖身之所，是人类生存、繁衍和发展的一个基本要素，同时住房还是人类安居乐业、社会稳定、经济发展的重要物质基础和先决条件。在人类发展的漫长历史中，住房经历了多种形式的变迁，而且还处在不断变化之中。在远古时代，人类的始祖聚居在丛林中，为躲避天敌栖息在高大的树木上，过着原始的"树栖"生活。随着人类的进化，天然洞穴逐渐成为原始人类躲避风

雨、寒冷和野兽的住所。从"树栖"到"穴居"是人类改变自身居住环境的一次飞跃。"穴居"虽然使人类的住所相对稳定，但也由此带来了一些问题。人类只能在天然洞穴聚居，在洞穴附近采集食物和狩猎，"穴居"人口的聚集和采集食物的集中导致了疾病流行、食物匮乏。人类不得不重新探索新的居住形式。"古有智者，结草为巢，散而居之。"学会用草木搭建"巢"是人类居住环境的又一次飞跃。"巢"的最大优势是人类可以自由选择居住地，在自然环境优越、食物丰富的地方建造"巢"，使人类突破了地域空间的限制。"结巢而居"是人类征服自然、改造自然、适应自然的一次伟大实践，"巢"也是人类住房的雏形。随着对自然认识的深化，人类适应自然和利用自然的能力不断增强，逐渐将石头、黏土、竹木等更加结实和坚固的材料应用于房屋的建造。在建筑材料上，人类逐渐突破天然材料的限制，学会烧制砖瓦用于房屋的建造。到了近代，随着工业化和科学技术水平的提高，人类建造房屋的能力和效率大为提高。随着城市人口的不断增长，城市住房需求不断增加，大型的公寓式住宅应运而生，成为近现代城市居民的主要居住形式。经过漫长的发展，现在的住房已经超越了满足基本居住需求的界限，舒适性、豪华性、便利性、环保性都是现代住宅追求的目标。一些智能化、园林化的绿色住宅在城市纷纷崛起，住房形式正在经历一次新的历史性变迁。

综观人类住房形式的变迁和漫长发展历史，住房形式变革与科技进步、社会发展密切相关。每一次住房形式的飞跃都伴随着建筑科学技术的进步、新型建筑材料的研发、建筑规划设计的优化、住房建造方式的改进。反过来，新型住房的出现和人类居住环境的改善又推动了人类自身的发展，对经济发展和社会进步大有裨益。

二、住房的属性

关于住房的属性，国内外学者都进行了深入的探讨，一般将其概括为自然属性和社会属性两个方面。

（一）住房的自然属性

住房的自然属性包括不可移动性、耐用性、异质性。作为不动产，住房的空间位置是固定的，具有不可移动性。因此，不能通过运输调剂来平衡不同地区的住房供给。住房依托土地而建，土地具有长久性，由此衍生出住房的持久耐用性。建于土地之上的住房虽然使用寿命具有很大的差异，但通常都可以使用数十年，有的使用寿命长达数百年。与一般商品相比，住房的一个明显特点是异质性。位于同一公寓大楼内的住房，可能由于面积、楼层、朝向不同而存在不同程度的差异。考虑到位置、面积、建筑风格、建筑年代、产权性质等因素的差异，很难找到完全相同的住房。然而住房的异质性并不影响住房的可替代性，否则，人们就很难找到自身心仪的住房。

（二）住房的社会属性

从马克思的商品理论和劳动价值论来看，住房的社会属性即商品。使用价值和价值是商品的两个基本属性。住房是维持人类生存的基本场所，用于满足人们的居住需求，具有使用价值。住房可以在市场中交换，其价值由社会必要劳动时间决定，住房市场价格围绕价值上下波动，遵循价值规律。住房具有普通商品的一般特征，但又是一种特殊商品。住房的特殊社会属性主要体现在以下几个方面。

第一，高价值性。与普通商品相比，住房是一种价值高昂的商品。一般来说，家庭住房总价是居民家庭可支配收入的数倍。世界银行1998年对96个国家或地区的统计数据显示，家庭收入在999美元以下（低收入家庭）的国家或地区，房价收入比平均数为13.2；家庭收入在3000—3999美元（中等收入家庭）的国家或地区，房价收入比平均数为9；家庭收入在10 000美元以上（高收入家庭）的国家或地区，房价收入比平均数为5.6。各国的房价收入比的数值是高度离散的，这96个国家或地区房价收入比最高的为30，最低的为0.8，平均值为

8.4，中位数为 6.4。一般而言，在发达国家，房价收入比超过 6 就可视为进入泡沫区。根据易居房地产研究院发布的《2018 年全国房价收入比报告》，2018 年中国商品住宅房价收入比为 8。

第二，供给的有限性。土地和城市空间的有限性决定了住房供给的有限性。虽然每年都可以建设一定数量的房屋，但可供使用的建筑用地是不可再生的。建筑用地供给的有限性在一些发达的大城市表现得尤为明显。在发达城市，城市布局已经定型，原有的城市空间结构不易变动，城市可用空间越来越有限，住房供给的有限性也尤为明显。

第三，建设的长周期性。与其他商品相比，住房商品的一个明显特点就是开发建设的长周期性。一般来说，从土地使用权的获得、资金的投入、开发建设，直至房屋建成，一般需历时两年左右。一些规模大、标准高的住宅项目，建设周期可能更长。

第四，消费与投资的双重属性。住房是人类最基本的生活消费资料，由于满足居住需求，具有消费品属性。土地资源的稀缺性、住房建设的长周期性、城市人口的不断增长等多种因素促使住房代表的社会购买力不断上升，购买住房因此成为一种具有吸引力的投资手段。一些购房者购买住房不是出于居住需求，而是购买后将房屋出租，以达到保值增值的目的。

第五，商品性与保障性共存。迄今为止，世界上没有一个国家的所有住房是纯商品性的。由于住房涉及人的生存权这一基本权利，政府必须为因收入过低无法获取住房的人群提供保障性住房。只是在不同国家，政府提供保障性住房的手段不同，或保障性住房在住房总量中的比重不同而已。

三、住房问题及其产生的原因

自人类诞生以来，就一直面临着住房问题的困扰。如前所述，人类居住形式经历了从"树栖"到"穴居"，再到"结巢而居"的不断演变。早期人类的居住问题主要是由自然灾害造成的。这些简易的人类住所极易受到狂风暴雨、洪水地震等自然灾害的破坏，一旦发生这些灾害，早期人类将失去住所，居住问题由此产生。现在通常所说的住房问题，是指可支付性住房供给短缺或不足，低收入人群难以凭借自身的收入持续获得体面的住房。概括来讲，住房问题有三种表现形式：住房短缺、居住条件恶劣、住房支付能力不足。城市住房问题，尤其是人口密集的大中城市的住房问题更为突出。在不同历史时期和不同国家，住房问题的表现和产生的原因也是不同的，概括来讲，导致住房问题的原因主要包括如下几个方面。

第一，自然灾害。人类早期住房问题主要是由自然灾害导致的。早期人类住所极为简陋，很容易受到自然灾害的损坏，导致人们流离失所，出现居住问题。早期人类的居住问题只能依靠自身或所在部落来解决。随着人类的进化和发展，住房形式也发生了飞跃。住房更加坚固结实，虽然仍难免受到自然灾害的损坏，但住房抵御自然灾害的能力不断增强，政府和一些非营利性组织也会对住房遭受自然灾害破坏的个人和家庭提供救助。

第二，工业化的迅速发展和城市化进程。工业化的迅速发展，引发人口向城市集中，加剧了城市住房的紧张。对于工业化进程与住房问题的关系，恩格斯在其著作《论住宅问题》中做过深刻论述。恩格斯指出："一个老的文明国家像这样从工场手工业和小生产向大工业过渡，并且这个过渡还由于情况极其顺利而加速的时期，多半也就是'住宅缺乏'时期。一方面，大批农村工人突然被吸引到发展为工业中心的大城市里来；另一方面，这些老城市布局已经不适合新的大工业的条件和与此相应的交通；街道在加宽，新的街道在开辟，铁路穿过市内。正当工人成群涌入城市的时候，工人住房却在大批拆除。于是就突然出现了工人以及以工人为主顾的小商人和小手工业者的住房短缺。"[1] 由

---

① 恩格斯:《论住宅问题》(1887年第二版序言)，载中共中央马克思恩格斯列宁斯大林著作编译局编译:《马克思恩格斯选集》(第三卷)，北京:人民出版社，2012年第3版，第179—180页。

此可见，恩格斯认为城市住房短缺问题是工场手工业和小生产向大工业快速过渡的必然产物。

工业化的发展同时也促进了城市的发展和扩张。随着城市的发展，城市土地价值提高，住宅价格变得日益昂贵，城市中工人和低收入人群难以获得可支付性住房。恩格斯对城市化进程中出现的工人住房短缺问题也有过深刻论述。恩格斯指出："现代大城市的扩展，使城内某些地区特别是市中心的地皮价值人为地、往往是大幅度地提高起来。原先建筑在这些地皮上的房屋，不但没有这样提高价值，反而降低了价值，因为这种房屋同改变了的环境已经不相称……这些住房被拆除，在原地兴建商店、货栈或公共建筑物……结果工人从市中心被排挤到市郊；工人住房以及一般较小的住房都变得又少又贵，而且往往根本找不到，因为在这种情形下，建造昂贵住房为建筑业提供了更有利得多的投机场所，而建造工人住房只是一种例外。"① 恩格斯认为的发达国家早期城市化对工人住房问题的影响机制可概括如下：城市化—市中心土地价值上涨—工人住宅被迁走—开发商以商业房屋建设为主要业务—工人住房建设停滞—工人住房短缺。由此可见，恩格斯认为低收入人群的住房问题是城市化进程的副产品。目前，城市化进程在全世界范围内展开，每个国家在城市化进程中都面临着或多或少的住房问题。从现实情况来看，恩格斯对城市化与住房问题关系的分析具有前瞻性，对我们认识城市住房问题仍然具有理论指导意义。

早期工业化和城市化进程中的住房问题不仅表现为住房短缺、价格上涨，还表现为低收入人群住房条件的恶化。大量工人聚居在条件恶劣的宿舍或街区，导致一些传染性疾病的暴发，这不仅威胁到工人自身的生命安全，同样也对工场主和资本家的居住环境构成威胁。恩格斯在其著作《论住宅问题》中，对当时工人阶级的居住条件及其影响做过如下论述："挤满了工人的所谓'恶劣的街区'，是不时光顾我

---

① 恩格斯：《论住宅问题》，载中共中央马克思恩格斯列宁斯大林著作编译局编译：《马克思恩格斯选集》（第三卷），北京：人民出版社，2012年第3版，第193页。

们城市的一切流行病的发源地。霍乱、斑疹伤寒、伤寒、天花以及其他灾难性疾病，总是通过工人街区的被污染的空气和混有毒素的水来传播病原菌；这些疾病在那里几乎从未绝迹，条件适宜时就发展成为普遍蔓延的流行病，越出原来的发源地传播到资本家先生们居住的空气清新的合乎卫生的城区去。"①

第三，人口快速增长。如表2-1所示，1920年，全世界居住在大城市（总人口在50万以上的城市）中的人口约为1.07亿，1960年增加到3.54亿，40年间增长了2.3倍。发展中国家大城市人口增长的速度更快。1920年，第三世界国家居住在大城市的人口约为0.14亿人，1960年则达到1.31亿人，40年间增长了8倍多。第三世界城市化与西方相比牵涉到的人数更多，移民增长更快、更迅速。工业化远远滞后于城市化，以至于大批的移民主要在城市中寻找最边缘化的就业岗位。② 发展中国家城市化进程中面临的城市住房问题因此更严峻、更复杂。当前，世界城市化进程仍未终结，世界城市人口仍然处于不断增长的动态变化之中。根据联合国的统计，2003年世界城市人口约为30亿人，城市人口占世界总人口的比重为48%，2030年城市人口将增加到50亿人，城市人口比重将提高至61%。③ 城市的扩张和人口的快速增长必然导致住房需求的增长，但城市空间和土地是有限的，当住房供给与需求之间存在缺口时，住房价格将呈上升趋势。一些收入较低的家庭难以获得可支付性住房，导致城市住房问题的出现。

---

① 恩格斯：《论住宅问题》，载中共中央马克思恩格斯列宁斯大林著作编译局编译：《马克思恩格斯选集》（第三卷），北京：人民出版社，2012年第3版，第212—213页。

② 布莱恩·贝利著，顾朝林、汪侠等译：《比较城市化——20世纪的不同道路》，北京：商务印书馆，2010年版，第86页。

③ "UN Report Says World Urban Population of 3 Billion Today Expected to Reach 5 Billion by 2030", http://www. unis. unvienna. org/unis/pressrels/2004/pop899. html.

表 2-1　1920—1960 年世界及三个样本地区居住在大城市
（50 万人以上）的人口数量

（单位：亿人，%）

	1920 年	1930 年	1940 年	1950 年	1960 年	1920—1960 年增长人数	1920—1960 年增长比例
世界	1.07	1.43	1.81	2.28	3.54	2.47	231
欧洲	0.52	0.62	0.68	0.71	0.83	0.31	60
其他发达地区	0.41	0.60	0.77	1.02	1.40	0.99	241
第三世界国家	0.14	0.21	0.35	0.55	1.31	1.17	836

资料来源：United Nations, *Growth of the World's Urban and Rural Population, 1920-2000*, New York: United Nations, 1969。

注："其他发达地区"包括日本、苏联、北美、南美洲温带地区、澳大利亚和新西兰。

第四，战争。在人类历史的长河中爆发过无数次战争，战争不仅带来人员伤亡，同时也对城市和建筑造成损坏。分别于 1918 年和 1945 年结束的一战和二战是人类历史中规模最大、伤亡最重、破坏性最强的两次世界范围的战争。两次世界大战不仅给交战国带来巨大的人员伤亡，造成人力资本的损失，同时也给交战国和周边国家的物质财富带来巨大损失。在交战中，一些城市成为交战双方争夺的目标，轰炸和进攻使得城市建筑和居民住宅遭受严重破坏。欧洲是两次世界大战的主战场之一，战争使欧洲国家遭受了人力资本和物质资本的巨大损失。战后，欧洲国家普遍出现了住房短缺的问题。

第五，住房属性的内在矛盾。如前所述，住房是维持人类生存所必需的生活资料，具有满足人类居住需求的自然属性。但住房又是一种商品，需要在市场上交换获得，具有社会属性，同时住房还具有一些不同于普通商品的特殊性。住房一方面是生活必需品，另一方面又存在推动其价格上涨的外在动力。当价格超出一部分人群的可支付能力，便产生了低收入人群住房需求无法通过市场来满足的情况，由此产生住房问题。

在不同国家或不同历史时期，住房问题出现的原因可能不同。在科技日益发达的今天，人类预测和应对自然灾害的能力大为增强，自然灾害已不是导致住房损毁和短缺的主要原因，或者说自然灾害对人类住宅构成的威胁被限定在一定的范围内。两次世界大战给世界带来了巨大的损失，参战国家和非参战国家都在深刻反思战争给人类带来的灾难。二战后，欧洲国家走上了一体化的道路，再次爆发世界大战的可能性很小。局部危机和战争虽然不断，但其对国家经济和社会发展的破坏局限在部分国家和地区。城市住房问题与工业化和城市化进程相伴而生，工业化和城市化所带来的人口迁移和聚集是一些发展中国家住房问题产生的重要原因之一。在现代社会中，住房问题既是一个经济问题，也是一个社会问题。房地产业属于上游产业，与金融、银行、广告、建材、运输、物业管理、装潢设计等产业的关联性很高。房地产业的发展将带动关联产业的发展，进而会起到推动整个宏观经济增长的作用。一些国家将房地产业作为支柱产业，使其在国民经济中发挥重要作用。在房地产经济占重要地位的国家，住房问题是关系到经济增长的重要问题。但是，住房又是人类生存必需的生活资料，是人们居住权得以保障的重要物质基础。从这个意义上讲，住房也是一个重大的社会问题。住房问题解决得好，社会稳定、政治安定，人们安居乐业，社会文明不断进步；相反，住房问题解决得不好，无家可归者大量出现，他们露宿街头、寻衅滋事、犯罪猖獗，致使政治动荡、社会不稳，将导致严重的社会问题。[①] 为了解决住房问题，世界很多国家都制定了相应的住房保障政策，帮助低收入人群实现自身的住房需求，以维护社会的稳定和房地产市场的健康发展。

---

① 姚玲珍:《中国公共住房政策模式研究》，上海:上海财经大学出版社，2003 年版，第 11 页。

第二节 保障性住房政策体系的构成

住房问题是一个世界性问题，不管是发达国家还是发展中国家都面临着不同程度的住房问题。为了解决住房问题，各国政府都制定了本国的保障性政策，通过提供保障性住房来满足低收入人群的住房需求。什么是保障性住房和保障性住房政策？保障性住房政策包括哪些模式类型？保障性住房政策的理论依据是什么？本章接下来的内容将对保障性住房政策的上述几个基本理论问题进行讨论。

一、保障性住房的含义

根据住房经济属性的不同，可以大致将住房划分为商品住房和保障性住房两大类。商品住房的价格完全由住房市场的供给和需求决定，一些收入较高的个人和家庭可以通过住房市场来实现自身的住房需求。而一些低收入人群难以凭借自身收入通过住房市场来实现自身的住房需求。住房权是人最基本的权利之一，为了保障低收入人群的住房权，政府有责任建造和提供低于市场价格的保障性住房。

保障性住房是在政府的直接或间接支持下建造的，以低于市场的价格出售或租赁给满足一定收入标准或其他特定条件的人群（通常为中低收入人群）的住房。可以从如下几个层面来理解保障性住房的含义。第一，提供主体。保障性住房的提供主体是政府。第二，支持方式。政府可以直接投资兴建保障性住房，同时也可运用税收、金融、补贴等经济手段鼓励和支持非政府机构兴建保障性住房，这两种方式均为供给方补贴。政府也通过给予中低收入家庭补贴或税收优惠提高其住房支付能力，即需求方补贴。第三，保障性住房产权的产权形式。保障性住房既有租赁型也有出售型。租赁型保障性住房产权归属提供者，申请者只拥有居住权；出售型保障性住房是指在政府某种形式的支持下购买的住房，申请者购买后拥有住房产权。租赁型保障性住房可根据租赁者的收入条件变化进行调整，形成保障性住房的退出机制，具有一定的灵活性。目前，租赁型保障性住房成为主流形式。第四，保障性住房的提供对象是满足一定收入标准的低收入家庭。政府建造保障性住房的目的是解决中低收入家庭的住房需求，为其提供支付得起的住房，保障其住房权。对于申请者的收入门槛，不同国家制定不同的标准。收入上限设定得越低，保障性住房目标群体的范围越小；反之，范围越大。

保障性住房在不同国家、不同语境下有不同的名称，如公共住房（Public Housing）、可支付性住房（Affordable Housing）、社会住房（Social Housing）等都属于保障性住房的范畴。欧洲住房联合会将欧洲的保障性住房统称为"社会住房"。但是，从保有形式、提供主体、目标群体、融资方式来看，欧洲国家的社会住房存在很大的差异性。仅从名称上来看，不同欧洲国家就对社会住房有多种不同称呼。例如，法国称为"低租金住房"（Habitation à loyer modéré），丹麦称为"共同住房"（Common Housing）或"非营利性住房"（Not-for-Profit Housing），德国称为"促进居住住房"（Wohnungsförderung），奥地利称为"限制性营利住房"（Limited-Profit Housing）或"人民住房"（People's Housing），西班牙称为"保护性住房"（Protected Housing），瑞典称为"公用事业性住房"（Public Utility Housing）。中国的保障性住房有经济适用房、廉租房、公共租赁住房、限价商品房、自住型商品房等多种形式。

二、保障性住房政策体系的构成

保障性住房政策是政府为解决中低收入人群的住房问题而制定的一系列住房支持措施的总和，是社会保障制度的一项重要内容。保障性住房政策的实质是政府利用国家和社会的力量，通过国民收入再分配，为中等收入或低收入人群提供可支付性住房，保障其基本居住权利。住房保障政策体系主要包括如下几个方面的内容。

（一）保障性住房的组织和管理

中央政府和地方政府是保障性住房政策的组织者和管理者，负责住房政策的制定、实施和监管。中央政府主要负责住房政策的制定，在保障性住房投入上承担较大比例。地方政府则负责评估当地的住房需求，实施保障性住房政策，从规划、土地利用等政策上保证保障性住房的有效供应和存量住房的有效利用。[①] 在一些欧洲国家，在政府的支持下，非营利性社会住房部门（英国、荷兰的住房协会）发展壮大，成为执行国家住房保障政策的主体。地方政府住房职能部门不再直接参与建设、管理和分配保障性住房，而将主要精力放在推动住房建设改造、改善物业管理、提供信息和建议等工作上。作为保障性住房的专门管理机构和保障性住房政策的执行机构，住房协会等住房管理机构具有专业化优势，对于提高保障性住房管理的效率、专业化水平大有裨益。

（二）保障性住房政策以法律为制度基础

法律法规是住房政策的基石和制度保障。住房保障政策相对完善的欧美国家均具有完备的住房法律体系。英国于 1909 年颁布了第一部《住房与城镇规划法》（1919 年修订），明确规定了政府在保障性住房建设中的职责。1901 年，荷兰政府制定了第一部《住房法》，规定政府为保障性住房建设提供补贴，标志着荷兰真正意义上的社会住房政策的诞生。

（三）保障性住房建设的支持工具

概括起来，各国政府支持保障性住房建设的政策工具主要包括以下几种。

第一，政府直接投资建设保障性住房。20 世纪 70 年代之前，欧洲国家政府多直接投资兴建住房，以低廉的租金将住房出租给符合条件的低收入家庭，政府拥有该类住房的所有权、管理权和分配权。此类

---

① 刘志林、景娟、满燕云：《保障性住房政策国际经验——政策模式和工具》，北京：商务印书馆，2016 年版，第 74 页。

保障性住房由政府直接运用公共资金兴建且由相应的公共管理部门负责管理，因此也被称为公共住房。

第二，供给方补贴。20世纪70年代，受新自由主义经济思潮的影响，政府对保障性住房的支持逐渐由直接投资转向供给方补贴，即政府通过向开发商提供税收减免、担保低息贷款、建房补贴、低价土地等优惠措施激励和吸引营利性或非营利性机构参与保障性住房的建设、修缮、供应和管理。参与保障性住房建设的公司或机构以政府规定的价格将房屋出售或出租给保障性住房的申请者，解决其住房问题。这种针对保障性住房的建设和供给机构的补贴，也被直观地称为"砖头补贴"或"直接补贴"。供给方补贴可以调动多方社会力量参与到保障性住房建设中来，改变了公共住房模式下政府"单枪匹马"的局面。供给方补贴在增加保障房供给、解决住房短缺问题方面发挥出积极作用。但随着经济环境和住房状况的改变，供给方补贴方式逐渐暴露出一些弊端。这些弊端主要表现在以下几个方面：首先，非营利性住房的集中建设使得贫困人口和低收入人口聚居在某些社区，产生社会隔离和社会排斥问题。政府资助建设的保障性住房集中在某一社区或地区，申请者没有选择的余地，只能到相应的社区居住，极易形成低收入人口聚居和一些"问题社区"。其次，供给方补贴的覆盖面有限，补贴效率不高。为解决住房问题，一些国家也鼓励个人在政府的支持下建设自有住房。建造自有住房的家庭可以获得政府给予的资金支持。但一些低收入家庭根本没有能力建造自有住房，因此无法从供给方补贴政策中获益。最后，随着建房成本的逐渐增加，供给方补贴使政府的财政压力越来越大甚至无力支付。

第三，需求方补贴。所谓"需求方补贴"，即政府向因低收入而无法在市场上取得住房的人群提供的直接补助，补贴水平和补贴力度与申请者的收入水平、家庭状况等因素相关。需求方补贴克服了供给方补贴的一些弊端，大大提高了补贴效率。符合条件的申请者在领取到补贴后，可以根据自身的偏好和工作地点选择租住保障性住房或私人租赁住房，有效避免了低收入人群的聚居和"问题社区"的出现。

（四）保障性住房的开发建设融资

住房的开发和建设需要大量资金，稳定持续的资金来源是保障性住房建设的重要条件。在不同历史时期和不同的国家，由于社会经济条件的差异，保障性住房的资金来源也不同。概括起来讲，保障性住房的融资渠道主要包括政府拨款、政府补贴、低息贷款、房租收入、商业贷款、发行债券等。

（五）保障性住房的目标群体和分配标准

政府制定保障性住房政策的核心目标是为凭借自身收入无法在市场上获得住房的人群提供可支付性住房，保障其住房权。但随着社会经济环境的变化，保障性住房目标的侧重点也随之发生变化。20世纪早期，欧洲国家处在快速城市化和工业化进程中，住房问题的主要表现形式是住房供给严重不足和公共卫生条件恶劣。二战后，由于战争的破坏，欧洲多数国家都面临着严重的"房荒"，市中心的贫民窟问题也十分严重。在这两个历史阶段，造成住房问题的原因虽然不同，但住房问题的表现形式大致相同。因此，直到20世纪70年代，欧洲国家保障性住房政策的主要目标始终没有偏离增加住房供给数量、改善居住环境的方向。随着经济社会的发展和住房条件的改善，欧洲如今的保障性住房政策更加侧重于"健康的社区发展、促进社会融合、提升低收入家庭就业机会和经济自理能力"[①] 等福利政策目标。

要实现保障中低收入人群的住房权这一核心目标，如何确定真正需要住房支持的人群就显得至关重要，关系到保障性住房政策的效率。保障性住房一般面向中低收入群体，各国普遍将收入标准作为确定目标群体的一个重要指标。除收入标准外，一些国家或地区在确定保障

---

① 刘志林、景娟、满燕云：《保障性住房政策国际经验——政策模式和工具》，北京：商务印书馆，2016年版，第27页。

性住房的目标群体时，还对申请者的公民身份、居住年限、家庭财产、家庭人口数量、已享受的政府资助、申请保障性住房的诚信记录等情况进行考察。除收入和其他标准外，一些国家还专门制定了针对特殊目标群体的住房政策，如针对残疾人、青年群体、老年人、关键部门职员等特殊群体的住房政策。

第三节　保障性住房政策的理论依据

住房问题的存在是政府干预住房市场、制定和执行住房保障政策的现实原因。对于住房保障政策必要性的问题，学者还从不同学科角度进行了理论上的分析。公共经济学的市场失灵理论、福利经济学的公平与效率理论、梯度消费理论等都对政府干预住房市场进行了理论分析，构成保障性住房政策的理论基础。

一、市场失灵理论

根据西方经济学理论，在完全竞争条件下，市场调节可以使各种资源得到充分、合理的利用，达到资源配置的"帕累托最优状态"。但是由于住房具有不同于普通商品的特殊性，住房市场并非理想中"完全竞争市场"，存在市场失灵问题。住房市场失灵主要表现在以下几个方面。

第一，住房市场的垄断性。住房建设的长周期性、土地供给总量的有限性、住房的不可移动性使得住房商品具有一定的垄断性，且无法通过运输来调剂地区供求平衡，价格存在上升的趋势。住房市场的垄断竞争的特点要求政府干预住房市场，抑制住房价格上升的趋势。

第二，住房问题的外部性。住房问题之所以具有外部性，是因为住房消费不仅仅包括住房的数量、面积、质量等，更具有社会意义和空间属性。[①]住房问题的外部性主要表现在恶劣的居住条件会引发疾病

---

① 刘志林、景娟、满燕云：《保障性住房政策国际经验——政策模式和工具》，北京：商务印书馆，2016年版，第23页。

传播、犯罪率上升等社会问题。如果大量无家可归者聚居在基础设施不完善的地区，极易形成城市贫民窟，对城市社区规划和社会治安产生不良影响。住房价格居高不下和居民住房需求得不到满足导致的外部问题要求政府制定有效的保障性住房政策，解决低收入人群的住房问题，化解住房问题给城市环境、社会稳定等带来的消极影响。

第三，住房市场的信息不对称和不确定性。房地产行业属于专业性极强行业，其生产和交易过程中存在严重的信息不对称问题，开发商拥有各种提高住房价格的手段，而消费者由于信息和知识的不完备，个人决策往往不是最优的。住房市场的信息不对称性要求政府干预住房市场，增强市场的可得性，提高市场效率。

二、公平与效率理论

福利经济学认为，居住是人类基本的生活需求，住房是家庭成员赖以生存的生活必需品，但其同时又具有消费品和投资品属性，其价格存在上涨趋势，这是住房与一般消费品最大的区别。机会的不平等导致不同收入的分配差异，产生了社会低收入人群和弱势人群。但住房权是每一个社会成员的基本权利，低收入家庭同样拥有居住的权利，低收入弱势群体不能因为没有足够的收入而被剥夺居住权。因此，政府有义务干预住房市场，一方面保持住房市场的价格稳定，另一方面应该制定相应的保障性住房政策，保障住房权的公平，使低收入人群也能安居乐业。

三、梯度消费理论

日本东京工业大学教授石原舜介认为，人类的住房需求包括逐步升级的五个阶段：第一阶段的需求是拥有一个遮风挡雨的场所，满足最基本的需求，这是住房需求的最低阶段；第二阶段要求住房配有独立的厨卫设备，卧室和其他房间要分隔开；第三阶段要求在住房内有个性化的书房、儿童房等，满足个人的隐私需求；第四阶段要求在房内有空调，住宅外有停车的位置，还有专供洗衣、熨衣用的房间等；第五阶段不仅注重住房内部的设备和结构，而且要求有外部环境的配套。梯度消费是一种理性科学的住房消费方式，表现为城市居民根据自身的经济条件、家庭状况等客观情况合理科学地选择与之相对应的住房类型。低收入人群通过政府扶持获得住房，中等收入阶层购买普通商品住房，而高收入阶层消费高档商品住房。[①] 梯度消费理论从消费者能力差异和需求差异的角度解释了保障性住房政策的可行性。

---

①　江泽林主编：《城镇住房保障理论与实践》，北京：中国建筑工业出版社，2012年版，第82页。

第三章　欧洲国家居民住房基本情况与住房可支付性分析

　　居民住房基本情况和住房条件是国家制定和调整住房政策的依据。在研究欧洲国家住房政策之前全面了解欧洲国家居民住房基本情况和住房问题十分必要。本章主要从住房保有结构、居住条件、可支付能力等几个方面对欧洲国家居民住房基本情况展开分析和论述。

第一节　欧洲国家住房保有结构与居住条件

　　欧洲各国的住房保有结构存在很大差异，但一个共同特点是各国的住房自有率呈现上升趋势。住房拥挤率、住房基本设施、住房匮乏率是欧盟衡量住房居住质量和居住条件的三个重要指标。住房匮乏率是欧盟统计局用以衡量欧盟国家住房居住质量和居住条件的一个综合性指标。从纵向来看，欧盟国家的住房拥挤率整体呈现下降趋势。从横向来看，欧盟各国的住房拥挤率存在明显的国别差异。欧盟中住房拥挤问题比较严重的国家主要集中在中东欧经济欠发达地区，其中罗马尼亚的住房匮乏率最高。欧盟 28 国（含英国）平均住房面积为95.9 平方米，各国平均住房面积存在很大差异。居住质量与居住条件除了与住房本身的大小、设施等因素有关外，还与住宅周边的自然社会环境密切相关。欧洲国家居民对自身住房的总体满意度较高，而且多数国家居民对住房满意度呈现上升趋势。

一、欧洲国家住房保有结构

欧盟国家住房市场的一个明显特点是住房自有率较高。根据欧盟统计局公布的统计数据，2016 年，欧盟 28 国家庭住房自有率平均水平为 69.2%。也就是说，在欧盟国家中，平均来看，每 10 个家庭就有约 7 个拥有自有住房。但是，应该看到欧盟国家的住房自有率存在很大差别。中东欧国家和波罗的海三国的住房自有率最高，罗马尼亚（96.0%）、立陶宛（90.3%）、克罗地亚（90.1%）3 个国家的家庭住房自有率超过 90%，斯洛伐克（89.6%）、匈牙利（86.3%）、波兰（83.4%）、保加利亚（82.3%）、爱沙尼亚（81.5%）、拉脱维亚（80.9%）的住房自有率均在 80% 以上。捷克（78.2%）、斯洛文尼亚（75.1%）在中东欧国家中住房自有率较低，但也远高于欧盟的平均水平。南欧国家的住房自有率水平虽然没有中东欧国家那么高，但也普遍高于欧盟平均水平。从表 3-1 可以看出，西班牙（77.8%）、葡萄牙（75.2%）、希腊（73.9%）、塞浦路斯（72.4%）、意大利（72.2%）等南欧国家的住房自有率水平都在 70% 以上。多数住房自有率低于欧盟平均水平的国家都位于西欧和北欧①，荷兰（69.0%）、瑞典（65.2%）、法国（64.8%）、英国（63.4%）、丹麦（62.1%）、德国（51.7%）的住房自有率低于欧盟平均水平。其中，德国的住房自有率水平最低。欧洲国家住房保有情况存在较大差别，既有历史因素，也有社会经济因素。苏联解体后，中东欧国家纷纷进行了以私有化为核心的经济改革。在住房市场私有化改革的过程中，大量的公有住房被出售给个人，导致这些国家的住房自有率急剧上升。北欧和西

---

① 北欧的芬兰（71.5%）和西欧的比利时（71.3%）、爱尔兰（69.7%）的住房自有率略高于欧盟平均水平。奥地利虽然位于中欧，但其住房保有结构与德国十分相似，住房自有率仅 55%，处于较低水平。

欧国家经济发达，社会保障制度完善。一些低收入家庭甚至中等收入家庭可以通过申请社会保障住房或住房补贴而不是通过购买自有住房来满足自身的住房需求。良好的住房保障制度是北欧和西欧国家住房自有率较低的一个重要原因。南欧国家的经济实力和社会保障制度的完善程度与北欧和西欧国家存在一定差距，在住房市场上购买自有住房是民众满足自身住房需求的主要渠道。一些南欧国家，如西班牙还将房地产作为支柱产业，通过刺激信贷、降低利率等方式刺激房地产市场的发展和居民的购房需求。住房保障制度的相对不完善和经济发展模式的独特性是南欧国家住房自有率较高的原因。从对欧盟国家住房自有率差异原因的分析中可以看出，不能简单地认为住房自有率越高就越好。

表 3-1　2016 年部分欧洲国家家庭住房保有结构比较

（单位：%）

	担负贷款的住房自有家庭比重	无贷款的住房自有家庭比重	住房自有率①	租住私人租赁住房家庭比重	租住社会住房家庭比重	租房家庭比重②
欧盟 28 国	26.6	42.6	69.2	19.9	10.8	30.7
欧元区 19 国	27.9	38.5	66.4	23.3	10.3	33.6
比利时	41.1	30.2	71.3	20.0	8.7	28.7
保加利亚	2.6	79.7	82.3	2.9	14.8	17.7
捷克	19.4	58.8	78.2	16.0	5.8	21.8
丹麦	47.7	14.4	62.1	37.9	0.1	38.0
德国	26.2	25.5	51.7	39.8	8.4	48.2
爱沙尼亚	19.5	62.0	81.5	4.1	14.5	18.6
爱尔兰	32.9	36.8	69.7	13.2	17.1	30.3

	担负贷款的住房自有家庭比重	无贷款的住房自有家庭比重	住房自有率①	租住私人租赁住房家庭比重	租住社会住房家庭比重	租房家庭比重②
希腊	13.9	60.0	73.9	20.8	5.3	26.1
西班牙	30.9	46.9	77.8	13.8	8.4	22.2
法国	31.0	33.8	64.8	19.2	16.0	35.2
克罗地亚	5.8	84.3	90.1	1.6	8.4	10.0
意大利	15.9	56.3	72.2	16.8	11.0	27.8
塞浦路斯	20.4	52.0	72.4	13.4	14.1	27.5
拉脱维亚	9.8	71.1	80.9	8.7	10.4	19.1
立陶宛	10.2	80.1	90.3	1.3	8.3	9.6
卢森堡	43.3	30.5	73.8	21.5	4.6	26.1
匈牙利	16.3	70.0	86.3	4.3	9.3	13.6
马耳他	21.1	60.3	81.4	3.0	15.6	18.6
荷兰	61.0	8.0	69.0	30.3	0.7	31.0
奥地利	25.2	29.8	55.0	29.7	15.3	45.0
波兰	11.6	71.8	83.4	4.5	12.1	16.6
葡萄牙	36.7	38.5	75.2	12.9	11.8	24.7
罗马尼亚	0.9	95.1	96.0	1.5	2.5	4.0
斯洛文尼亚	10.6	64.5	75.1	5.3	19.6	24.9
斯洛伐克	11.8	77.8	89.6	8.9	1.6	10.5
芬兰	42.0	29.5	71.5	13.0	15.4	28.4
瑞典	54.8	10.4	65.2	34.0	0.8	34.8
英国	35.5	27.9	63.4	18.0	18.6	36.6
冰岛	63.9	14.8	78.7	10.5	10.8	21.3

	担负贷款的住房自有家庭比重	无贷款的住房自有家庭比重	住房自有率[①]	租住私人租赁住房家庭比重	租住社会住房家庭比重	租房家庭比重[②]
挪威	62.3	20.4	82.7	10.5	6.8	17.3
瑞士	38.5	4.0	42.5	50.2	7.2	57.4
塞尔维亚	1.3	81.1	82.4	3.1	14.6	17.7

资料来源：欧盟统计局。

①"担负贷款的住房自有家庭比重"与"无贷款的住房自有家庭比重"之和。

②"租住私有租赁住房的家庭比重"与"租住社会住房的家庭比重"之和。

尽管欧洲各国的住房保有结构存在很大差距，但存在的一个共同点是，欧洲国家的住房自有率比重呈现上升趋势。住房自有率上升的主要原因包括：第一，人口呈现老龄化趋势；第二，一些国家通过税收优惠和购房政策促进消费者购买自有住房；第三，持续走低的利率和宽松的货币政策。

专题 1

中东欧国家的住房私有化

二战后，在苏联的影响下，中东欧国家先后建立人民民主国家，仿效苏联模式对经济社会体制进行改造。在住房领域，中东欧国家通过国有化、征用甚至没收等方式对私有住房进行大规模公有化改造，导致一些国家私有住房比重急剧下降。20世纪80年代末，在东欧剧变的大背景下，中东欧国家在经济领域进行了大规模的私有化改革。在这一过程中，住房市场的私有化改革是一项重要内容。在住房私有化改革过程中，原属政府或国有企业的住房通过低价销售的方式卖给原有住户，并由此将住房的所有权由公有形式转变为私有形式。在住房私有化改革过程中，一些国家的合作社住房也通过售卖的方式实现了私有化。经过住房私有化改革，中东欧国家的私有住房比重大幅度上升。如表3-2所示，斯洛伐克的私有住房比重由1991年的50%提高到89%，斯洛文尼亚由私有化改革初期的66.9%提高到88%。保加利亚和罗马尼亚在经济转轨前的私有住房比重就较高，经过住房私有化改革后，两国的私有住房比重更高，分别达到98%和97.5%。需要指出的是，经过住房私有化改革，捷克和波兰仍然保持了较高的公有住房比重，两国的私有住房比重远低于其他中东欧国家。

表3-2 私有化改革前后中东欧国家私有住房比重比较

(单位:%)

	考察期初始年份私有住房比重	考察期最后年份私有住房比重	考察期
保加利亚	92.9	98.0	1993—2001年
爱沙尼亚	—	95.0	2002年
匈牙利	—	97.7	1997年
拉脱维亚	43.1	83.0	1993—2002年
立陶宛	84.4	97.6	1993—2002年
捷克	—	47.0	2001年
波兰	44.0	58.9	1988—2006年
罗马尼亚	90.8	97.5	1993—2002年
斯洛伐克	50.0	89.0	1991—2004年
斯洛文尼亚	66.9	88.0	私有化改革前和后

资料来源：Alice Pittini and Elsa Laino, "Housing Europe Review 2012：The nuts and bolts of European social housing systems", https://www. researchgate. net/publication/236144096_Housing_Europe_Review_2012_The_nuts_and_bolts_of_European_social_housing_systems。

二、欧洲国家居民居住质量与居住条件

住房拥挤率、住房基本设施、住房匮乏率是欧盟衡量住房居住质

量和居住条件的三个重要指标。下面根据这三个指标对欧盟国家的居住质量和居住条件进行考察。

（一）住房拥挤率（Overcrowding Rate）

住房可用空间是否足够，是衡量居住质量和居住条件的一个重要指标。一个家庭没有足够的居住空间，不仅严重影响居住者的生活质量，同时也不利于儿童的成长发育，甚至会造成传染病的传播蔓延。欧盟统计局认为，一个家庭住宅存在以下情况中的一项或多项时，就可以认为该家庭居住在过度拥挤的环境中。这些情况包括：家庭中的夫妻没有自己单独的房间；18 周岁及以上的家庭成员没有自己的房间；年龄在 12 到 17 周岁之间的家庭成员没有自己的房间（两个性别相同的年龄在 12 至 17 周岁之间的家庭成员共同拥有一个房间不属于住房拥挤的情况）；两个年龄在 12 周岁以下的家庭成员没有自己共同的房间。居住在过度拥挤住房中的人口占总人口的比重就是住房拥挤率。下面从纵向和横向两个方面来考察欧盟国家住房拥挤率情况。

从纵向来看，如表 3-3 所示，欧盟国家的住房拥挤率总体呈现下降趋势。2008 年，欧盟 27 国有 18.3% 的人口居住在过度拥挤的住房中，2016 年，[①] 这一比重下降为 16.6%，下降了 1.7 个百分点。不同国家住房拥挤率表现出不同的变化趋势。

第一，波罗的海三国以及捷克、斯洛文尼亚等国的住房拥挤率下降较为明显。具体来看，爱沙尼亚的住房拥挤率下降幅度最大，从 2005 年的 46.1% 下降到 2016 年的 13.4%，下降了 32.7 个百分点；斯洛文尼亚和立陶宛的住房拥挤率下降幅度也接近 30%，分别从 2005 年的 42% 和 52.8% 下降到 2016 年 12.6% 和 23.7%；捷克和拉脱维亚的住房拥挤率下降幅度也很明显，分别由 2005 年的 33.6% 和 60.3% 下降到 2016 年 17.9% 和 43.2%，下降幅度均在 15 个百分点以上。此

---

① 2013 年克罗地亚成为欧盟成员国,2016 年数据为欧盟 28 国数据。

外，波兰的住房拥挤率下降幅度虽然不如上述五国，但下降趋势也较明显。2005 年，波兰的住房拥挤率为 54.1%，2016 年这一指标为40.7%，下降了 13.4 个百分点。不过同时应该看到，上述欧洲国家的住房拥挤率虽然下降明显，但与西欧和北欧等经济发达国家相比，住房条件仍然存在较大的提升空间。

第二，西欧国家住房拥挤率呈现两上方向上的变化。比利时、爱尔兰、西班牙、法国、卢森堡、马耳他、芬兰、冰岛、挪威、瑞士等欧洲国家的住房拥挤率一直保持在较低水平且呈现出总体下降的趋势；丹麦、德国、荷兰、英国、瑞典的住房拥挤率虽然也一直保持在较低水平，但出现了整体上涨的趋势。2005 年，五国住房拥挤率分别为7.4%、6.3%、1.9%、5.7%、10.7%，2016 年则分别上升至 8.2%、7.2%、4%、8%、14.4%，其中瑞典住房拥挤率上升幅度超过 3%，荷兰和英国的上升幅度超过 2%。移民涌入、人口增加、房价上升、经济危机等因素都是造成一些欧洲国家住房拥挤率上升的原因。

第三，一些欧洲国家的住房拥挤率一直保持在较高水平且多年未有明显改善，有的国家甚至还略有上升。2006 年保加利亚的住房拥挤率为 48.2%，2007 年继续增加至 51.1%，此后虽然出现下降趋势，但下降幅度不大。2016 年保加利亚住房拥挤率仍在 40% 以上，11 年间仅下降了 5.7 个百分点。希腊、克罗地亚、匈牙利、罗马尼亚、斯洛伐克、塞尔维亚等国的住房拥挤率变化趋势与保加利亚类似，即住房拥挤率总体呈现下降趋势，但下降幅度不明显。其中，住房拥挤率改善幅度最小的是希腊，在 2005—2016 年的 12 年间，希腊的住房拥挤率仅下降了 0.5 个百分点。意大利、塞尔维亚的住房拥挤率一直处于较高水平，甚至还出现了上升的情况。2005 年，意大利约有 24.1% 的人口居住在过度拥挤的住房中，2016 年这一比重上升至 27.8%，上升了3.7 个百分点。

表3-3　2005—2016年部分欧洲国家住房拥挤率情况

（单位：%）

	2005年	2006年	2007年	2008年	2009年	2010年	2011年	2012年	2013年	2014年	2015年	2016年
欧盟	—	—	—	18.3	17.7	17.7	17.0	16.9	17.0	16.7	16.7	16.6
欧元区	—	—	—	11.5	11.5	11.6	11.3	11.5	11.7	11.8	12.1	12.3
比利时	4.0	3.6	3.8	4.1	3.9	4.2	2.2	1.6	2.0	2.0	1.6	3.7
保加利亚	—	48.2	51.1	48.1	47.0	47.4	47.4	44.5	44.2	43.3	41.4	42.5
捷克	33.6	33.8	32.7	29.8	26.6	22.5	21.1	21.1	21.0	19.9	18.7	17.9
丹麦	7.4	7.1	7.4	7.3	7.8	7.3	7.4	7.2	7.9	8.2	8.1	8.2
德国	6.3	7.6	6.5	7.0	7.0	7.1	6.7	6.6	6.7	6.6	7.0	7.2
爱沙尼亚	46.1	45.9	43.5	41.7	41.2	39.7	14.4	14.0	21.1	14.2	13.4	13.4
爱尔兰	5.4	6.2	4.9	4.7	3.7	3.4	2.6	3.2	2.8	3.6	3.4	3.2
希腊	29.2	29.3	29.2	26.7	25.0	25.5	25.9	26.5	27.3	27.4	28.1	28.7
西班牙	8.4	6.5	5.8	5.6	5.2	5.0	6.6	5.6	5.2	5.3	5.5	5.4
法国	9.4	8.1	10.1	9.7	9.6	9.2	8.0	8.1	7.4	7.1	7.4	7.7
克罗地亚	—	—	—	—	—	43.7	44.6	44.4	42.8	42.1	41.7	41.1
意大利	24.1	24.6	24.3	24.3	23.3	24.3	24.5	26.1	27.1	27.2	27.8	27.8

续表

	2016 年	2015 年	2014 年	2013 年	2012 年	2011 年	2010 年	2009 年	2008 年	2007 年	2006 年	2005 年
塞浦路斯	2.4	1.4	2.2	2.4	2.8	2.9	3.5	2.6	3.3	1.6	1.9	2.2
拉脱维亚	43.2	41.4	39.8	37.7	36.6	43.7	55.7	56.3	57.4	60.0	59.9	60.3
立陶宛	23.7	26.4	28.3	28.0	19.0	19.5	45.5	48.1	48.4	52.5	53.5	52.8
卢森堡	8.1	6.8	6.7	6.2	7.0	6.8	7.8	6.4	8.0	7.7	7.7	9.6
匈牙利	40.4	41.1	41.9	44.0	45.3	45.5	47.2	46.8	48.3	47.4	51.2	49.9
马耳他	2.9	3.5	4.0	3.6	4.0	4.4	4.0	3.8	3.9	4.2	3.5	3.8
荷兰	4.0	3.3	3.5	2.6	2.5	1.7	2.0	1.7	1.7	1.9	1.8	1.9
奥地利	15.2	15.0	15.3	14.7	13.9	12.3	12.0	13.3	14.8	15.2	15.6	15.0
波兰	40.7	43.4	44.2	44.8	46.3	47.2	47.5	49.1	50.8	52.3	54.1	54.1
葡萄牙	10.3	10.3	10.3	11.4	10.1	11.0	14.6	14.1	15.7	16.1	15.8	16.5
罗马尼亚	48.4	49.7	49.4	50.6	51.6	51.4	52.0	53.4	54.8	55.9	—	—
斯洛文尼亚	12.6	13.7	14.8	15.6	16.6	17.1	34.9	38.0	39.5	39.9	40.3	42.0
斯洛伐克	37.9	37.8	38.6	39.8	38.4	39.5	40.1	39.7	42.9	43.3	45.9	46.6
芬兰	6.6	6.7	7.0	6.9	6.0	6.5	6.1	5.9	5.8	6.1	6.3	7.0

续表

	2016年	2015年	2014年	2013年	2012年	2011年	2010年	2009年	2008年	2007年	2006年	2005年
瑞典	14.4	13.9	12.7	13.0	12.9	13.5	13.1	12.1	11.0	10.0	10.7	10.7
英国	8.0	7.3	7.3	8.0	7.0	7.1	7.3	7.2	6.5	6.2	6.3	5.7
冰岛	7.4	8.3	8.0	9.1	7.9	7.6	7.2	7.3	6.3	10.7	8.7	7.9
挪威	5.1	5.2	4.6	6.0	5.6	5.1	5.3	5.0	5.2	5.3	5.3	5.8
瑞士	7.0	6.4	6.8	6.7	5.9	6.1	6.1	7.6	8.1	7.7	—	—
塞尔维亚	55.5	53.4	50.4	54.3	—	—	—	—	—	—	—	—

资料来源：欧盟统计局。

注：冰岛、挪威、瑞士、塞尔维亚为非欧盟国家。

从横向来看，欧盟国家住房拥挤率存在明显的国别差异。如图 3-1 所示，在 2016 年的欧盟 28 国中，住房拥挤率最高的国家是罗马尼亚，约有一半人口居住在过度拥挤的住房中（48.4%）。拉脱维亚、保加利亚、罗马尼亚、波兰、匈牙利的住房拥挤率均超过 40%。此外，住房拥挤率较高的国家还有斯洛伐克、希腊、意大利、立陶宛、捷克，这些国家的住房拥挤率均高于欧盟平均水平。住房拥挤率较高的国家大多分布在中东欧和南欧。多数西欧、北欧等经济发达国家的住房条件明显好于中东欧和南欧国家，住房拥挤率普遍低于欧盟平均水平。塞浦路斯、马耳他、爱尔兰、比利时、荷兰、西班牙、芬兰、德国、法国、英国、卢森堡、丹麦等 12 个国家的住房拥挤率均在 10% 以下，也就是说在这些国家平均每 10 个人中仅有不到 1 个人居住在过度拥挤的住房中。在塞浦路斯和马耳他，居住在过度拥挤住房中的人口比重仅为 3%。葡萄牙、斯洛文尼亚、爱沙尼亚、瑞典、奥地利等国的住房拥挤率水平处于中等水平，虽然低于欧盟的平均水平，但均在 10% 以上。

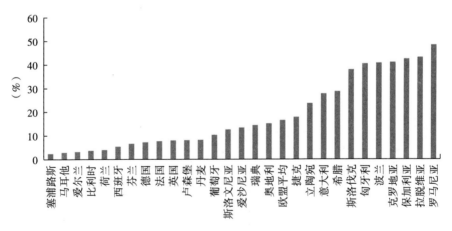

资料来源：欧盟统计局。

图 3-1　2016 年欧盟国家住房拥挤率比较

在欧盟公布的统计数据中，还包括一些非欧盟国家的情况。塞尔维亚的住房拥挤率较高，为55.5%。非欧盟国家冰岛、挪威、瑞士住房拥挤率均在10%以下，良好的住房条件得益于这些国家较高的经济发展水平和较完善的社会保障制度。

一般来说，住房拥挤率与家庭收入水平和人口所处年龄段存在很大的相关性。家庭收入水平越低，越有可能居住在过度拥挤的住房中。年轻人群体中居住在过度拥挤住房的人口比重也要高于中年人和老年人群体。

从不同收入群体的住房拥挤率情况来看，如表3-4所示，2016年，欧盟家庭人均收入低于全国平均水平60%（即处于贫困边缘）人群中有29.5%的人口居住在过度拥挤住房中，高于全部人口的平均水平（16.6%），而在较高收入人群中，这一比重仅为13.9%。从国别来看，欧盟中贫困人口住房拥挤问题最严重的国家是罗马尼亚。罗马尼亚处于贫困边缘的人群中有60.6%的人口住在过度拥挤、没有足够空间的住房中。波兰、匈牙利、斯洛伐克、保加利亚贫困人口的住房拥挤问题也很严重，四国贫困人口的住房拥挤率均在50%以上。塞浦路斯（5.7%）、爱尔兰（6%）、马耳他（7.5%）三国贫困人口住房拥挤率均低于10%，也就是说，在这3个国家平均每10个收入低于全国平均水平60%的人口中仅有不到1个人居住在过度拥挤的住房中。

从不同年龄段人群的住房拥挤率来看，如表3-4所示，2016年，欧盟18岁以下人群的住房拥挤率最高，为23.2%，其次是18—64岁人群，其住房拥挤率为17.7%，65岁以上老年人群体中仅有6.6%的人口居住在过度拥挤的住房中。在房价高企的背景下，年轻人刚刚步入社会，没有足够的资金购买自己的住房，一些年轻人不得不与父母同住，这是青年群体住房拥挤率高的主要原因。中青年群体由于有未成年子女同住，住房拥挤率也高于欧盟的整体水平。子女成年单独居住使得老年人的住房空间增加，所以65岁以上人群住房拥挤率较低。在欧盟国家中，罗马尼亚18岁以下年轻人群中有70%的人口住在过度拥挤住房中。罗马尼亚是欧盟国家中青年住房拥挤问题最严重的国家。

此外，保加利亚（64.4%）、匈牙利（62.3%）、克罗地亚（53.1%）、波兰（51.9%）青年群体的住房拥挤问题也较为严重，住房拥挤率均在50%以上。欧盟国家中，18岁以下人群住房拥挤率低于10%的国家有塞浦路斯（3.3%）、爱尔兰（4.7%）、马耳他（4.7%）、荷兰（5.1%）、比利时（6%）、芬兰（6%）、西班牙（8.4%）、丹麦（9.2%）。较低的住房拥挤率说明这些国家绝大多数青年人拥有足够的居住空间，其中的原因虽然各有不同，但大体可以归结为以下三个方面：一是有完善的社会住房保障制度（如荷兰、丹麦、比利时），二是大力发展房地产业（如爱尔兰、西班牙），三是以低利率等优惠政策促进消费者购房。

从上面的分析中可以看出，欧盟国家中贫困人口和青年群体住房拥挤问题比较严重的国家主要集中在中东欧经济欠发达地区。

表3-4　2016年部分欧洲国家不同收入群体和不同年龄人群的住房拥挤率比较

（单位:%）

	住房拥挤率平均水平	家庭收入高于全国平均收入水平60%的人口住房拥挤率	家庭收入低于全国平均收入水平60%的人口住房拥挤率	18岁以下人口住房拥挤率	18—64岁人口住房拥挤率	65岁及以上人口住房拥挤率
欧盟28国	16.6	13.9	29.5	23.2	17.7	6.6
欧元区19国	12.3	9.8	24.3	17.4	13.2	4.5
比利时	3.7	2.0	13.0	6.0	3.8	1.0
保加利亚	42.5	39.9	51.1	64.4	44.9	16.9
捷克	17.9	15.5	39.5	28.6	18.0	6.6
丹麦	8.2	6.2	23.6	9.2	10.2	1.0
德国	7.2	4.9	18.9	10.4	8.0	2.1
爱沙尼亚	13.4	12.5	16.7	22.0	13.4	4.7

续表

	住房拥挤率平均水平	家庭收入高于全国平均收入水平60%的人口住房拥挤率	家庭收入低于全国平均收入水平60%的人口住房拥挤率	18岁以下人口住房拥挤率	18—64岁人口住房拥挤率	65岁及以上人口住房拥挤率
爱尔兰	3.2	2.6	6.0	4.7	3.2	0.3
希腊	28.7	25.0	42.2	36.8	31.5	13.6
西班牙	5.4	3.3	12.7	8.4	5.6	1.8
法国	7.7	5.3	23.1	11.8	8.0	2.2
克罗地亚	41.1	39.9	45.9	53.1	43.5	21.4
意大利	27.8	24.8	39.2	41.7	30.3	10.0
塞浦路斯	2.4	1.7	5.7	3.3	2.4	1.0
拉脱维亚	43.2	42.4	45.9	60.2	43.5	26.4
立陶宛	23.7	21.6	31.0	34.3	24.9	9.5
卢森堡	8.1	4.6	26.0	12.0	8.2	1.9
匈牙利	40.4	38.0	54.7	62.3	40.7	17.0
马耳他	2.9	1.9	7.5	4.7	2.9	0.8
荷兰	4.0	2.5	14.6	5.1	4.7	0.5
奥地利	15.2	11.5	37.5	25.1	15.3	4.5
波兰	40.7	36.8	59.2	51.9	41.2	25.9
葡萄牙	10.3	8.0	19.9	17.0	10.5	4.1
罗马尼亚	48.4	44.3	60.6	70.0	49.8	19.5
斯洛文尼亚	12.6	11.3	20.4	17.1	13.4	4.4
斯洛伐克	37.9	35.6	54.2	49.8	39.1	17.1
芬兰	6.6	4.8	20.5	6.0	7.6	4.3
瑞典	14.4	9.3	41.3	18.5	16.6	3.7

	住房拥挤率平均水平	家庭收入高于全国平均收入水平60%的人口住房拥挤率	家庭收入低于全国平均收入水平60%的人口住房拥挤率	18岁以下人口住房拥挤率	18—64岁人口住房拥挤率	65岁及以上人口住房拥挤率
英国	8.0	6.8	14.4	12.9	8.4	1.3
冰岛	7.4	6.3	18.3	10.7	7.4	1.1
挪威	5.1	2.7	22.1	6.4	5.9	0.8
瑞士	7.0	5.3	16.9	9.9	7.6	1.7
塞尔维亚	55.5	52.3	65.0	67.5	57.2	38.5

资料来源:欧盟统计局。

注:冰岛、挪威、瑞士、塞尔维亚为非欧盟国家。

(二) 住房基本设施 (Housing Basic Facilities)

除居住空间是否充足外,房屋中的基本设施(洗浴设施、热水管、供暖系统等)是否齐全也是衡量居住质量和居住条件的一项重要指标。总体来看,欧洲住宅中的80%都具备洗浴设施和热水管,住宅中的70%具备中央供暖系统。[1]从表3-5可以看出,中东欧国家住宅基本设施的配备情况比较差,例如,在罗马尼亚,超过40%的住宅缺少洗浴设施,42.8%的住宅没有24小时热水供应,48.1%的住宅没有中央供暖系统。西欧和北欧发达国家的住房基本设施配备齐全、居住条件普遍较好。瑞典全部住宅均配备有洗浴设施、热水供应系统和中央供暖系统。奥地利、荷兰、英国等国的住宅基本设施配备率也很高。

---

① Alice Pittini and Elsa Laino, "Housing Europe Review 2012: The Nuts and Bolts of European Social Housing Systems", https://www. researchgate. net/publication/236144096_Housing_Europe_Review_2012_The_nuts_and_bolts_of_European_social_housing_systems.

表3-5 2010年部分欧洲国家配备洗浴设施、热水供应和中央供暖系统
住宅占住房存量的比重

（单位:%）

	配备洗浴设施的 住宅比重	拥有热水供应的 住宅比重	配备中央供暖系统的 住宅比重
奥地利	99.2	—	92.0
比利时	96.8	—	83.1
保加利亚	82.1	—	—
塞浦路斯	99.0	—	27.3
丹麦	96.0	—	98.0
爱沙尼亚	67.1	68.0	59.0
芬兰	99.1	97.1	93.4
法国	98.5	98.5	93.0
德国	—	—	92.3
希腊	97.8	—	62.0
匈牙利	91.3	91.5	56.7
爱尔兰	94.0	—	59.0
意大利	99.4	99.6	94.7
拉脱维亚	60.3	61.6	61.2
立陶宛	71.1	61.6	73.5
卢森堡	99.0	99.7	72.8
马耳他	98.2	97.1	1.2
荷兰	100.0	100.0	94.0
波兰	86.9	83.0	78.0
葡萄牙	65.6	—	3.8
罗马尼亚	58.9	57.2	51.9
斯洛伐克	92.8	90.5	74.3

	配备洗浴设施的住宅比重	拥有热水供应的住宅比重	配备中央供暖系统的住宅比重
斯洛文尼亚	92.3	—	79.1
西班牙	—	99.5	63.8
瑞典	100.0	100.0	100.0
英国	99.0	100.0	94.0

资料来源：Kees Dol and Marietta Haffner, *Housing Statistics in the European Union 2010*, Hague: Ministry of the Interior and Kingdom Relations, 2010。

总体来看，欧盟国家绝大多数居民居住在基本设施齐全的住宅中，只有少数居民的住宅缺少洗浴卫生等基本设施。根据欧盟统计局发布的数据，从欧盟的平均水平来看，如表3-6所示，居住在没有洗浴设施住宅中的人口比重为2.2%，仅有2.3%的人口居住在没有独立冲水卫生间的住宅中，仅有1.9%的人口居住在既无洗浴设施又无独立冲水卫生间的住宅中。从国别来看，中东欧国家和波罗的海三国居住在洗浴卫生基本设施不完备住宅中的人口比重较高。在罗马尼亚，有30%的人口居住在既无洗浴设施又无独立冲水卫生间的住宅中，保加利亚、拉脱维亚、立陶宛居住在基本设施不完备住宅中的人口比重均超过10%。相比之下，西欧和北欧国家居民的居住条件高于欧盟的平均水平。在德国、马耳他、瑞士、冰岛、挪威、瑞典，几乎所有居民都居住在洗浴卫生设施齐全的住宅中。

表3-6 2016年部分欧洲国家洗浴卫生基本设施情况比较

（单位：%）

	住宅中没有洗浴设施的人口比重	住宅中没有独立冲水卫生间的人口比重	住宅中既无洗浴设施又无独立冲水卫生间的人口比重
欧盟28国	2.2	2.3	1.9
欧元区19国	0.6	0.6	0.4

续表

	住宅中没有洗浴设施的人口比重	住宅中没有独立冲水卫生间的人口比重	住宅中既无洗浴设施又无独立冲水卫生间的人口比重
比利时	0.5	1.7	0.1
保加利亚	11.2	18.5	10.7
捷克	0.3	0.5	0.2
丹麦	2.4	0.6	0.6
德国	0	0.1	0
爱沙尼亚	7.5	6.9	5.1
爱尔兰	0.3	0.2	0.2
希腊	0.4	0.4	0.2
西班牙	0.3	0.3	0.3
法国	0.6	0.6	0.3
克罗地亚	1.6	1.7	1.4
意大利	0.4	0.4	0.1
塞浦路斯	0.7	0.7	0.7
拉脱维亚	14.2	12.9	11.7
立陶宛	13.0	13.7	12.0
卢森堡	1.1	0.5	0.5
匈牙利	4.1	4.3	3.8
马耳他	0.1	0	0
荷兰	0.1	0.1	0.1
奥地利	0.2	0.9	0.2
波兰	2.9	2.4	2.3
葡萄牙	1.3	1.1	0.9
罗马尼亚	30.5	32.6	30.0

	住宅中没有洗浴设施的人口比重	住宅中没有独立冲水卫生间的人口比重	住宅中既无洗浴设施又无独立冲水卫生间的人口比重
斯洛文尼亚	0.4	0.3	0.2
斯洛伐克	0.8	1.4	0.8
芬兰	0.7	0.5	0.3
瑞典	0.1	0	—
英国	0.6	0.4	0.3
冰岛	0.2	0	—
挪威	0.4	0	—
瑞士	0	0	—
塞尔维亚	3.5	4.4	3.4

资料来源：欧盟统计局。

注：冰岛、挪威、瑞士、塞尔维亚为非欧盟国家。

（三）住房匮乏率（Housing Deprivation Rate）

住房匮乏率是欧盟统计局用以衡量欧盟国家住房居住质量和居住条件的一个综合性指标。在理解住房匮乏率这一概念前，需首先弄清楚欧盟对住房匮乏人口的定义。欧盟将居住在过度拥挤住房且住房内缺少基本设施（四种情况[①]中的一种或数种情况同时具备）的人口定义为住房匮乏者。由此，住房匮乏率是指住房匮乏人口占总人口的比重。如表3-7所示，2016年，欧盟28国总人口中的4.8%面临住房匮乏，欧元区这一指标是3.5%，略低于欧盟的平均水平。从国别来看，住房匮乏率较高的国家大多集中在中东欧。其中，罗马尼亚住房匮乏率最高，接近20%。匈牙利（16.9%）、拉脱维亚（14.6%）、保加利

---

① 住房缺少基本设施包括四种情况：住宅屋顶存在漏雨现象、住宅没有洗浴设施、住宅内没有独立的冲水卫生间、住宅内光线不好。例如，如果一位市民居住在过度拥挤的住宅中且其住宅屋顶漏雨，即可将该市民称为住房匮乏者。

亚（11.6%）住房匮乏率超过 10%。除上述 4 国外，波兰（9.4%）、立陶宛（8.6%）、意大利（7.6%）、克罗地亚（7.1%）、希腊（6.3%）、葡萄牙（4.9%）等 6 国的住房匮乏率也高于欧盟的平均水平。欧盟其他 18 个国家的住房匮乏率低于欧盟的平均水平，其中芬兰的住房匮乏率最低，平均每 10 人中仅有不到 1 人居住在拥挤和缺乏基本设施的住房中。

住房匮乏率在不同年龄段人群中存在差异。从表 3-7 可以看出，18 岁以下人群中居住在较差住房中的人口比重一般高于 18 岁至 64 岁人群和 65 岁以上人群。在罗马尼亚，18 岁以下人群住房匮乏率高达 34.3%。此外，各国 65 岁以上人群住房匮乏率也低于其他人群。

住房消费能力与个人收入存在密切关系。显然，低收入人群住房匮乏率要高于高收入人群。罗马尼亚的低收入人群中有 42.7% 的人口居住在拥挤和缺乏基本设施的住房中，远高于全国的住房匮乏率水平（19.8%）和高收入人群的住房匮乏率水平（12.1%）。相比而言，冰岛是低收入人群和高收入人群的住房条件差距最小的欧洲国家，两类人群住房匮乏率分别为 1.8% 和 1.5%。

表 3-7　2016 年欧洲国家不同人群住房匮乏率情况比较

（单位：%）

	总人口住房匮乏率	18 岁及以下人口住房匮乏率	18—64 岁人口住房匮乏率	65 岁及以上人口住房匮乏率	收入低于平均收入 60% 的人口住房匮乏率	收入高于平均收入 60% 的人口住房匮乏率
欧盟 28 国	4.8	7.2	4.9	1.7	11.8	3.3
欧元区 19 国	3.5	5.2	3.7	1.2	8.9	2.3
比利时	1.9	3.0	1.9	0.2	6.5	1.0
保加利亚	11.6	21.5	11.4	3.9	29.2	6.3

续表

	总人口住房匮乏率	18 岁及以下人口住房匮乏率	18—64 岁人口住房匮乏率	65 岁及以上人口住房匮乏率	收入低于平均收入60%的人口住房匮乏率	收入高于平均收入60%的人口住房匮乏率
捷克	3.0	5.2	3.0	0.7	9.9	2.3
丹麦	1.7	1.8	2.2	0.1	4.2	1.4
德国	1.9	2.9	2.1	0.3	6.0	1.1
爱沙尼亚	3.3	5.1	3.3	1.5	4.6	3.0
爱尔兰	1.0	1.7	0.9	0	3.1	0.6
希腊	6.3	8.0	6.9	3.1	11.9	4.8
西班牙	1.7	2.9	1.7	0.4	4.6	0.8
法国	2.7	4.7	2.7	0.8	9.8	1.6
克罗地亚	7.1	8.3	7.5	4.5	12.8	5.7
意大利	7.6	11.2	8.4	2.6	14.3	5.8
塞浦路斯	1.3	2.0	1.3	0.4	3.7	0.9
拉脱维亚	14.6	21.6	14.4	8.7	24.2	11.9
立陶宛	8.6	13.4	9.0	2.9	19.1	5.7
卢森堡	2.1	3.8	2.0	0.3	7.7	1.0
匈牙利	16.9	28.3	16.5	6.7	32.7	14.2
马耳他	1.4	2.7	1.3	0.2	4.3	0.8
荷兰	1.4	1.9	1.5	0.1	4.3	0.9
奥地利	4.2	6.7	4.3	1.4	10.3	3.2
波兰	9.4	11.4	9.7	6.3	19.7	7.3
葡萄牙	4.9	7.8	5.1	2.1	11.3	3.4
罗马尼亚	19.8	34.3	18.7	7.7	42.7	12.1

	总人口住房匮乏率	18岁及以下人口住房匮乏率	18—64岁人口住房匮乏率	65岁及以上人口住房匮乏率	收入低于平均收入60%的人口住房匮乏率	收入高于平均收入60%的人口住房匮乏率
斯洛文尼亚	4.5	5.7	4.9	1.5	9.6	3.6
斯洛伐克	4.3	7.2	3.9	2.3	16.0	2.5
芬兰	0.7	0.6	0.9	0.4	3.2	0.4
瑞典	2.7	3.3	3.3	0.4	6.8	1.9
英国	2.2	3.8	2.2	0.2	4.0	1.8
冰岛	1.5	2.3	1.5	0.1	1.8	1.5
挪威	1.0	1.6	1.1	0.1	5.3	0.4
瑞士	2.3	4.0	2.3	0.4	6.1	1.6
塞尔维亚	15.7	18.4	16.1	11.9	24.9	12.5

资料来源:欧盟统计局。

注:冰岛、挪威、瑞士、塞尔维亚为非欧盟国家。

三、欧洲国家平均住房面积情况

表3-8集中展示了欧盟28国(含克罗地亚)和冰岛、挪威、瑞士2012年不同保有类型住房平均面积情况。欧盟28国平均住房面积为95.9平方米,但各国各类住房平均面积存在很大差异。其中,罗马尼亚是欧盟28国中平均住房面积最小的国家,其平均住房面积仅为44.6平方米,不到欧盟平均住房面积的一半。中东欧国家和波罗的海三国的平均住房面积普遍较小,拉脱维亚、立陶宛、爱沙尼亚的平均住房面积为60多平方米,保加利亚、波兰、匈牙利、捷克的平均住房面积在70平方米左右。除上述8国外,斯洛文尼亚、爱尔兰、克罗地亚、斯洛伐克、希腊、芬兰、意大利、法国、德国等9国的平均住房面积

也低于欧盟的平均水平。在欧盟 28 国中，塞浦路斯的平均住房面积水平最高，为 141.4 平方米，比欧盟的平均水平高出 45.5 平方米。除塞浦路斯外，平均住房面积超过欧盟平均水平的还有 8 个国家，分别是：卢森堡（131.1 平方米）、比利时（124.3 平方米）、丹麦（115.6 平方米）、荷兰（106.7 平方米）、葡萄牙（106.4 平方米）、瑞典（103.3 平方米）、奥地利（99.7 平方米）、西班牙（99.1 平方米）。非欧盟国家冰岛、挪威、瑞士的平均住房面积不仅超过欧盟的平均水平，而且均在 100 平方米以上。

从表 3-8 所列数据中还可以发现，大部分欧洲国家自有住房的平均面积要高于租赁住房的平均面积。欧盟 28 国自有住房的平均面积是 108.3 平方米，租赁住房的平均面积是 76.6 平方米，二者相差 31.7 平方米。被统计的欧洲国家中，租赁住房平均面积与自有住房平均面积相差最大的国家是塞浦路斯，其次是冰岛、挪威，这三国两类住房平均住房面积相差超过 60 平方米。此外，卢森堡、奥地利、比利时、德国、瑞士租赁住房平均面积也比自有住房平均面积小 50 平方米以上。租赁住房平均面积与自有住房平均面积相差最小的是罗马尼亚，仅为 11.3 平方米。

自有住房按有无抵押贷款可以分为两类。欧盟 28 国担负抵押贷款自有住房平均面积为 119.7 平方米，无抵押贷款住房平均面积为 96.8 平方米，前者比后者高出 22.9 平方米。总体来看，欧盟大多数国家的担负抵押贷款的自有住房的面积要大于无抵押贷款自有住房的面积。只有西班牙、法国、意大利、卢森堡、荷兰、罗马尼亚 6 个国家无抵押贷款自有住房的平均面积比担负抵押贷款的自有住房的平均面积大。非欧盟国家冰岛也属此类情况。

租赁住房包括市场租赁住房和社会保障性租赁住房两大类。欧盟 28 国市场租赁住房的平均面积为 74.5 平方米，社会保障性租赁住房的平均面积为 78.7 平方米，后者略高于前者。从单个国家来看，欧盟 28 国及非欧盟国家挪威、瑞士的社会保障性租赁住房平均面积均高于市场价格租赁住房的平均面积。在被统计国家中，两类租赁住房面积差最大的是瑞典，该国社会保障性租赁住房的平均面积为 131.4 平方米，市场租赁住房的平均面积为 69.7 平方米，前者比后者高出 61.7平方米。此外，丹麦、荷兰两类租赁住房平均面积差都超过 30 平方米。完善的社会保障制度和高质量的社会保障性租赁住房是造成这一结果的主要原因。

表 3-8　2012 年部分欧洲国家不同保有类型住房的平均面积比较

（单位：平方米）

	住房平均面积	无抵押贷款自有住房平均面积	担负抵押贷款自有住房平均面积	自有住房平均面积①	市场租赁住房平均面积	社会保障性租赁住房平均面积	租赁住房平均面积②	自有住房平均面积与租赁住房平均面积之差
欧盟 28 国③	95.9	96.8	119.7	108.3	74.5	78.7	76.6	31.7
欧元区 19 国	95.9	105.5	115.8	110.7	71.2	77.2	74.2	36.5
比利时	124.3	139.0	145.5	142.3	85.7	91.0	88.4	53.9
保加利亚	73.0	75.0	76.3	75.7	53.7	60.9	57.3	18.4
捷克	78.0	80.7	92.9	86.8	59.1	63.1	61.1	25.7
丹麦	115.6	141.4	146.6	144.0	79.6	117.1	98.4	45.6
德国	94.3	121.4	127.7	124.6	69.2	74.3	71.8	52.8
爱沙尼亚	66.7	68.0	83.4	75.3	44.3	53.3	48.8	26.9
爱尔兰	80.8	83.0	98.9	91.0	63.7	58.4	61.1	29.9
希腊	88.6	93.4	100.3	96.9	70.6	79.1	74.9	22.0
西班牙	99.1	103.3	101.4	102.4	81.0	92.8	86.9	15.5
法国	93.7	110.1	108.9	109.5	66.7	71.3	69.0	40.5
克罗地亚	81.6	82.7	87.6	85.2	57.7	72.8	65.3	19.9

续表

	住房平均面积	无抵押贷款自有住房平均面积	担负抵押贷款自有住房平均面积	自有住房平均面积①	市场租赁住房平均面积	社会保障性租赁住房平均面积	租赁住房平均面积②	自有住房平均面积与租赁住房平均面积之差
意大利	93.6	99.6	98.6	99.1	73.9	82.0	78.0	21.1
塞浦路斯	141.4	156.5	177.6	167.1	91.9	112.3	102.1	65.0
拉脱维亚	62.5	64.3	85.1	74.7	44.7	48.6	46.7	28.0
立陶宛	63.2	64.4	70.9	67.7	42.5	47.6	45.1	22.6
卢森堡	131.1	156.4	147.6	152.0	83.2	106.4	94.8	57.2
匈牙利	75.6	77.9	81.2	79.6	49.8	56.2	53.0	26.6
马耳他	—	—	—	—	—	—	—	—
荷兰	106.7	133.1	127.8	130.5	78.0	113.2	95.6	34.9
奥地利	99.7	125.3	130.2	127.8	66.6	81.0	73.8	54.0
波兰	75.2	80.4	88.1	84.3	45.7	52.5	49.1	35.2
葡萄牙	106.4	110.5	123.5	117.0	77.6	82.8	80.2	36.8
罗马尼亚	44.6	44.9	44.7	44.8	32.4	34.5	33.5	11.3
斯洛文尼亚	80.3	86.0	93.6	89.8	47.6	66.1	56.9	32.9
斯洛伐克	87.4	89.2	95.4	92.3	63.1	76.5	69.8	22.5
芬兰	88.6	99.4	109.8	104.6	54.3	55.6	55.0	49.6
瑞典	103.3	105.1	125.3	115.2	69.7	131.4	100.6	14.6
英国	—	—	—	—	—	—	—	—
冰岛	130.4	150.8	144.7	147.8	88.2	85.9	87.1	60.7
挪威	123.2	126.7	140.5	133.6	67.8	78.9	73.4	60.2
瑞士	117.1	140.0	152.9	146.5	92.0	96.6	94.3	52.2

资料来源：欧盟统计局。

注：1. 欧盟和欧元区的住房平均面积为欧盟统计局的估算数据。

2. 马耳他和英国无可靠来源数据。

3. 冰岛、挪威、瑞士为非欧盟国家。

4. 由于住房平均面积在一定时期内是相对稳定的，所以 2012 年数据仍然具有参考意义。

① "无抵押贷款自有住房平均面积"与"担负抵押贷款自有住房平均面积"的平均值。

② "市场租赁住房平均面积"与"社会保障性租赁住房平均面积"的平均值。

③包含克罗地亚数据。

四、欧盟国家的住宅类型

按照房屋结构的不同，欧盟统计局将住宅划分为别墅（House）、公寓（Flat）和其他类型住宅三类。其中，别墅包括联排别墅（Semi-Detached House）和独栋别墅（Detached House）两小类，公寓分为少于 10 户的公寓和 10 户以上的公寓。如表 3-9 所示，在欧盟 28 国中，有 57.5% 的人口居住在别墅中，也就是说欧盟国家平均每 10 人中就有约 6 人居住在别墅中。在爱尔兰、英国、克罗地亚、比利时、荷兰、塞浦路斯、斯洛文尼亚、法国、丹麦、匈牙利、卢森堡、芬兰、罗马尼亚等 13 个欧盟国家中，居住在别墅中的人口比重高于欧盟的平均水平，其中爱尔兰有 90% 以上的人口居住在别墅中。非欧盟国家塞尔维亚和挪威居住在别墅中的人口比重也很高，均超过 70%。就不同别墅类型而言，在英国、荷兰、爱尔兰居住在联排别墅中的人口比重超过 50%。在比利时、马耳他、卢森堡、塞浦路斯、意大利居住在联排别墅中人口的比重高于欧盟 23.9% 的平均水平。独栋别墅在克罗地亚、斯洛文尼亚、塞尔维亚、匈牙利、罗马尼亚较为普遍，在这些国家中，居住在独栋别墅中的人口比重均在 60% 以上，克罗地亚甚至达到 70%。在被统计国家中，居住在独栋别墅中的人口比重超过欧盟平均水平的国家有 22 个。

公寓住宅在人口较多的欧洲国家和欠发达的中东欧国家比较普遍。在西班牙、拉脱维亚、瑞士、爱沙尼亚居住在公寓中人口比重超过

60%。立陶宛、德国、希腊、马耳他、意大利、捷克、斯洛伐克等国居住在公寓中的人口比重均超过50%。总体来看，共有15个欧盟国家居住在公寓中的人口比重超过欧盟41.8%的平均水平。值得一提的是，在经济发达的瑞士，公寓住宅是较别墅更为普遍的一种住宅模式，住在公寓中的人口比重为62.7%，居住在别墅中的人口比重仅为34.1%。在以公寓为主要住宅类型的国家中，拉脱维亚（58.1%）、爱沙尼亚（54.2%）、立陶宛（51.2%）、斯洛伐克（44.8%）、西班牙（45.7%）、意大利（26.3%）、捷克（39%）7国超过10户以上的大型公寓比少于10户的小型公寓更普遍。其中，波罗的海三国居住在大型公寓中的人口比重在50%以上。在西班牙、斯洛伐克、保加利亚、捷克等国，居住在大型公寓中的人口比重超过或接近40%。

表3-9 2016年部分欧洲国家居住在不同住宅类型中的人口比重

（单位:%）

	别墅	联排别墅	独栋别墅	公寓	少于10户的公寓	10户以上的公寓	其他类型的住宅
欧盟28国	57.5	23.9	33.6	41.8	18.0	23.8	0.7
欧元区19国	51.6	22.4	29.3	47.6	23.0	24.6	0.7
比利时	77.7	39.8	37.9	21.9	14.8	7.0	0.5
保加利亚	54.5	11.5	42.9	45.1	6.0	39.1	0.4
捷克	47.4	10.0	37.4	52.0	13.0	39.0	0.6
丹麦	68.3	13.4	54.9	31.4	6.2	25.2	0.3
德国	41.6	15.5	26.1	57.1	40.2	16.9	1.3
爱沙尼亚	37.6	5.3	32.3	62.0	7.7	54.2	0.5
爱尔兰	92.5	52.4	40.1	7.3	2.5	4.8	0.2
希腊	42.8	9.1	33.7	57.1	35.1	22.0	0.1
西班牙	33.5	21.5	12.0	66.1	20.4	45.7	0.4

续表

	别墅	联排别墅	独栋别墅	公寓	少于10户的公寓	10户以上的公寓	其他类型的住宅
法国	68.4	23.7	44.6	31.5	10.3	21.2	0.1
克罗地亚	78.9	8.0	71.0	21.0	6.0	15.0	0.1
意大利	47.3	24.8	22.5	52.5	26.2	26.3	0.1
塞浦路斯	72.8	25.2	47.6	25.7	16.8	8.9	1.5
拉脱维亚	33.8	2.8	31.0	66.1	8.0	58.1	0.1
立陶宛	41.5	5.7	35.8	58.2	7.0	51.2	0.3
卢森堡	65.9	27.5	38.4	30.4	20.7	9.7	3.7
匈牙利	68.1	5.4	62.8	31.4	4.7	26.7	0.5
马耳他	44.9	39.6	5.2	55.0	49.6	5.4	0.1
荷兰	76.2	58.4	17.8	18.8	5.1	13.7	4.9
奥地利	54.3	7.4	46.9	45.0	18.0	27.0	0.7
波兰	57.4	5.4	51.9	42.5	9.0	33.5	0.2
葡萄牙	54.8	18.1	36.8	45.0	25.9	19.1	0.1
罗马尼亚	63.7	1.9	61.9	36.3	3.3	32.9	0
斯洛文尼亚	70.5	5.1	65.5	29.2	8.7	20.5	0.3
斯洛伐克	48.0	1.6	46.4	51.5	6.7	44.8	0.6
芬兰	65.4	19.2	46.2	34.2	1.6	32.5	0.5
瑞典	54.6	9.0	45.6	45.1	9.5	35.6	0.3
英国	84.8	60.1	24.7	14.3	9.0	5.3	0.9
冰岛	51.0	18.0	32.9	48.5	14.1	34.5	0.5
挪威	79.9	20.0	59.9	19.7	5.3	14.4	0.4
瑞士	34.1	11.4	22.8	62.7	37.5	25.2	3.1
塞尔维亚	75.3	11.2	64.2	24.6	6.1	18.5	0.1

资料来源：欧盟统计局。

注：冰岛、挪威、瑞士、塞尔维亚为非欧盟国家。

五、欧洲国家居民对居住条件和周边环境的满意度

居住质量与居住条件除了与住房本身的大小、设施等因素有关外，还与住宅周边的自然社会环境密切相关。下面对欧洲国家居民对住宅周边环境的评价和满意度进行考察。

（一）欧洲国家居民对住宅周边环境的满意度情况

从欧盟层面来看，如表3-10所示，28国居民中有17.3%认为来自邻居或街道的噪声影响自身居住环境。在马耳他，认为邻居或街道噪声影响自身居住环境的人口比重达到25.4%，为欧盟国家中最高，其次是德国（23.6%）、荷兰（23.5%）、葡萄牙（23%）、罗马尼亚（22.6%）。而在爱尔兰仅有6.8%的居民将噪声污染作为周边影响居住环境的因素之一。在克罗地亚（8.8%）、挪威（9.2%）、保加利亚（9.6%）这一比重均不超过10%，也就是说，在这些国家平均每10人中仅有不到1人认为噪声影响了自身居住环境。通常来说，低收入人群住宅周边的噪声问题比高收入人群住宅周边噪声问题要严重。在德国、马耳他和荷兰，家庭收入低于全国平均收入60%的人口中有高于30%的人口认为自身住宅周边存在噪声问题。但在希腊、克罗地亚、波兰、罗马尼亚、塞尔维亚等国，高收入群体中认为噪声影响住宅环境的人口比重要高于低收入群体中认为噪声影响住宅环境的人口比重。

在欧盟28国中，14%的人口认为住宅周边存在污染、粉尘及其他环境问题。从国别来看，在马耳他和德国，认为环境污染问题影响居住质量的人口比重较高，分别为30.3%和23.2%。在爱尔兰，认为环境污染问题影响居住质量的人口比重最低，仅为4.6%。总体来看，大部分国家低收入人群中对住宅周边的环境问题持负面评价的比重高于高收入人群。但在希腊、克罗地亚、意大利、立陶宛、波兰、罗马尼亚、斯洛文尼亚、芬兰等欧盟国家正好相反，高收入人群中认为环境污染问题影响居住质量的比重高于低收入人群。

在欧盟 28 国总人口中，有 13% 的人口认为犯罪、暴力等社会治安问题影响住宅周边环境和居住质量。在保加利亚，平均每 4 人中就有 1 人认为住宅周边的犯罪、暴力等社会治安问题影响居住环境。在克罗地亚和立陶宛，很少有人认为犯罪、暴力等社会治安问题影响居住环境。一般来看，低收入人群中对住宅周边治安负面评价的人口比重高于高收入人群，但在希腊、克罗地亚、意大利、塞浦路斯、拉脱维亚、奥地利、波兰、葡萄牙、斯洛文尼亚等 9 个欧盟国家，情况正好相反。在这些国家中，高收入人群认为住宅周边治安影响居住质量的人口比重高于低收入人群。

表 3-10　2016 年部分欧洲国家认为住宅周边存在环境或治安问题的人口比重

（单位：%）

	噪声			污染、粉尘及其他环境问题			犯罪、暴力和损毁公共设施		
	全部人口	家庭收入低于全国平均收入60%的人口	家庭收入高于全国平均收入60%的人口	全部人口	家庭收入低于全国平均收入60%的人口	家庭收入高于全国平均收入60%的人口	全部人口	家庭收入低于全国平均收入60%的人口	家庭收入高于全国平均收入60%的人口
欧盟 28 国	17.3	20.9	17.3	14.0	15.6	13.6	13.0	15.8	12.5
欧元区19 国	18.2	23.2	18.2	15.7	17.7	15.2	13.1	16.0	12.5
比利时	14.1	23.6	14.1	13.2	20.5	11.8	13.4	19.3	12.4
保加利亚	9.6	11.4	9.6	15.1	21.1	13.3	25.0	25.3	25.0
捷克	14.0	19.5	14.0	13.5	19.1	12.9	11.7	18.2	11.0
丹麦	17.0	27.7	17.0	6.8	8.9	6.5	8.4	13.8	7.7
德国	23.6	32.4	23.6	23.2	27.4	22.4	14.1	19.5	13.0

	噪声			污染、粉尘及其他环境问题			犯罪、暴力和损毁公共设施		
	全部人口	家庭收入低于全国平均收入60%的人口	家庭收入高于全国平均收入60%的人口	全部人口	家庭收入低于全国平均收入60%的人口	家庭收入高于全国平均收入60%的人口	全部人口	家庭收入低于全国平均收入60%的人口	家庭收入高于全国平均收入60%的人口
爱沙尼亚	10.1	11.6	10.1	9.9	10.5	9.7	9.2	9.8	9.0
爱尔兰	6.8	13.1	6.8	4.6	6.4	4.2	9.9	13.0	9.2
希腊	20.9	16.0	20.9	19.6	16.4	20.5	11.8	10.3	12.3
西班牙	15.1	20.0	15.1	10.1	13.1	9.2	10.3	14.1	9.2
法国	16.6	24.8	16.6	14.1	16.3	13.8	14.8	20.9	13.9
克罗地亚	8.8	7.4	8.8	7.0	5.3	7.5	3.0	2.5	3.1
意大利	15.9	17.0	15.9	15.1	14.8	15.2	14.7	14.0	14.9
塞浦路斯	15.3	17.1	15.3	9.2	12.3	8.6	9.8	8.5	10.1
拉脱维亚	12.8	14.8	12.8	17.2	17.8	17.0	10.0	8.3	10.5
立陶宛	13.3	13.7	13.3	15.6	14.2	16.0	3.4	3.7	3.3
卢森堡	17.9	28.5	17.9	16.1	20.2	15.3	12.2	15.8	11.5
匈牙利	11.6	15.9	11.6	12.8	19.2	11.7	9.7	16.0	8.7
马耳他	25.4	30.4	25.4	30.3	32.5	29.8	10.4	10.9	10.3
荷兰	23.5	34.5	23.5	13.2	16.4	12.7	16.9	22.9	16.0
奥地利	16.7	20.9	16.7	10.7	11.4	10.6	12.4	10.4	12.7
波兰	13.2	11.9	13.2	11.4	9.3	11.9	5.6	4.9	5.8
葡萄牙	23.0	23.6	23.0	13.1	15.4	12.5	7.8	7.3	7.9
罗马尼亚	22.6	13.4	22.6	14.5	11.0	15.6	14.1	15.2	13.7

	噪声			污染、粉尘及其他环境问题			犯罪、暴力和损毁公共设施		
	全部人口	家庭收入低于全国平均收入60%的人口	家庭收入高于全国平均收入60%的人口	全部人口	家庭收入低于全国平均收入60%的人口	家庭收入高于全国平均收入60%的人口	全部人口	家庭收入低于全国平均收入60%的人口	家庭收入高于全国平均收入60%的人口
斯洛文尼亚	13.2	14.7	13.2	15.9	14.1	16.2	8.5	7.6	8.6
斯洛伐克	11.4	16.4	11.4	9.3	16.4	8.2	6.9	9.8	6.4
芬兰	11.4	16.8	11.4	7.2	6.8	7.3	6.5	9.1	6.2
瑞典	16.2	21.7	16.2	6.3	7.1	6.2	12.7	16.8	12.0
英国	16.4	19.7	16.4	9.0	10.5	8.8	16.8	20.9	16.1
冰岛	10.2	17.3	10.2	7.9	8.3	7.9	2.2	3.8	2.1
挪威	9.2	16.6	9.2	6.8	9.4	6.4	4.6	6.7	4.3
瑞士	17.0	22.9	17.0	8.9	8.9	8.9	10.9	14.2	10.3
塞尔维亚	12.6	10.9	12.6	15.2	12.8	16.0	18.2	15.4	19.2

资料来源：欧盟统计局。

注：冰岛、挪威、瑞士、塞尔维亚为非欧盟国家。

（二）欧洲国家居民对住宅周边公共服务的评价

能否有效和方便地获得医疗、交通等公共服务是评估居住环境和居住质量的另一项重要指标，表3-11统计了2012年欧洲不同国家相关指标数据。从欧盟层面来看，人口稀少地区居民认为居住区在获得基本医疗服务方面存在很大或一定难度的人口比重最高（26.1%），高于人口中等密集区（17.4%）和人口密集区（11.8%）。绝大多数欧洲国家都属此种情况。但克罗地亚和匈牙利比较例外，其中克罗地亚人口中等密集区居民认为获得基本医疗服务存在很大或一定难度的比重最高，为38.6%，高于人口稀少地区（32.5%）。从国别来看，欧洲国家不同人口密集区居民对获取医疗服务难度评价差距最大的是捷克、希腊、波兰，三国人口稀少地区与人口密集地区居民认为居住区获得基本医疗服务存在难度的人口比重的差距超过25%。较大的评价差异说明地区发展差距较大。在荷兰，不同地区人群对获取医疗服务的消极评价的人口比重很低而且差距不大，这主要是因为荷兰国土面积小而且地区发展较为均衡。

就公共交通服务评价而言，大多数国家人口稀少地区居民认为公共交通不便利的人口比重远远高于人口密集区。在欧盟人口稀少地区，认为居住区获得公共交通服务存在很大或一定难度的人口比重达37.5%，而在人口密集区这一比重仅为9.7%。从国别来看，在比利时，人口稀少地区认为居住区获得公共交通服务存在很大或一定难度的人口比重高达71.2%，居被统计国家之首，而在匈牙利、卢森堡人口稀少地区对公共交通负面评价的人口比重仅为13.4%和13.5%。在马耳他、意大利的人口密集区也有超过20%的人口认为居住区难以获得公共交通服务。

表3-11　2012年部分欧洲国家对住宅周边公共服务的评价

（单位：%）

	认为居住区获得基本医疗服务存在很大或一定难度的人口比重			认为居住区获得公共交通服务存在很大或一定难度的人口比重		
	人口密集区	人口中等密集区	人口稀少地区	人口密集区	人口中等密集区	人口稀少地区
欧盟27国	11.8	17.4	26.1	9.7	22.4	37.5
欧元区19国	11.4	17.3	21.6	10.1	25.0	39.6
比利时	7.4	13.4	31.4	8.5	26.4	71.2

	认为居住区获得基本医疗服务存在很大或一定难度的人口比重			认为居住区获得公共交通服务存在很大或一定难度的人口比重		
	人口密集区	人口中等密集区	人口稀少地区	人口密集区	人口中等密集区	人口稀少地区
保加利亚	26.2	24.1	34.7	18.6	20.0	33.0
捷克	8.8	13.0	38.0	3.5	10.2	29.0
丹麦	10.7	14.4	19.1	7.4	18.7	28.6
德国	7.8	11.6	22.8	4.6	24.4	50.1
爱沙尼亚	13.6	13.9	34.6	5.9	16.7	37.2
爱尔兰	9.6	9.3	31.2	5.8	14.7	48.6
希腊	12.4	18.4	39.3	6.7	11.5	34.5
西班牙	9.1	15.6	20.2	6.7	12.0	20.7
法国	4.9	6.3	7.3	9.5	16.6	26.9
克罗地亚	14.4	38.6	32.5	11.1	39.6	40.4
意大利	24.4	35.1	39.4	22.0	36.3	38.3
塞浦路斯	9.1	13.6	15.1	14.1	12.4	15.9
拉脱维亚	31.0	18.4	36.0	9.6	8.6	27.1
立陶宛	12.6	8.3	34.0	9.1	7.6	31.7
卢森堡	8.2	9.4	13.3	4.2	7.8	13.5
匈牙利	14.0	15.4	13.5	9.9	14.5	13.4
马耳他	24.6	32.4	—	24.8	20.5	—
荷兰	5.1	5.2	7.7	7.5	20.9	35.5
奥地利	9.9	11.7	20.4	4.8	13.2	36.7
波兰	15.3	23.5	46.3	7.6	18.4	43.2
葡萄牙	15.0	10.3	23.9	11.1	9.2	23.3

	认为居住区获得基本医疗服务存在很大或一定难度的人口比重			认为居住区获得公共交通服务存在很大或一定难度的人口比重		
	人口密集区	人口中等密集区	人口稀少地区	人口密集区	人口中等密集区	人口稀少地区
罗马尼亚	27.0	33.9	50.2	12.8	25.5	32.8
斯洛文尼亚	14.3	17.8	25.7	7.4	22.3	35.4
斯洛伐克	21.6	29.7	39.0	6.0	16.3	20.9
芬兰	19.4	20.8	21.2	7.7	19.2	47.8
瑞典	8.0	11.3	12.4	3.5	9.7	23.0
英国	8.5	10.7	14.7	8.5	16.1	45.2
冰岛	6.5	—	16.1	14.0	—	27.5
挪威	10.5	10.8	14.3	17.1	33.5	49.4
瑞士	9.1	13.5	29.5	3.3	9.4	23.3

资料来源:欧盟统计局。

注:1. 欧盟数据为 2012 年欧盟 27 国平均数据,不含克罗地亚的数据。克罗地亚 2013 年正式成为欧盟成员国。

2. 冰岛、挪威、瑞士为非欧盟国家。

(三) 欧洲国家居民对住房总体情况的满意度变化与比较

2007 年和 2012 年欧盟统计局两次发布欧洲国家居民对住房总体满意度的调查数据。住房总体满意度包括居民对住宅面积、居住质量、通勤距离等多种因素的评价。如图 3-2 所示,2012 年,欧盟 27 国居民中的 89.3% 对自身住宅评价积极,总体上持满意态度。从国别来看,在欧盟 27 国中,居民对住房的总体满意度超过欧盟平均水平的国家有 13 个,在荷兰、斯洛文尼亚、瑞典、英国、芬兰、比利时、法国、卢森堡、塞浦路斯、奥地利、马耳他,90% 以上的居民对自身住宅持满意或非常满意的态度。非欧盟国家挪威、冰岛、瑞士居民对住宅的满意度也很高，持满意态度的人口比重超过 90%。欧盟国家中，对住宅满意度最低的国家是丹麦，仅七成居民对自身住宅持满意态度。2012年，欧盟国家对住宅持满意态度的人口比重比 2007 年提高了 6.2 个百分点。从国别来看，仅有荷兰、西班牙、瑞典、卢森堡、希腊、居民对住宅的总体满意度有所下降，其中荷兰对住宅持满意态度的人口比重下降幅度最小，仅下降了 0.4 个百分点，希腊对住宅持满意态度的人口比重下降幅度最大，下降了 3.2 个百分点。其他 21 个欧盟国家对住宅的满意度均有所提高，其中罗马尼亚（68.7%）[①]、立陶宛（22.1%）、匈牙利（18.3%）、拉脱维亚（17.2%）、爱沙尼亚（10.3%）对住房持满意态度的人口比重提高幅度较大。

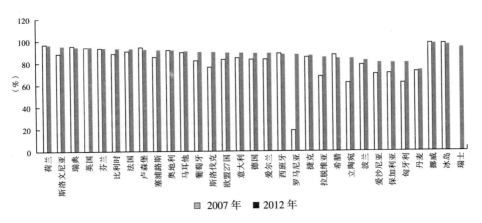

注：2007 年瑞士无相关数据。

资料来源：欧盟统计局。

**图 3-2　2007 年和 2012 年部分欧洲国家居民对住房总体情况满意度的
变化与比较**

虽然欧洲国家居民对自身住房的总体满意度很高，而且多数国家居民对住房满意度呈现上升趋势，但是居民更换住房仍然比较频繁。

---

　　① 罗马尼亚对住房持满意态度人口比重提高幅度奇高的原因是 2007 年和 2012 年度调查问题存在差异。

如表3-12所示，2007—2011年，欧盟27国更换住房的人口占总人口比重为17.9%，城市中更换住房的人口比重（21.2%）要高于城镇和郊区（17.3%）及农村地区（13.6%）。2007—2011年，更换住房人口比重较高的欧盟国家是瑞典（40.8%）、丹麦（32.9%）、芬兰（31.9%）和英国（30.9%）①，非欧盟国家冰岛（41.4%）、挪威（34.8%）、瑞士（32.6%）在2007—2011年，更换住房的人口比重也很高。2007—2011年，更换住房人口比重最低的欧盟国家是罗马尼亚（1.9%）、保加利亚（3.2%）和克罗地亚（3.8%）。更换住房的频率与一国的住房政策、居民收入水平和消费偏好、房地产市场情况、税收政策等多种因素相关。一般来说，城市人口更换住房的频率要高于城镇和郊区及农村。但有些欧洲国家的情况与一般情况不同。例如，在爱尔兰、马耳他、罗马尼亚、芬兰，城镇和郊区人口在2007—2011年更换住房的人口比重高于城市和农村地区。在克罗地亚、瑞典、挪威农村地区，2007—2011年更换住房的人口比重虽然不及大城市，但却高于城镇和郊区。

表3-12　2007—2011年部分欧洲国家不同地区居民
更换住房的人口比重

（单位：%）

	总体	城市	城镇和郊区	农村地区
欧盟27国	17.9	21.2	17.3	13.6
比利时	22.0	27.7	19.7	18.9
保加利亚	3.2	3.7	3.4	2.5
捷克	7.6	10.2	6.7	6.1
丹麦	32.9	41.0	30.1	27.1
德国	21.9	28.4	19.3	16.3

---

① 英国当时为欧盟国家。

续表

	总体	城市	城镇和郊区	农村地区
爱沙尼亚	15.6	20.1	11.5	12.6
爱尔兰	14.8	17.3	17.7	10.7
希腊	9.8	13.6	10.6	5.2
西班牙	13.0	12.9	14.7	11.8
法国	27.0	30.2	26.4	23.1
克罗地亚	3.8	5.2	1.9	3.7
意大利	8.9	10.4	9.1	4.6
塞浦路斯	25.1	27.5	25.7	20.1
拉脱维亚	10.1	12.2	11.7	7.8
立陶宛	5.6	6.9	6.0	4.3
卢森堡	27.2	36.4	28.5	23.0
匈牙利	7.4	8.9	8.6	5.0
马耳他	7.4	7.3	7.6	0
荷兰	24.6	29.4	20.2	18.0
奥地利	20.2	28.0	21.3	13.8
波兰	10.0	13.7	10.4	6.7
葡萄牙	10.2	12.0	11.3	6.4
罗马尼亚	1.9	2.2	2.6	1.3
斯洛文尼亚	10.9	12.4	12.0	9.2
斯洛伐克	7.7	10.4	6.9	6.8
芬兰	31.9	37.3	39.1	27.6
瑞典	40.8	47.0	38.6	39.2
英国	30.9	31.4	31.2	27.5
冰岛	41.4	42.5	—	39.3

续表

	总体	城市	城镇和郊区	农村地区
挪威	34.8	38.6	27.5	32.2
瑞士	32.6	36.2	32.3	29.3

资料来源:欧盟统计局。

注:欧盟数据为欧盟27国平均数据,不含克罗地亚的数据。克罗地亚2013年正式成为欧盟成员国。

第二节 欧洲国家居民住房可支付能力分析

所谓"住房可支付能力",就是在一定的收入水平下,家庭在住房支出方面的承受能力。住房可支付能力受家庭收入水平、住宅价格、住房融资方式、住房消费倾向、家庭结构、公共政策等多种因素的影响。衡量住房可支付能力的常用指标和方法有房价收入比、住房支出收入比、住房可支付性指数,以及剩余收入法等。欧盟统计局使用的是住房支出收入比,即采用居住成本支出占家庭可支配收入的比重来衡量家庭的住房可支付能力。欧盟将住房支出收入比超过40%的家庭界定为住房负担过度家庭,居住在住房负担过度家庭中的人口占相应群体人口总数的比重被称为居住成本过度负担率(Housing Cost Overburden Rate)。总体来看,欧盟住房支出收入比的平均水平相对稳定,呈现微弱下降趋势。低收入群体与高收入群体住房支出收入比呈逐渐分化趋势。2016年欧盟居民居住成本过度负担率平均水平比2009年上升1.2个百分点,希腊和保加利亚上升幅度最大。

一、住房可支付能力的含义

"可支付能力"的英文表述是affordability,affordability是由动词afford转变而来,afford的意思是"支付得起、负担得起",即购买某件物品或服务时不会有财务上的困难。"住房可支付能力"(Housing

Affordability）一词由此演化而来。20 世纪 80 年代以来，"住房可支付能力"这一术语被广泛采用，不仅频繁出现在欧洲住房研究文献中，而且被运用于政府的住房政策实践中。从字面上看，住房可支付能力就是在一定的收入水平下家庭在住房支出方面的承受能力。如果一个家庭在支付持续的居住成本后，其收入仍然可以维持自身衣食住行、医疗、教育等基本生活需求，就可以认为该住房为可支付性住房或该家庭具有住房可支付能力。住房可支付能力受家庭收入水平、住宅价格、融资方式、住房消费倾向、家庭结构、公共政策等多种因素的影响。随着这些因素的变化，居民住房可支付能力也处于动态变化之中。

二、住房可支付能力的衡量指标

住房可支付能力虽然是动态变化的，但在一定时期内具有相对稳定性，是可以度量的。国内外学者和国际机构对住房可支付能力进行了大量的研究，构造了诸多住房可支付能力的衡量指标和测量方法。其中，比较常用的测度指标和方法有房价收入比、住房支出收入比、住房可支付性指数，以及剩余收入法。

（一）房价收入比 （House Price to Income Ratio）

房价收入比是衡量一个国家或城市居民在商品房市场上购买住房能力的指标。美国学者 J. C. 万赫在研究美国新住宅的可支付性问题时，最早提出了房价收入比的计算的方法，即新房销售中位价（每套）

与家庭中位收入（每年）之比。①联合国人类住区（生境）中心②在其发布的《城市指标指南》（*Urban Indicators Guidelines*）中给出的房价收入比的计算方法获得国际普遍认可，即居住单元的中等自由市场价格与中等家庭年收入③之比。20世纪90年代初，世界银行专家安德鲁·哈默在研究中提出比较理想的房价收入比是3—6。一般来说，发展中国家的房价收入比普遍高于发达国家，大城市的房价收入比普遍高于中小城市。这主要是由于发达国家的居民收入水平普遍高于发展中国家，而大城市居民的收入虽然高于中小城市，但奇高的房价拉高了大城市的房价收入比，降低了居民住房的可支付能力。

在欧洲国家中，住房自有率低的国家，房价收入比反而较低。从图3-3可以看出，荷兰、丹麦、德国房价收入比分别为6.7、7.2、8.1，在欧洲主要国家中处于较低水平，但其住房自有率并不高，分别为69%、62.1%、51.7%。究其原因，这些国家居民实现住房需求的路径比较多元化，居民不以购买商品住房作为实现住房需求的唯一或主要路径。可见，房价收入比低说明居民的住房支付能力较高，但不能说明居民的住房自有率就高。虽然房价收入比低，但这些国家往往拥有相对完善的住房保障制度和住房租赁市场，那些收入水平不足以支付商品住房的居民以租房或申请社会保障房的方式来满足自身的住房需求，消减了在商品房市场购买自有住房的压力，导致住房市场价格增长速度比较慢。适中的住房市场价格与较高的居民收入对比，自然拉低了房价收入比。

---

① J. C. Weicher, "The Affordability of New Homes", *AREUEA Journal*, Vol. 5, No. 2, 1977, pp. 209-226.

② 1977年，第32届联合国大会批准将经社理事会中的住宅建设计划委员会改组为联合国人类住区委员会（UN Commission On Human Settlements），1978年12月成立了该委员会的常设机构——人类住区（生境）中心[United Nations Center for Human Settlements(Habitat)]。2002年1月联合国人类住区委员会与其执行机构联合国人类住区（生境）中心合并重组为联合国人居署（United Nations Human Settlements Programme），又称作联合国人类住区规划署，是联合国负责人类居住问题的机构，总部设在肯尼亚首都内罗毕，其宗旨是促进社会和环境方面可永续性人居发展，以达到所有人都有合适居所的目标。

③ 家庭年收入是指全部家庭成员的年度税前总收入。

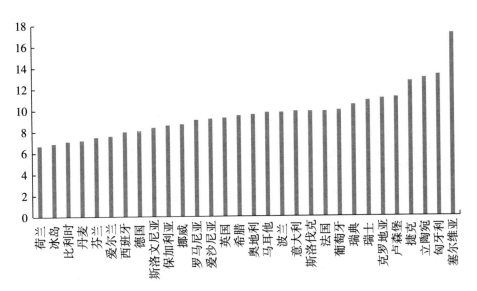

资料来源：https://www.numbeo.com/property-investment/rankings.jsp。

图 3-3　2018 年部分欧洲主要国家房价收入比比较

　　相比而言，中东欧国家的房价收入比相对较高。捷克、立陶宛、匈牙利、塞尔维亚的房价收入比均超过 12。在居民住房可支付能力较弱的情况下，这些国家的住房自有率却相对较高，分别为 78.2%、90.3%、86.3% 和 82.4%。中东欧国家在经济转轨中，实行了住房市场的私有化改革，政府和公共部门将租赁给住户的公共住房卖给租户，完成住房产权的转让。经过住房市场私有化改革，中东欧国家居民的住房自有率快速上升。这是今天中东欧国家和波罗的海三国住房自有率普遍较高的主要原因。经过私有化改革，政府和公共部门不再承担建设住房满足消费者住房需求的任务，房地产企业成为住房市场的主要供给者。在新的住房保障制度尚未形成，住房租赁市场发育不完善的情况下，购买商品住房成为中东欧国家居民满足住房需求的主要路径。中东欧国家较低的收入水平也抬高了这些国家的房价收入比。

（二）住房支出收入比（Housing Cost to Income Ratio）

住房支出收入比是指家庭居住成本支出与可支配收入的比值，用以衡量家庭住房可支付能力。计算住房支出收入比，首先要界定家庭居住成本支出和可支配收入这两个关键变量。欧盟所界定的家庭居住成本支出是指与居住相关的各类费用的总和减去政府住房补贴之后的净支出，与居住相关的各类费用包括住房抵押贷款利息（或其他类型的住房贷款利息）、房租、水电气费、取暖费、房屋维护维修费等各项费用。可支配收入就是一个家庭所有成员的税后收入总和。国际上通行的标准是，当一个家庭居住成本支出占可支配收入的30%以下时，可视为该家庭具有住房支付能力。

欧盟统计局使用住房支出收入比来测算和衡量家庭的住房可支付能力。如表3-13所示，根据欧盟对住房可支付能力的界定，如果某一家庭的居住成本支出占家庭可支配收入的比重低于30%，则该家庭具有住房可支付能力。如果家庭居住成本支出高于30%但低于40%，则该家庭面临着住房支付方面的压力和问题。如果家庭居住成本支出高于40%，则该家庭住房支出过高，负担过重，属于居住成本支出过度负担的家庭。

表3-13 欧盟根据住房支出收入比界定的不同家庭住房可支付能力

指标区间	家庭住房支付能力界定
住房支出收入比小于30%	具备住房支付能力
住房支出收入比在30%到40%之间	存在一定程度的住房支付困难
住房支出收入比大于40%	住房支出负担过重

数据来源：作者自制。

（三）住房可支付性指数（Housing Affordability Index）

住房可支付性指数是美国房地产经纪人协会（The National Association

of Realtor）于1981年提出和设定的一个用来衡量居民住房可支付能力的指标。住房可支付性指数的基本设计思路是：根据住房消费比例的上限要求，评估和考察住房市场中处于中位数收入水平家庭对处于中位数价格商品房的承受能力。简单来讲，住房可支付性指数是家庭实际的年可支配收入（中位数收入水平）与所需收入（在现行中位数房价下按照住房消费比例限制支付住房按揭贷款所需的收入）的比值。如表3-14所示，如果家庭实际收入与所需收入相等，二者比值为1（×100）[①]，说明中位家庭实际收入刚好能够支付中位数房价住房；如果家庭可支配收入大于所需收入，二者比值大于1（×100），说明中位家庭收入足以支付中位数房价住房，即家庭能够支付得起价格比中位数房价高的住房；如果家庭实际收入小于所需收入，二者比值小于1（×100），说明中位家庭实际收入不足以支付中位数房价住房。目前，住房可支付性指数在学术界和商业咨询机构得到了较为广泛的应用。

表3-14　住房可支付性指数的区间及含义

指标区间	含义
住房可支付性指数＝1×100	中位数收入家庭正好能够承担中位数房价的住房，家庭刚好具备住房支付能力
住房可支付性指数＞1×100	中位数收入家庭能够承担更高价格的住房，家庭有很强的住房支付能力
住房可支付性指数＜1×100	中位数收入家庭只能承担更低价格的住房，家庭住房支付能力不足

资料来源：作者自制。

下面，我们以一个具体例子来阐释如何计算住房可支付性指数。假设某国某城市的商品房中位数价格为6000元每平方米，以90平方米的基本住房标准计算，总套房价为54万元，中位数家庭年可支配收

[①]　美国房地产经纪人协会计算住房可支付性指数时，将所得比值乘以100，即将所得的实际收入与所需收入比值乘以100。

入 3.1 万元，按 30% 的首付比例计算首付款为 16.2 万元，按揭贷款总额为 37.8 万元，以 20 年按揭期限并等额还款计算住房按揭月付为 2474 元，若以按揭贷款月付额占月收入 25% 为理想情况，那么该家庭支付月供且不影响基本生活的所需月收入应为 9896 元，所需的年收入总额应为 11.9 万元。根据住房可支付性指数计算公式计算该家庭的住房可支付性指数如下：

实际年收入÷所需收入 = 3.1 万元÷11.9 万元 = 0.26×100 = 26

通过计算可以发现，该家庭的住房可支付性指数为 26，说明该中位数收入家庭难以支付中位数房价住房，住房支付能力严重不足。

根据 Numbeo 网站的数据，欧洲国家的住房可支付性指数普遍高于 100，荷兰、芬兰、丹麦、比利时、德国、西班牙的住房可支付性指数超过 200，说明在中位数收入水平下，欧洲国家家庭能够支付得起价格高于中位数房价的住房。在图 3-4 所列的欧洲国家中，只有匈牙利和塞尔维亚两国的住房可支付性指数小于 100，说明在这两个国家，中位数收入家庭难以支付中位数价格的住房，住房支付能力较弱。

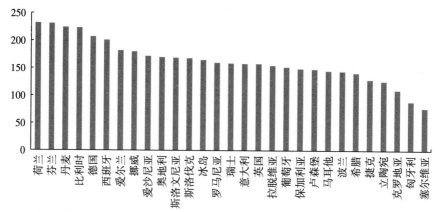

资料来源：https://www.numbeo.com/property-investment/rankings_by_country. jsp？title=2018&region=150。

图 3-4　2018 年部分欧洲主要国家的住房可支付性指数比较

（四）剩余收入法（Residential Income Approach）

剩余收入法根据家庭收入、居住成本支出和基本生活支出三个变量的关系来考察和衡量家庭的住房支付能力。当家庭月收入扣除居住成本支出后，剩余收入无法满足最低的社会可接受生活标准时，该家庭就出现了住房支付问题。剩余收入法体现出家庭在既定收入水平下需在住房与其他产品和服务之间做出选择，住房支出与其他消费支出之间存在此消彼长的关系。可见，机会成本是剩余收入法的根本逻辑基础。[1]居住成本支出包括按揭贷款月付、房租支出、水电气费用、物业费、取暖费等，这个变量很好衡量。但对于家庭收入扣除居住成本支出之后的剩余收入应在什么水平才能满足过上社会可接受生活，各个国家可能会有不同的标准。这主要是因为各个国家的经济发展水平、消费水平不同，对最低社会可接受生活标准的界定也不同。根据英国最低收入标准研究项目（MIS Programme）发布的年度研究报告[2]，2016年，英国每周的最低生活预算（不包括房租和育儿支出）分别是：单身成年人的最低生活预算标准为207.13英镑、抚养两个4—7岁孩子的夫妻最低生活预算标准为474.57英镑、抚养一个年龄1岁孩子的单亲家庭最低生活预算标准为308.85英镑、退休夫妇的最低生活预算标准为274.99英镑。[3]

三、欧洲国家居民住房可支付能力的现状

如前所述，欧盟统计局使用住房支出收入比，即居住成本支出占家庭可支配收入的比重来衡量家庭的住房可支付能力。下面根据这一指标分析和比较欧盟国家家庭的住房可支付能力的现状和变化趋势。

---

[1] M.E. Whitehead, "From Need to Affordability: An Analysis of UK Housing Objectives", *Urban Studies*, Vol. 28, No. 6, 1991, pp. 871–887.

[2] 该项目由约瑟夫·朗特里基金会（Joseph Rowntree Foundation）资助，拉夫堡大学（Loughborough University）负责项目执行和报告的撰写。

[3] Matt Padley and Donald Hirsch, "A Minimum Income Standard for the UK 2017", http://downloads2.dodsmonitoring.com/downloads/Misc_Files/mis_2017_final_report_0.pdf.

如图 3-5 所示，从欧盟层面来看，2016 年，欧盟国家家庭居住成本支出占家庭可支配收入比重的平均水平为 22%，即欧盟家庭可支配收入的五分之一用于居住成本支出，处于住房可支付的范围之内。从国别来看，欧盟成员国家庭住房支出收入比存在较大的差异。根据各国家庭住房支出收入比的不同，可以将欧盟 28 国划分为四组。第一组：家庭住房支出收入比高于欧盟 22% 平均水平但低于 30% 的国家，包括瑞典、捷克、罗马尼亚、英国、荷兰、丹麦、德国、保加利亚。这些国家的家庭住房支出收入比虽然高于欧盟国家的平均水平但低于 30% 的住房可支付门槛。第二组：家庭住房支出收入比低于欧盟 22% 平均水平但高于 17% 的国家，包括立陶宛、拉脱维亚、意大利、葡萄牙、法国、芬兰、克罗地亚、奥地利、西班牙、比利时、斯洛伐克、波兰、匈牙利。第三组：家庭住房支出收入比在 17% 以下的国家，包括马耳他、塞浦路斯、爱沙尼亚、卢森堡、斯洛文尼亚、爱尔兰，其中马耳他家庭居住成本支出的比重仅为 7.6%，为欧盟国家中家庭住房支出收入比最低的国家。第四组：家庭住房支出收入比超过 30% 可支付门槛的国家。欧盟 28 国中，仅希腊的家庭住房支出收入比的平均水平超过住房可支付门槛，达到 41.9%，说明希腊家庭的住房负担较重，住房可支付能力不足。

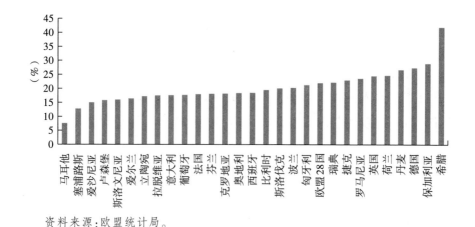

资料来源：欧盟统计局。

图 3-5　2016 年欧盟国家家庭住房支出收入比情况

不同收入水平的家庭住房负担不同，一般来说，低收入人群的住房压力要大于高收入人群。如表 3-15 所示，从欧盟层面来看，收入低于全国平均收入水平 60% 的家庭（即接近贫困线家庭）的住房支出收入比高达 42.2%，远高于欧盟 22% 的平均水平，超过 30% 的住房可支付门槛，处于住房负担过重，支付能力不足的状态。而收入高于全国收入平均水平 60% 的家庭的住房支出收入比为 17.9%，低于欧盟 22% 的平均水平。从国别层面来看，希腊低收入家庭的住房支出收入比高达 74.8%，为欧盟国家之最。丹麦（58.2%）、德国（51.3%）、保加利亚（48.4%）、捷克（48%）、荷兰（47.8%）、英国（47.4%）、瑞典（44.1%）7 国低收入家庭居住成本支出占家庭收入的比重超过欧盟 42.2% 的平均水平。在欧盟国家中，低收入家庭住房支出收入比最低的国家是马耳他（13.3%）、塞浦路斯（20%）和爱沙尼亚（29.1%），在这 3 个国家中，低收入家庭的住房支出收入比不仅低于欧盟平均水平，而且低于 30%。按照欧盟 30% 的标准，在这 3 个国家即便低收入家庭也不存在住房成本的支付问题。在非欧盟国家中，冰岛（41.1%）、挪威（42.5%）、瑞士（42.9%）的低收入家庭住房支出收入比均接近欧盟的平均水平，超出欧盟设定的住房可支付性门槛。塞尔维亚的低收入家庭的住房支出收入比达到 61.9%。

相较而言，欧盟国家中高收入家庭的住房支付能力普遍较高，住房支出收入比处于较低水平。从欧盟层面来看，中高收入家庭的住房支出收入比的平均水平为 17.9%。在欧盟 28 国中，只有希腊的中高收入家庭的住房支出收入比高于 30% 的住房可支付性门槛，其余 27 国中高收入家庭的住房支出收入比均低于 30%。其中，马耳他、爱沙尼亚、塞浦路斯、卢森堡、意大利 5 国中高收入家庭的住房支出收入比均不超过 13%，马耳他仅为 6.5%。

从表 3-15 还可以看出，欧洲国家低收入家庭和中高收入家庭的住房支付能力和承受能力存在明显差距。在希腊、丹麦、塞尔维亚，低收入家庭与高收入家庭的住房支出收入比差距最为明显，二者差距分别为 41.5%、35.6%、35.6%。

表 3-15　2016 年部分欧洲国家不同收入家庭住房支出收入比

（单位：%）

	收入低于全国平均收入水平60%的家庭的住房支出收入比	收入高于全国平均收入水平60%的家庭的住房支出收入比	贫困家庭与高收入家庭住房支出收入比差距	住房支出收入比的平均水平
欧盟 28 国	42.2	17.9	24.3	22.0
欧元区 19 国	41.9	17.2	24.7	21.4
比利时	38.5	16.1	22.4	19.5
保加利亚	48.4	23.1	25.3	28.9
捷克	48.0	20.3	27.7	23.0
丹麦	58.2	22.6	35.6	26.7
德国	51.3	22.7	28.6	27.4
爱沙尼亚	29.1	11.2	17.9	15.0
爱尔兰	31.3	13.5	17.8	16.4
希腊	74.8	33.3	41.5	41.9
西班牙	37.7	13.1	24.6	18.5
法国	36.2	15.2	21.0	18.0
克罗地亚	35.7	14.1	21.6	18.2
意大利	36.8	12.9	23.9	17.6
塞浦路斯	20.0	11.4	8.6	12.8
拉脱维亚	31.9	13.6	18.3	17.5
立陶宛	32.0	13.2	18.8	17.2
卢森堡	34.4	12.3	22.1	15.8
匈牙利	36.3	18.9	17.4	21.3

	收入低于全国平均收入水平60%的家庭的住房支出收入比	收入高于全国平均收入水平60%的家庭的住房支出收入比	贫困家庭与高收入家庭住房支出收入比差距	住房支出收入比的平均水平
马耳他	13.3	6.5	6.8	7.6
荷兰	47.8	21.4	26.4	24.7
奥地利	40.3	14.9	25.4	18.4
波兰	35.9	17.0	18.9	20.3
葡萄牙	35.1	13.7	21.4	17.7
罗马尼亚	39.2	18.5	20.7	23.6
斯洛文尼亚	32.7	13.3	19.4	16.0
斯洛伐克	36.7	17.7	19.0	20.1
芬兰	36.8	15.7	21.1	18.1
瑞典	44.1	18.0	26.1	22.2
英国	47.4	20.3	27.1	24.5
冰岛	41.1	18.1	23.0	20.0
挪威	42.5	16.3	26.2	19.5
瑞士	42.9	21.5	21.4	24.6
塞尔维亚	61.9	26.3	35.6	35.2

资料来源：欧盟统计局。

注：冰岛、挪威、瑞士、塞尔维亚为非欧盟国家。

欧盟将住房支出收入比超过40%的家庭界定为住房负担过度家庭，居住在住房负担过度家庭中的人口占相应群体人口总数的比重被称为居住成本过度负担率。如图3-6所示，从欧盟层面来看，欧盟居住成本过度负担率的平均水平为11.1%，即平均每10个欧盟居民中就有约1个居民居住在住房负担过度的家庭中。从国别来看，欧盟国家中，希腊人口的居住成本过度负担率最高，为 40.5%。也就是说，平均每 10 个希腊人中就有约 4 个住房支出收入比超过 40%。非欧盟国家塞尔维亚的居住成本过度负担率接近 30%，仅次于希腊。此外，欧盟国家保加利亚（20.7%）、德国（15.8%）、丹麦（14.8%）、罗马尼亚（14.4%）、英国（12.3%）以及非欧盟国家瑞士（12%）的人口居住成本过度负担率超过欧盟 11.1% 的平均水平。有 22 个欧盟国家的人口居住成本过度负担率低于欧盟的平均水平，其中马耳他、塞浦路斯、芬兰、爱尔兰、爱沙尼亚 5 个欧盟国家的人口居住成本过度负担率较低，均不超过 5%。

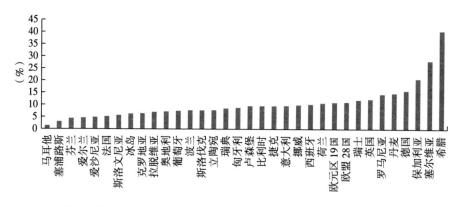

资料来源：欧盟统计局。

图 3-6　2016 年欧洲主要国家人口居住成本过度负担率比较

居住成本过度负担率与家庭收入、住房保有形式、家庭结构等多种因素相关。不同人群的居住成本过度负担率表现出很大的差异。

首先，分析欧洲主要国家中住房保有形式不同人群的居住成本过度负担率情况。从欧盟层面来看，租住住房人群的居住成本过度负担率要明显高于自有住房人群。如表 3-16 所示，欧盟层面，在自有住房人群中，无贷款自有住房人群的居住成本过度负担率（6.4%）高于负担贷款住房自有人群的居住成本过度负担率（5.4%）。从国别来看，爱沙尼亚、希腊、立陶宛、荷兰、芬兰、瑞典以及非欧盟国家瑞士都属于这种情况。但一些国家的情况正好相反，比利时、保加利亚、捷克等其余 22 个欧盟国家和非欧盟国家冰岛、挪威、塞尔维亚负担贷款自有住房人群的居住成本过度负担率要高于无贷款自有住房人群。在法国、马耳他、芬兰、卢森堡、克罗地亚，负担房贷的自有住房人群的居住成本过度负担率在欧盟国家中处于较低水平，均不超过 2%。塞尔维亚、罗马尼亚负担贷款的自有住房人群的居住成本过度负担率高于 30%，也就是说在上述两国，平均每 10 个通过住房抵押贷款或其他贷款购买住房的居民中就有超过 3 个居民居住成本支出占收入的比重超过 40%。在欧洲国家的租房人群中，以市场价格租住住房人群的居住成本过度负担率普遍高于租住社会保障房人群。从欧盟层面来看，以市场价格租房人群的居住成本过度负担率高达 28%，租住社会保障房人群的居住成本过度负担率为 13%。

表 3-16　2016 年欧洲主要国家不同住房保有形式人群
居住成本过度负担率情况　　　　（单位：%）

		自有住房人群		租住住房人群	
	全部人口的居住成本过度负担率	负担抵押贷款或其他贷款自有住房人群的居住成本过度负担率	无抵押贷款或其他贷款自有住房人群的居住成本过度负担率	以市场价格租房人群的居住成本过度负担率	租住社会保障房人群的居住成本过度负担率
欧盟 28 国	11.1	5.4	6.4	28.0	13.0
欧元区 19 国	11.0	5.5	5.2	27.1	11.8
比利时	9.5	2.4	1.3	35.4	11.9
保加利亚	20.7	23.2	19.6	50.4	20.3
捷克	9.5	6.0	5.2	29.3	10.6
丹麦	14.8	5.2	4.3	31.1	—
德国	15.8	10.3	9.2	23.0	19.1

	自有住房人群		租住住房人群	
全部人口的居住成本过度负担率	负担抵押贷款或其他贷款自有住房人群的居住成本过度负担率	无抵押贷款或其他贷款自有住房人群的居住成本过度负担率	以市场价格租房人群的居住成本过度负担率	租住社会保障房人群的居住成本过度负担率
爱沙尼亚	4.9	3.0	3.6	28.5	6.4
爱尔兰	4.6	2.2	1.5	19.6	4.2
希腊	40.5	28.5	30.6	84.6	10.4
西班牙	10.2	6.7	2.8	43.0	10.6
法国	5.2	1.1	0.9	16.5	8.9
克罗地亚	6.4	1.8	5.9	45.2	7.7
意大利	9.6	4.6	3.6	32.2	12.7
塞浦路斯	3.1	2.5	0.2	18.1	0.6
拉脱维亚	7.0	9.3	5.8	13.0	8.0
立陶宛	7.8	3.3	7.3	48.3	12.2
卢森堡	9.5	1.6	1.6	33.8	22.3
匈牙利	8.8	11.2	5.1	36.6	19.6
马耳他	1.4	1.2	0.6	22.1	0.9
荷兰	10.7	3.1	3.2	28.0	16.4
奥地利	7.2	2.1	1.7	15.6	10.2
波兰	7.7	11.9	5.9	24.5	11.5
葡萄牙	7.5	4.4	2.9	31.9	5.4
罗马尼亚	14.4	32.5	13.7	36.3	19.2
斯洛文尼亚	5.7	7.7	2.8	29.0	7.7
斯洛伐克	7.7	15.1	5.7	13.9	17.6

续表

	自有住房人群		租住住房人群	
全部人口的居住成本过度负担率	负担抵押贷款或其他贷款自有住房人群的居住成本过度负担率	无抵押贷款或其他贷款自有住房人群的居住成本过度负担率	以市场价格租房人群的居住成本过度负担率	租住社会保障房人群的居住成本过度负担率
芬兰	4.4	1.4	2.1	14.6	8.2
瑞典	8.5	2.8	7.5	18.0	5.6
英国	12.3	4.8	4.3	35.4	16.2
冰岛	6.3	4.6	2.1	16.9	12.8
挪威	9.9	6.7	4.3	34.0	18.6
瑞士	12.0	4.4	7.9	18.2	12.2
塞尔维亚	28.2	31.4	25.7	68.3	33.8

资料来源：欧盟统计局。

注：冰岛、挪威、瑞士、塞尔维亚为非欧盟国家。

其次，从不同收入人群来看，低收入人群的居住成本过度负担率明显高于收入较高的家庭，这种情况也符合常识判断。如表3-17所示，从欧盟层面来看，家庭收入在平均收入60%以下人群（接近贫困线人群）的居住成本过度负担率接近40%，而家庭收入在平均收入60%以上人群的居住成本过度负担率仅为5.2%，二者相差悬殊。从国别来看，希腊低收入人群中有91.9%的人口居住在居住成本负担过度的家庭中。丹麦、塞尔维亚、保加利亚、德国低收入人群的居住成本过度负担率均超过50%，分别为74.1%、71.6%、55.3%、50.3%。马耳他低收入人群居住成本的过度负担率最低，仅为5.9%。除希腊（26.6%）、塞尔维亚（13.5%）、保加利亚（10.4%）中高收入人群的居住成本过度负担率较高超过10%外，其他主要欧洲国家高收入人群的居住成本过度负担率均低于10%。其中，马耳他、爱沙尼亚、克罗地亚、塞浦路斯、爱尔兰、立陶宛、拉脱维亚中高收入人群的居住成本过度负担率均不到 2%。

再次，从不同年龄段人群来看，居住成本过度负担率在不同年龄段人群中存在一定差异。如表 3-17 所示，从欧盟层面来看，年龄在 18 岁以下人群、年龄在 18—64 岁之间人群、年龄在 65 岁及以上人群的居住成本过度负担率分别为 10%、11.6% 和 10.5%，差异并不明显。但在一些欧盟国家，不同年龄段人群的住房负担差异相对明显。例如，欧盟国家保加利亚、德国和非欧盟国家瑞士等国，65 岁以上的老年人群居住成本过度负担率明显高于 18—64 岁人群，分别高出 7.4、7.6 和 12.3 个百分点。而在希腊、西班牙、塞尔维亚等国家，年龄在 18—64 岁人群的居住成本过度负担率要明显高于 65 岁以上的老年人群，分别高出 16.7、7.5、9.6 个百分点。

表 3-17　2016 年欧洲主要国家不同人群居住成本过度负担率情况

（单位：%）

	按收入水平划分人群		按年龄划分人群			按性别划分人群	
	家庭收入在平均收入 60% 以下人群	家庭收入在平均收入 60% 以上人群	年龄在 18 岁以下人群	年龄在 18—64 岁之间人群	年龄在 65 岁以上人群	女性	男性
欧盟 28 国	39.1	5.2	10.0	11.6	10.5	11.7	10.4
欧元区 19 国	38.8	5.1	9.6	11.5	10.6	11.7	10.2
比利时	37.6	4.3	7.4	10.0	10.0	10.1	8.8
保加利亚	55.3	10.4	21.6	18.7	26.1	22.1	19.2
捷克	45.4	5.7	8.5	9.1	12.2	10.7	8.3
丹麦	74.1	7.1	6.7	16.8	18.8	15.6	14.4
德国	50.3	9.1	10.7	15.1	22.7	17.5	14.1

续表

	按收入水平 划分人群		按年龄 划分人群			按性别 划分人群	
	家庭收入 在平均收 入60%以 下人群	家庭收入 在平均收 入60%以 上人群	年龄在 18岁以 下人群	年龄在18— 64岁之间 人群	年龄在 65岁以 上人群	女性	男性
爱沙尼亚	19.3	0.9	4.2	5.5	3.8	4.6	5.2
爱尔兰	18.7	1.7	4.1	5.2	2.6	4.7	4.4
希腊	91.9	26.6	50.1	42.7	26.0	41.2	39.7
西班牙	36.4	2.6	14.0	11.0	3.5	10.4	9.9
法国	22.3	2.5	3.4	6.3	4.0	5.7	4.7
克罗地亚	29.4	1.0	5.1	6.4	8.1	7.2	5.7
意大利	35.8	2.7	10.7	10.4	6.4	10.1	9.0
塞浦路斯	12.6	1.3	3.4	3.3	1.9	3.4	2.8
拉脱维亚	25.2	1.9	5.7	6.6	9.5	7.8	6.0
立陶宛	29.6	1.7	6.9	7.5	9.8	8.3	7.2
卢森堡	37.2	4.0	8.5	10.3	6.9	10.3	8.7
匈牙利	32.9	4.7	9.1	9.3	6.4	9.6	7.9
马耳他	5.9	0.5	1.6	1.3	1.6	1.2	1.6
荷兰	42.9	6.0	4.8	11.9	13.4	11.2	10.2
奥地利	38.8	2.0	6.4	8.1	4.8	7.4	7.0
波兰	29.6	2.9	7.6	8.0	6.7	8.4	7.0
葡萄牙	29.1	2.5	9.4	8.2	4.0	8.3	6.7
罗马尼亚	38.8	6.1	14.9	14.1	14.6	15.0	13.7
斯洛文尼亚	28.3	2.0	5.2	5.9	5.6	6.0	5.3
斯洛伐克	35.6	3.7	9.2	7.2	8.1	8.5	6.9

续表

	按收入水平 划分人群		按年龄 划分人群			按性别 划分人群	
	家庭收入 在平均收 入60%以 下人群	家庭收入 在平均收 入60%以 上人群	年龄在 18岁以 下人群	年龄在18— 64岁之间 人群	年龄在 65岁以 上人群	女性	男性
芬兰	19.5	2.4	2.1	5.2	4.2	4.4	4.3
瑞典	38.7	2.6	5.6	8.4	11.9	8.6	8.4
英国	42.4	6.6	11.8	13.8	7.8	12.2	12.3
冰岛	32.4	3.9	5.3	7.0	4.5	6.1	6.4
挪威	43.6	5.0	7.9	11.3	6.4	10.4	9.0
瑞士	44.7	6.4	8.4	10.2	22.5	13.5	10.6
塞尔维亚	71.6	13.5	31.9	29.6	20.0	28.7	27.7

资料来源:欧盟统计局。

注:冰岛、挪威、瑞士、塞尔维亚为非欧盟国家。

最后,从不同性别人群来看,表3-17显示,女性人群居住成本过度负担率要高于男性人群。从欧盟平均水平来看,11.7%的女性居住在居住成本负担过度的家庭中,而男性群体这一比重为10.4%,比女性群体略低。大多数欧盟国家均符合这一规律,仅爱沙尼亚、马耳他、英国女性的居住成本过度负担率低于男性群体,非欧盟国家冰岛也属此类情况。

四、欧洲国家居民住房可支付能力的变化趋势

下面从欧洲主要国家居民住房支出收入比和居民居住成本过度负担率两个指标来考察欧洲国家居民住房可支付能力的变化趋势,其变化趋势和特点可以概括为以下几点。

（一）欧洲国家居民住房支出收入比的总体水平相对稳定，呈现微弱下降趋势，但具体国别有所差异

如图3-7所示，在2007—2016年的10年间，欧盟27国（不含克罗地亚）家庭住房支出收入比的平均水平较为稳定，维持在22%—24%之间，从变化趋势来看，欧盟家庭住房支出收入比呈现出微弱下降趋势。2016年，欧盟居民住房支出收入比的平均水平为22%，比前一年下降0.5个百分点，比2007年下降1.7个百分点。

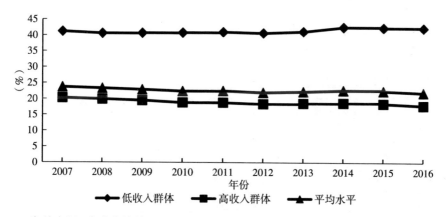

资料来源：欧盟统计局。

图3-7　2007—2016年欧盟27国不同收入人群住房支出收入比比较

如图3-8所示，从国别来看，2016年住房支出收入比比2007年提高的欧盟国家（不含克罗地亚）共有12个，其中希腊居民居住成本支出比重上升幅度最大，由2007年的27.3%上升到2016年的41.9%，上升了14.6个百分点。欧盟27国中，共有15个国家居民2016年的住房支出收入比比2007年下降，其中，英国、斯洛伐克、罗马尼亚、波兰、荷兰、德国等国的下降幅度比较明显。非欧盟国家挪威和冰岛居民2016年的住房支出收入比与2007年相比也出现了下降。

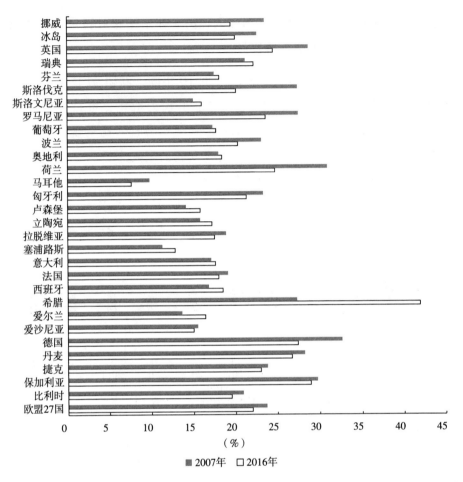

资料来源：欧盟统计局。

图 3-8　2007 年和 2016 年欧洲主要国家居住成本支出占家庭收入比重的
变化与比较

（二）低收入群体与高收入群体居住成本支出占收入的比重呈逐渐分化趋势

从图 3-7 可以看出，低收入群体住房支出收入比不仅远高于高收入群体，而且呈现出上行趋势。相比而言，高收入群体住房支出收入比远低于低收入群体，而且呈现出下行趋势。这说明低收入群体和高收入群体住房支出收入比呈现出剪刀差，差距呈现扩大趋势。全球金融危机和欧债危机对欧洲国家的宏观经济造成冲击，从而导致一些国家失业率上升，居民收入水平下降。欧债危机爆发后，一些国家实施了以削减财政赤字和公共债务为核心的财政紧缩政策，这导致了一些国家的包括住房补贴在内的社会福利支出下降，社会住房建设也受到了消极影响。在收入下降和社会福利削减的双重影响下，社会贫富差距不断扩大，低收入人群的住房问题愈加突出，住房支出收入比呈现上升趋势，住房可支付能力下降。

（三）欧盟居民居住成本过度负担率平均水平上升，希腊和保加利亚上升幅度最大

从图3-9可以看出，2016年欧盟27国（不含克罗地亚）居民居住成本过度负担率为11.1%，比2009年上升了1.2个百分点。从国别来看，在欧盟国家中，2016年居民居住成本过度负担率与2009年相比出现上升的国家共有14个国家，其中希腊、保加利亚上升幅度最大。2009年，希腊、保加利亚居民居住成本过度负担率分别为21.8%、7%，2016年则分别上升至40.5%、20.7%，分别上升了18.7、13.7个百分点。在居民居住成本下降的14个欧盟国家中，丹麦、克罗地亚、英国的下降比较明显。

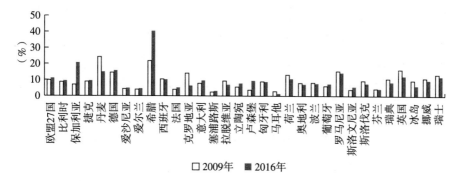

注：2009年柱状图中，德国和克罗地亚为2010年数据，其余国家均为2009年数据。

资料来源：欧盟统计局。

图3-9 2009年和2016年欧洲主要国家居住成本过度负担率变化

五、欧洲国家居民对自身住房可支付能力的评价与感知

在上一个问题中，通过居民住房支出收入比和居住成本过度负担率两个客观指标对欧洲主要国家的居民住房可支付能力的变化趋势和特点进行了分析。下面，通过欧盟统计局的调查数据来分析欧洲主要国家和主要城市居民对自身住房的满意度和可支付能力的主观评价与感知。

（一）从欧盟与国家层面考察家庭对住房支付能力的评价与感知

欧盟统计局每年都就居民对居住成本的评价和感知进行调查，并在数据库"收入与居住条件统计数据"子库中公布调查结果。对居民进行问卷调查的问题是：居住成本支出对您的家庭来说是一个经济负担吗？可供选择的答案有三个：是一个很沉重的经济负担；某种程度上算是一个经济负担；根本不是经济负担。从图3-10中可以看出，从欧盟平均水平来看，2007—2016年，将居住成本支出视为沉重经济负担的家庭比重大致在30%—40%区间内波动，2013年将居住成本支出视为沉重经济负担的家庭比重最高，达到37.8%，此后几年呈现逐渐下降的趋势。2016年，将居住成本支出视为家庭严重经济负担的家庭比重降至31.9%，与2007年的水平大致相当。也就是说，在每10个受访家庭中，仍有约3个家庭认为居住成本支出是家庭的沉重经济负担。受全球金融危机和欧债危机的冲击，失业率增加、家庭收入减少、政府社会福利支出下降造成家庭居住成本支出负担增加。所以，2013年出现了一个最高值，此后随着经济形势的好转和就业状况的改善，家庭收入水平逐渐回升，反映在调查问卷中，就是将居住成本视为沉重经济负担的家庭比重呈现下降趋势。

从调查结果来看，多数家庭将居住成本支出视为一般经济负担。2007—2016年约有四成受访家庭将居住成本支出视为一般经济负担。其中2007年比重最高，达到了接近50%的水平，此后这一比重逐渐下

降，2016 年为 44.8%，比 2015 年略有上升。2016 年，欧盟受访家庭中有 23.4% 的家庭认为居住成本支出不算经济负担，比 2007 年上升了 3 个百分点。但认为居住成本支出不算家庭经济负担的家庭比重 10 年间一直在 20% 上下波动，变化并不十分明显。

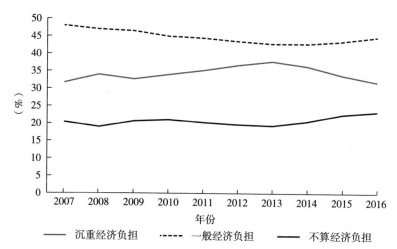

注：图中数据为欧盟 27 国的平均水平，不含克罗地亚。

资料来源：欧盟统计局。

图 3-10　欧盟中对居住成本给予不同评价的家庭比重的变化与比较

从国别来看，不同欧洲国家对居住成本支出的评价和感知存在较大的差别。从图 3-11 可以看出，在 28 个欧盟国家中，有 18 个国家的家庭认为居住成本支出是家庭沉重经济负担的比重低于欧盟的平均水平。其中，欧盟国家瑞典、丹麦和非欧盟国家挪威较低，平均每 10 个受访家庭中不到 1 个家庭将居住成本支出视为沉重经济负担。在爱尔兰、罗马尼亚、卢森堡、保加利亚、希腊、意大利、西班牙、克罗地亚、波兰、塞浦路斯 10 个国家中，将居住成本支出视为家庭沉重经济负担的家庭比重超过了欧盟的平均水平。在波兰、塞浦路斯，平均每 10 个受访家庭中就有超过 6 个认为居住成本支出是沉重负担。在意大利（52.3%）、西班牙（54.9%）、克罗地亚（58%），认为居住成本沉重的受访家庭比重也超过一半。在非欧盟国家塞尔维亚，有超过 7

成的受访家庭将居住成本支出视为沉重经济负担。

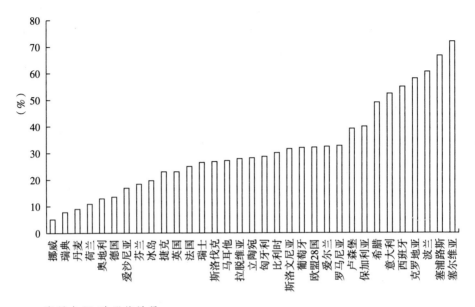

资料来源：欧盟统计局。

图 3-11 欧洲主要国家中将居住成本支出视为沉重经济负担的家庭比重比较

从纵向来看，在一些欧洲国家，对自身居住成本支出给予负面评价的家庭比重虽有波动，但基本呈现出上升的趋势。如图 3-12 所示，希腊、西班牙、波兰、瑞士家庭对住房成本持负面评价的家庭比重上升趋势明显。2005 年，在希腊、西班牙、波兰，居民将居住成本支出视为沉重经济负担的家庭比重分别为 23.7%、46.9%、46.7%，而 2016 年，这一比重分别上升至 49%、54.9%、60.5%，分别上升了 25.3、8、13.8 个百分点。在瑞士，将居住成本支出视为沉重经济负担的受访家庭比重由 2005 年的 8% 上升到 2016 年 26.5%，上升了 18.5 个百分点。

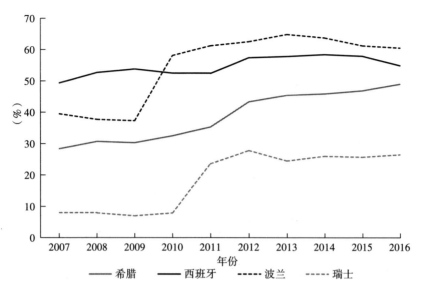

资料来源：欧盟统计局。

**图3-12 2007—2016年将居住成本支出视为沉重经济负担的受访家庭
比重呈现上升趋势的欧洲国家**

在一些欧洲国家，将居住成本支出视为沉重经济负担的受访家庭比重呈现下降趋势。斯洛伐克、保加利亚、德国、爱沙尼亚、瑞典即属于此种情况。从图3-13可以看出，2005年，在上述5国，将居住成本支出视为沉重经济负担的受访家庭比重分别为40.3%、63.1%、24.1%、26.9%、13.3%，而2016年这一比重分别下降至26.8%、40%、13.5%、16.9%、7.8%，下降幅度分别为13.5、23.1、10.6、10、5.5个百分点。

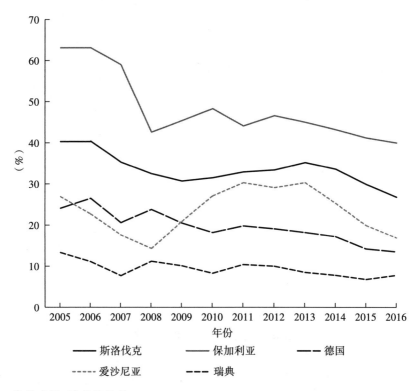

资料来源：欧盟统计局。

图 3-13　2005—2016 年将居住成本支出视为沉重经济负担的
受访家庭比重呈现下降趋势的欧洲国家

（二）　从城市层面考察家庭对自身住房支付能力的评价与感知

2015 年，在表 3-18 所列的 41 个城市中，苏黎世（90%）、日内瓦（92%）、慕尼黑（93%）、法兰克福（90%）、斯图加特（92%）、巴黎（95%）、斯德哥尔摩（91%）7 个城市的居民在接受问卷调查时，有 9 成以上的受访者表示在所生活的城市较难以合理的价格获得合适的住房。柏林（84%）、汉堡（89%）、哥本哈根（85%）、赫尔辛基（88%）、都柏林（82%）、阿姆斯特丹（87%）、奥斯陆（84%）、伦敦大区（83%）等城市的受访者中也有超过 80% 的人认为在所生活的城市较难以合理的价格获得合适的住房。值得一提的是，雅典受访居民中只有31%的人认为在所生活的城市无法以合适的价格获得合适的住房，这与前面希腊居民住房支出收入比和居民居住成本过度负担率客观指标较高的现实情况不符。这说明满意度调查结果很容易受受访者心态、文化传统等多种因素影响，具有一定的主观性。

从欧盟对城市居民住房可获得性和可支付性的调查结果来看，一些经济发达、人口较多的城市居民认为自己获得合适住房的难度较大，在这些城市对住房可获得性持负面评价的受访者比重较高。

表3-18　2004—2015年欧洲主要城市居民对城市住房可支付性的
感知调查结果比较

（单位:%）

	2004			2006			2009			2012			2015		
	①	②	①+②	①	②	①+②	①	②	①+②	①	②	①+②	①	②	①+②
维也纳	27.0	39.0	66.0	31.3	36.1	67.4	32.1	34.4	66.5	29.0	45.0	74.0	35.0	40.0	75.0
布鲁塞尔	44.0	32.0	76.0	47.1	24.1	71.2	38.3	32.5	70.8	53.0	27.0	80.0	44.0	33.0	77.0
索菲亚	—	—	—	52.8	16.8	69.6	26.9	21.7	48.6	22.0	22.0	44.0	18.0	21.0	39.0
苏黎世	—	—	—	—	—	—	65.0	26.0	91.0				53.0	37.0	90.0
日内瓦	—	—	—	—	—	—	82.0	12.0	94.0				71.0	21.0	92.0
尼科西亚	—	—	—	70.2	12.5	82.7	50.0	22.4	72.4	35.0	20.0	55.0	20.0	22.0	42.0
布拉格	—	—	—	40.2	36.8	77.0	36.8	28.9	65.7	28.0	43.0	71.0	21.0	44.0	65.0
柏林	13.0	33.0	46.0	16.4	23.7	40.1	9.0	31.5	40.5	28.0	47.0	75.0	40.0	44.0	84.0
汉堡	—	—	—	33.1	38.6	71.7	25.6	48.4	74.0	58.0	31.0	89.0	51.0	38.0	89.0
慕尼黑	65.0	30.0	95.0	51.3	36.9	88.2	47.8	41.4	89.2	60.0	34.0	94.0	68.0	25.0	93.0
法兰克福													62.0	28.0	90.0
斯图加特													57.0	35.0	92.0
哥本哈根	78.0	18.0	96.0	59.3	27.5	86.8	41.3	37.2	78.5	40.0	38.0	78.0	49.0	36.0	85.0
塔林	—	—	—	40.9	29.3	70.2	17.3	26.5	43.8	23.0	34.0	57.0	18.0	35.0	53.0
雅典	44.0	28.0	72.0	49.0	15.9	64.9	34.7	26.6	61.3	17.0	15.0	32.0	10.0	21.0	31.0

	2004			2006			2009			2012			2015		
	①	②	①+②	①	②	①+②	①	②	①+②	①	②	①+②	①	②	①+②
马德里	59.0	19.0	78.0	36.1	18.0	54.1	15.6	30.6	46.2	25.0	25.0	50.0	19.0	22.0	41.0
巴塞罗那	65.0	20.0	85.0	56.0	14.4	70.4	28.2	35.3	63.5	31.0	30.0	61.0	24.0	30.0	54.0
赫尔辛基	60.0	27.0	87.0	64.9	22.2	87.1	53.7	31.7	85.4	59.0	29.0	88.0	54.0	34.0	88.0
巴黎	73.0	21.0	94.0	77.4	18.1	95.5	76.6	19.3	95.9	75.0	20.0	95.0	68.0	27.0	95.0
马赛	50.0	29.0	79.0	58.6	28.8	87.4	45.0	31.1	76.1	42.0	37.0	79.0	32.0	35.0	67.0
萨格勒布	—	—	—	66.5	15.2	81.7	67.1	11.5	78.6	33.0	24.0	57.0	23.0	21.0	44.0
布达佩斯	—	—	—	36.4	26.6	63.0	31.1	25.8	56.9	24.0	18.0	42.0	23.0	24.0	47.0
都柏林	87.0	6.0	93.0	80.9	12.8	93.7	47.7	19.2	66.9	35.0	24.0	59.0	65.0	17.0	82.0
雷克雅未克	—	—	—	—	—	—	—	—	—	30.0	28.0	58.0	37.0	29.0	66.0
罗马	58.0	27.0	85.0	55.7	27.9	83.6	64.5	22.5	87.0	45.0	31.0	76.0	37.0	35.0	72.0
那不勒斯	51.0	28.0	79.0	61.3	20.0	81.3	46.5	26.4	72.9	34.0	20.0	54.0	22.0	21.0	43.0
维尔纽斯	—	—	—	38.7	31.1	69.8	18.1	20.1	38.2	20.0	37.0	57.0	19.0	28.0	47.0
卢森堡	59.0	30.0	89.0	79.6	10.6	90.2	53.4	34.6	88.0	52.0	30.0	82.0	49.0	36.0	85.0
里加	—	—	—	67.7	9.8	77.5	22.3	14.1	36.4	22.0	40.0	62.0	19.0	42.0	61.0
瓦莱塔	—	—	—	53.1	17.5	70.6	26.9	21.5	48.4	28.0	18.0	46.0	22.0	16.0	38.0
阿姆斯特丹	70.0	22.0	92.0	55.4	29.8	85.2	43.9	41.4	85.3	59.0	29.0	88.0	55.0	32.0	87.0
鹿特丹	46.0	24.0	70.0	38.0	31.0	69.0	17.8	34.4	52.2	23.0	30.0	53.0	24.0	31.0	55.0
奥斯陆	—	—	—	—	—	—	—	—	—	60.0	31.0	91.0	48.0	36.0	84.0
华沙	—	—	—	54.7	25.5	80.2	45.7	27.2	72.9	27.0	40.0	67.0	27.0	38.0	65.0
里斯本	41.0	30.0	71.0	62.2	20.3	82.5	64.2	20.3	84.5	28.0	45.0	73.0	29.0	48.0	77.0
布加勒斯特	—	—	—	77.0	10.4	87.4	55.5	20.3	75.8	22.0	29.0	51.0	24.0	24.0	48.0
斯德哥尔摩	87.0	7.0	94.0	69.4	18.9	88.3	45.2	34.7	79.9	65.0	22.0	87.0	76.0	15.0	91.0
卢布尔雅那	—	—	—	60.0	17.5	77.5	63.7	22.2	85.9	57.0	23.0	80.0	35.0	21.0	56.0

续表

	2004			2006			2009			2012			2015		
	①	②	①+②	①	②	①+②	①	②	①+②	①	②	①+②	①	②	①+②
布拉迪斯拉发	—	—	—	53.6	31.3	84.9	35.5	35.5	71.0	43.0	39.0	82.0	39.0	40.0	79.0
安卡拉	—	—	—	43.1	27.8	70.9	28.7	27.6	56.3	26.0	18.0	44.0	31.0	23.0	54.0
伦敦大区	—	—	—	—	—	—	—	—	—	58.0	23.0	81.0	63.0	20.0	83.0

资料来源:欧盟统计局,http://appsso.eurostat.ec.europa.eu/nui/submitViewTable Action.doEurostat(online data code:urb_percep)。

注:1.问卷调查中需要对"在您所生活的城市可以合理的价格获得合适的住房"这一陈述作出判断,有5个可选项:完全同意该陈述;有点同意该陈述;完全不同意该陈述;有点不同意该陈述;不知道。

2.表格中①栏表示回答"完全不同意该陈述"的受访者占全部受访者的比重;②栏表示回答"有点不同意该陈述"的受访者占全部受访者的比重;①+②栏表示对该陈述持否定态度的受访者占全部受访者的比重,即完全或有点不同意自身能够在所居住的城市以合理的价格获得合适的住房。

第三节　欧洲国家居民住房可支付能力下降的原因分析

从第二节中对欧洲国家居民住房支付能力的分析中,可以发现全球金融危机和欧债危机爆发后,欧洲国家宏观经济和住房市场受到了冲击,一些国家居民的居住成本支出上升,收入下降,住房支付能力出现了下降的趋势。住房价格、房租、能源价格、社会住房供给等都是影响居民居住成本支出变化的因素。住房价格、房租价格、能源价格上升,无疑会直接增加居民居住成本支出,降低居民住房支付能力。政府削减社会福利支出、社会住房建设减少等因素也会对居民获取可支付性住房产生负面影响。

一、住房价格上涨

全球金融危机和欧债危机爆发后,欧洲国家的房地产市场受到严重冲击,住房价格出现下滑,一些曾经以房地产为支柱产业的国家房地产泡沫破裂，房价下跌尤为严重。以爱尔兰为例，从图 3-14 可以看出，危机爆发前，爱尔兰房地产市场住房价格指数呈现出高增长状态。在 2006 年第一季度至 2007 年第二季度的 6 个季度中，爱尔兰每个季度住房价格的年增长率均在 10%以上，其中 2006 年第三季度住房价格指数年增长率高达 17.2%。全球金融危机爆发后，爱尔兰房地产泡沫开始破裂，从 2008 年第一季度开始住房价格指数连续 22 个季度下滑，期间经历两次谷底，分别为 2009 年第三季度（住房价格指数下滑 21.3%）、2011 年第一季度和 2012 年第一季度（住房价格指数均下滑 19.6%）。自 2013 年第三季度开始，爱尔兰房地产市场开始复苏，住房价格指数持续正增长，2014 年第四季度增速达到 19.6%的峰值。此后，爱尔兰房价增速虽有回落，但基本呈现持续增长的态势。2017 年第二至第四季度，爱尔兰住房价格指数的同比增长率均在 10%以上。

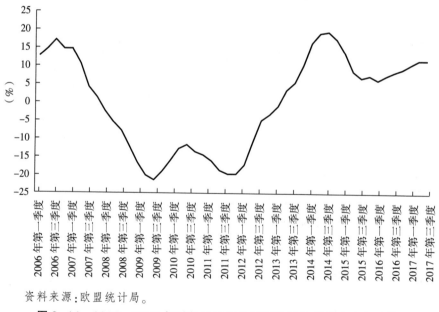

资料来源：欧盟统计局。

图 3-14　2006—2017 年爱尔兰住房价格指数同比增长率变化趋势

专题 2

爱尔兰房地产泡沫的形成、破裂与警示

一、爱尔兰房地产泡沫形成的原因

(一)爱尔兰房地产泡沫肇始于过热的经济与人口的膨胀

爱尔兰曾经是欧洲非常贫穷落后的国家,甚至一度被称为"欧洲的乞丐"。[①] 20 世纪 60 年代,爱尔兰政府开始调整本国的经济发展战略,一方面加大对外开放力度,采取多种优惠措施吸引外资到爱尔兰投资建厂;另一方面顺应世界科技发展趋势,大力发展电脑、医药、金融服务等新兴产业。1973 年,爱尔兰加入欧洲经济共同体,进一步提高了爱尔兰经济开放程度,为外资的流入创造了更加便利的条件。此外,爱尔兰重视教育的传统也为本国经济的发展储备了大量高素质的劳动力。上述有利条件促进了爱尔兰经济的增长与繁荣。在 1995—2007 年的 13 年间,爱尔兰经济保持了持续的高速增长,年均增长率高达 7.4%。2003 年,爱尔兰人均国内生产总值由 1980 年 6700 多美元上升至 3.8 万多美元,成为当时世界上人均国内生产总值第二高的国家。这一时期的爱尔兰被誉为"凯尔特之虎",成为许多国家发展的榜样。随着经济的繁荣和就业岗位的增加,爱尔兰向外移民的人数越来越少,而返乡和外来人口越来越多。2002 年,爱尔兰的人口由 1981 年的 344 万上升至 392 万,增加了 48 万,21 年间人口增长了 14%。人口的增长和人均收入的提高促进了爱尔兰住房需求的增长,住房需求的上升刺激了住房价格的上升和房地产业的发展。

(二) 流动性泛滥为爱尔兰房地产泡沫的形成打开了"方便之门"

房地产业的发展离不开大量的资金支持,只有流动性充足开发商和购房者才能以较低的成本获得融资。流动性泛滥为爱尔兰房地产泡沫的形成开启了"方便之门"。造成爱尔兰流动性泛滥的原因主要有以

---

① 江时学:《爱尔兰房地产泡沫解析》,载《欧洲研究》,2011 年第 6 期,第 130 页。

下三个，第一，为了维持宏观经济的持续增长，在欧元诞生之前，爱尔兰就一直实行扩大信贷和低利率的宽松货币政策，1999 年欧元诞生后，欧元区的低利率政策使得爱尔兰的货币政策愈加宽松。第二，在金融市场自由化政策主导下，爱尔兰对银行的监管十分宽松。出于逐利的目的，银行信贷急剧膨胀，大量的银行信贷流入到房地产市场。银行一方面为开发商的地产开发提供贷款，另一方面为购房者提供住房抵押贷款。2000—2006 年，爱尔兰住房抵押贷款以年均 25% 的速度增长，住房抵押贷款总量占国内生产总值的比重由 2003 年的 40% 上升至 2007 年的 65%。第三，20 世纪 90 年代，国际资本市场流动性充足，大量的外资流入爱尔兰，也助推了爱尔兰流动性的泛滥。

（三）过度宽松的税收政策助长了爱尔兰房地产泡沫的形成

财政政策在推动爱尔兰房地产业发展的过程中发挥了重要作用，但也助长了房地产泡沫的形成。为了吸引外资，爱尔兰长期实行低税率政策，低税率政策同样适应本国的房地产开发商。当时，爱尔兰的公司税率为 12.5%，比欧盟 22.5% 的平均水平低 10 个百分点。较低的税率降低了房产开发商的税收负担，从供给层面刺激了房地产业的发展。爱尔兰允许住房抵押贷款利息作为个人所得税的扣减项目，同时不征收财产税，这又从需求方面助长了爱尔兰房地产泡沫的形成。

此外，投资性和投机性购房需求是爱尔兰地产泡沫形成的另一重要原因。长期的低利率甚至负利率政策和房价的上升趋势使得住房投资成为一种理想的投资渠道。由于爱尔兰的养老保险金不高，一些人出于对退休生计的考虑，购买房产出租用以养老。

二、爱尔兰房地产泡沫破裂的影响与后果

（一）宏观经济增长遭受重创，就业形势持续恶化

房地产泡沫破裂后，爱尔兰宏观经济增长受到重创。2008 年和 2009 年爱尔兰经济连续两年衰退，实际国内生产总值分别下滑 4.4% 和 4.6%。虽然 2010 年爱尔兰经济恢复正增长，但 2011 年陷入停滞，2012 年再度陷入衰退。受宏观经济衰退的影响，爱尔兰的就业状况也

持续恶化。2009 年，爱尔兰失业率由 2008 年的 6.4% 上升至 12%。此后的 2011—2014 年间，爱尔兰的失业率持续徘徊在 10% 以上，高于欧盟 28 国的平均水平。

（二）银行出现大笔坏账，爱尔兰银行业陷入危机

爱尔兰过度宽松的货币政策导致了流动性泛滥，大量的资金涌入到房地产行业。当房地产泡沫破裂时，银行放出的贷款难以收回，出现大量坏账和"有毒资产"。2008 年 9 月，盎格鲁–爱尔兰银行遭受大规模挤兑，同年年底其股票价格下跌了 98%。为了保持金融稳定和避免银行陷入危机，爱尔兰政府开始对银行业进行救助。2009 年 1 月，爱尔兰政府接管了盎格鲁–爱尔兰银行，并承诺对爱尔兰的六大银行的存款和贷款提供担保。截至 2010 年 9 月，爱尔兰政府已为救助银行投入了 330 亿欧元，相当于当年国内生产总值的 20%。

（三）财政收入的下降和救助资金的增加导致爱尔兰政府的财政状况持续恶化

印花税和增值税是与房地产密切相关的两个税种。两个税种的计税方式均为房产交易价格乘以相应税率。也就是说，房价越高，政府获得的印花税和增值税收也就越高。在地产繁荣时期，房价高涨为爱尔兰政府带来了巨额的印花税和增值税收入。2007 年，爱尔兰政府的增值税和印花税收入占税收总额的比重由 2000 年的 3% 提高到 9%。在 1995—2007 年爱尔兰经济高速增长、房地产繁荣的 13 年中，爱尔兰政府财政收支在多数年份保持财政盈余状态，只有 3 年处于财政赤字状态。房地产泡沫破裂后，爱尔兰政府的财政收入受到极大冲击。从 2008 年开始，爱尔兰政府财政收支一直处于赤字状态，2010 年，爱尔兰财政赤字占国内生产总值的比重达到 32.1%。对银行的救助大大增加了爱尔兰政府的财政负担，政府的债务总额不断攀升。1998—2008 年，爱尔兰政府的债务总额占国内生产总值的比重处于 60% 以下，2009 年开始超过稳定与增长公约规定的 60% 上限，2011—2014 年，爱尔兰公共债务占国内生产总值的比重均在 100% 以上。爱尔兰债务危机

的爆发的机制可以概括为：房地产泡沫破裂—银行坏账增加陷入危机—政府救助银行—政府财政状况恶化—债务危机爆发。从中可以看出，爱尔兰的房地产业"绑架"了银行，而银行又"绑架"了政府。

（四）房产价值缩水使得个人和家庭损失惨重

2009年，爱尔兰房地产价格结束了自1970年以来的持续上升。2009年，爱尔兰全国新房均价（每套24.2万欧元）比最高点的2007年（每套32.2万欧元）下降了33.3%，爱尔兰首都都柏林的新房均价则由每套41.6万欧元降至每套26万欧元，下降幅度高达60%。房价降低导致购房家庭和个人的房产价值严重缩水，债务负担更加沉重。

（五）房地产泡沫的爆发导致爱尔兰"鬼城"频现，住房空置率居高不下

爱尔兰地产泡沫破裂后，有些未完工的地产项目因资金链断裂而停工废弃，一些建好的项目则因无人购买而长期空置，这些被废弃或空置的住宅小区被称为"鬼城"。2010年，爱尔兰全国大约出现了600个这样的"鬼城"。除了"鬼城"，房地产泡沫破裂还导致了爱尔兰的住房空置率居高不下。2011年，爱尔兰全国住房普查结果显示，全国共有空置住宅23万套（不含6万套度假屋）。后来，爱尔兰空置住房下降到19.8万套（不含6.1万套度假屋），下降幅度不大，全国住房空置率为12.8%。

三、爱尔兰房地产泡沫破裂的警示

（一）提防房地产泡沫诱发虚假繁荣和侵蚀实体经济

房地产业与国民经济中其他产业的"前向关联"和"后向关联"都很密切，因此房地产业的快速发展能在一定时期内起到拉动经济增长的作用。"凯尔特之虎"经济的繁荣，除了其他因素外，房地产业的繁荣也起到了十分重要的作用。1996年，爱尔兰全国新建房屋仅33 725套，2006年则上升到93 419套，比1996年增加了近6万套，增加了1.8倍。房地产业的繁荣带动了建筑业发展。1996年，爱尔兰

建筑业产值占国内生产总值的比重为 5%，2006 年则上升至 10%。[1]
2007 年，建筑业部门的从业者人数占就业总人口的 13.3%，比 1993
年增长了一倍。可见，房地产业成为爱尔兰的支柱产业之一。房地产
市场旺盛的需求和不断上涨的房价使得大量资金和劳动力流入房地产
行业，挤占了实体经济的资金来源和劳动力供应。一些实体经济领域
的企业家甚至不愿意继续踏踏实实地从事本行业的生产经营，也纷纷
加入房地产开发和炒房大潮。2007 年，伴随着美国和英国两个主要贸
易伙伴陷入危机，爱尔兰出口大幅下滑，内需极度有限的爱尔兰经济
陷入危机之中。以此为诱因，爱尔兰的房价应声下跌，房地产泡沫最
终破裂。这在很大程度上说明，房地产泡沫带来的虚假繁荣难以持续，
泡沫终将破裂。在经济发展中要防止房地产业侵蚀实体经济。

（二）加强银行监管，防止过多流动性流入到房地产市场

过度宽松的货币政策和金融监管不严导致爱尔兰流动性泛滥，为
爱尔兰房地产泡沫的形成搭建了温床。爱尔兰房地产泡沫的破裂警示
我们，必须加强对银行的监管，防止银行海量资金流入到房地产行业。
这是因为：大量的银行信贷是助长房地产价格持续上涨的元凶。爱尔
兰学者摩根·凯利通过计算发现，抵押贷款增加 1 欧元，房价就上升
1.13 欧元，银行的巨额房贷是导致房地产价格快速上升的主要原因之
一。[2]反过来，房价的快速飙升会进一步刺激银行加大对房地产部门的
放贷力度。手持大量资金的银行为了获得最大限度的利润，在放贷时
会降低信用标准，使许多信用资质较差的购房者也能轻易获得房贷，
从而为银行坏账问题和银行危机埋下了隐患。由此可见，在房地产业
快速发展过程中，政府对银行放贷的监管和干预十分必要。

（三）充分运用税收杠杆降低住房的投资性和投机性需求

爱尔兰公司税仅为 12.5%，是欧洲公司税最低的国家之一。较低
的公司税在吸引外资流入的同时也使得包括地产开发商在内的本国企

---

① 江时学:《爱尔兰房地产泡沫解析》,载《欧洲研究》,2011 年第 6 期,第 136 页。

② 同①,第 142 页。

业承受较低税负，刺激了房地产供给。爱尔兰的房产课税负担也较轻，对自有住房购买形成有效刺激。个人住房抵押贷款的利息，可以作为个人所得税的减免项。爱尔兰不征财产税，租金所得税税率也很低（10%左右），仅就房产增值征收一定比例的税费。这样的低税负环境使得住房的投资性和投机性需求大幅上升，助长了泡沫的形成。

（四）促进城市均衡发展，防止大城市因人口聚集导致房价飙升

人口的增长和聚集是推动房地产发展的原动力。爱尔兰房地产的繁荣与房价的快速上升正是源于人口的回流与增长，使得大城市的住房需求急剧上升。而人口涌入大城市的根本原因在于地区和城市发展的不均衡，大城市基础设施完善、工作机会多、教育医疗资源丰富，而二三线城市在这些方面与一线城市相比还存在很大差距。这种城市发展的不均衡造成了人口向发达城市、发达地区聚集，使很多大城市遭受以房价高企、交通拥堵、环境污染为症状的"大城市病"的困扰。因此，解决大城市房价过高问题的一个关键，在于增加对二三线城市的投入，完善那里的基础设施、增加公共服务投资、缩小工资水平差距，引导人口向这些城市流动。

（五）完善住房保障政策，多渠道满足城市人口住房需求

爱尔兰房价过快增长的一个原因也是因为该国的社会住房政策不如欧洲其他国家，在住房市场上购买商品房是爱尔兰城市居民住房路径的主要选择。爱尔兰社会住房比重为8.7%，比英国低出将近10个百分点。从增加社会保障房、租赁住房入手，多种渠道满足居民的住房需求，可以遏制城市房价的过快增长。提高租赁住房比重，适当降低住房自有率，可以有效降低城市住房的过热需求，有利于遏制房价过快上涨。一方面，政府增加公租房供给，提高公租房在城市住房结构中的比重。政府可以在租赁住房供给方面引入社会资本，进行青年公寓的建造和管理。另一方面，也要加强私人住房租赁市场管理，保护租房人的合法权益。要采取措施优化私人租赁住房市场的环境，稳定现有租房市场供给，保证租房者的利益。

　　欧盟统计局根据各成员国住房价格指数的增长率数据，使用加权平均法计算出欧盟和欧元区住房价格指数的平均增长率，权重即为各国国内生产总值占欧盟或欧元区经济总量的比重。从图3-15可以看出，欧盟和欧元区住房价格指数增长率呈现大致相同的波动趋势，欧盟住房价格指数增长率的波动幅度略高于欧元区。以欧盟住房市场价格的变化情况为例，全球金融危机爆发前，欧盟住房市场价格处于上升趋势，其中2006年第四季度的年增长率达到10.9%。在全球金融危机和欧债危机的双重冲击下，欧盟房地产市场价格出现持续下滑，2008年第三季度，欧盟住房市场价格开始出现负增长，并于2009年第二季度达到负增长6%的最大跌幅。此后，欧盟住房市场价格增速虽有回升，但一直处于低速增长和负增长交替的状态，直到2014年第一季度，欧盟住房市场才开始复苏，住房价格处于持续增长的状态。在2017年四个季度中，欧盟住房价格指数增速均在4%以上。

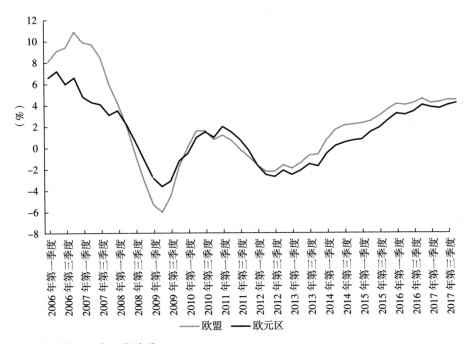

资料来源：欧盟统计局。

图3-15　2006—2017年欧盟和欧元区住房价格指数同比增长率的变化趋势

　　从图 3-16 可以看出，2001—2015 年，无论是消费者价格指数还是居住价格指数，都处于不断上升的状态，只是上升的幅度处于波动之中。同时可以看出，2014 年及之前，居住价格指数变化率波动曲线位于消费者价格指数波动曲线之上，即居住价格指数的增长幅度大于消费者价格指数。2006 年，居住价格指数的上升了 5.6%，比消费价格指数的增长幅度高出 3.3 个百分点。2015 年和 2016 年，欧盟居住价格指数连续呈现负增长，而消费者价格指数呈现零增长和微弱增长。2017 年居住价格指数增长 1.8%，再次超过消费者价格指数的增长率。可见，在 2001—2017 年的 17 年中，欧盟居住价格基本处于不断上升的状态中，且其上升幅度基本上高于消费者价格的上升幅度。

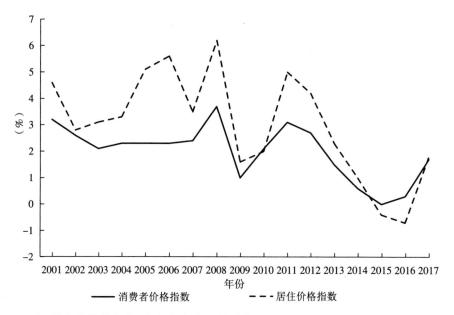

注：居住价格是住房、水电气和其他燃料等的平均价格。

资料来源：欧盟统计局，http://appsso.eurostat.ec.europa.eu/nui/show.do? dataset = prc_hicp_manr&lang = en。

图 3-16　2001—2017 年欧盟消费者价格指数增长率与居住价格指数增长率比较

从图3-17可以看出,担负贷款的住房自有者占总人口比重较高的国家主要集中在西欧和北欧等发达国家。西欧和北欧国家经济发达,住房价格较高,同时拥有完善和成熟的金融市场,一些国家为了鼓励购房,还将住房按揭贷款的月供和利息作为免税项目,因此,很多家庭以按揭贷款的形式购买自有住房。例如,冰岛、挪威、荷兰担负贷款的住房自有者占总人口的比重均在60%以上,无贷款的住房自有者占总人口的比重分别为14.8%、20.4%和8%。

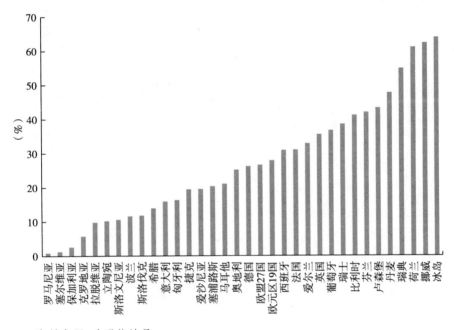

资料来源:欧盟统计局。

图3-17 欧洲主要国家担负贷款的住房自有者占总人口的比重

住房自有需求的不断提高和住房价格的上升将增加家庭的住房支出负担。如图3-18所示,在担负贷款的自有住房者占总人口比重较高的欧洲国家,家庭住房贷款占可支配收入的比重也非常高。例如,荷兰住房贷款占家庭可支配收入的比重接近200%,也就是说,荷兰家庭住房贷款总额是家庭可支配收入的近2倍。丹麦、瑞典两国家庭住房贷款占可支配收入的比重也很高，分别为 178.1% 和 166.8%。此外，英国（98.8%）、塞浦路斯（96.7%）、比利时（89.9%）家庭住房贷款占可支配收入的比重也都接近 100%。

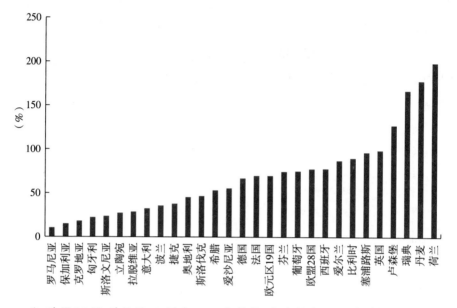

注：欧盟 28 国、欧元区 19 国为 2015 年数据，卢森堡为 2012 年数据，其他国家为 2016 年数据。

资料来源："HYPOSTAT 2017 | A Review of Europe's Mortgage and Housing Markets"，https://hypo. org/app/uploads/sites/3/2017/09/HYPOSTAT-2017. pdf。

图 3-18　部分欧洲国家住房贷款占家庭可支配收入的比重比较

二、房租价格上涨

房租是租房家庭居住成本的重要组成部分，在收入一定或下降的情况下，房租的上涨会增加租户的居住成本，使其住房支付能力受到影响。欧盟的房租价格指数虽然呈上升趋势，但上升比较缓慢平稳。2018 年 4 月，欧盟房租价格指数为 124.5，与 14 年前的 2005 年 4 月（99.7）相比，仅上升了 25%，平均每年上升 1.8 个百分点。在 2005—2017 年的大多数年份，欧盟房租价格指数曲线位于消费者价格指数之下，即多数年份房租价格指数低于消费者价格指数的增速。欧盟房租价格的平稳得益于欧盟国家特别是西欧和北欧国家完善的租房市场，严格规范房租的上涨以及对租户权利的严格保护。因此，综合来看，欧盟房租价格的上涨对家庭住房可支付能力的消极影响要小于消费价格上涨对住房可支付能力的消极影响。

如图 3-19 所示，相比而言，中东欧国家保加利亚、奥地利、匈牙利、克罗地亚、捷克、罗马尼亚、波罗的海三国，以及北欧国家芬兰、冰岛的房租价格上涨幅度较大，由此导致这些国家租房者的居住成本上升较快，住房支付能力下降，这与前述对欧盟国家住房可支付能力的评估是一致的。

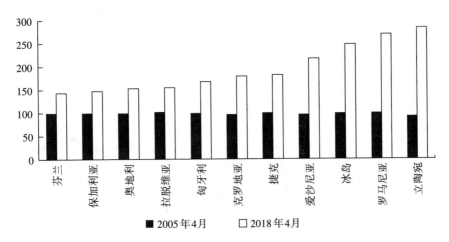

资料来源：欧盟统计局，http://appsso. eurostat. ec. europa. eu/nui/show. do? dataset = prc_hicp_midx&lang=en。

图 3-19 2005—2018 年房租价格指数上升幅度较大的欧洲国家

考察住房价格上涨和房租上涨对家庭住房可支付能力消极影响的另外一个指标是拖欠贷款和房租支付的人口比重情况。低收入人群更容易受到住房价格和房租价格上涨的冲击，其拖欠贷款和房租的可能性也更大。根据欧盟统计局的数据，2016 年，欧盟 28 国收入低于平均收入 60％的人群中拖欠贷款和房租的人口比重为 8.7％，超过高于平均收入60%的人群中拖欠贷款和房租的人口比重2.5%，也高于全部人口中拖欠贷款和房租的人口比重3.5%。从国别来看，希腊低收入人群中拖欠贷款和房租的现象最普遍，平均每10人中就有近3个人拖欠住房贷款和房租。法国、西班牙、塞浦路斯、芬兰、冰岛、比利时、奥地利低收入人群拖欠住房贷款和房租的人口比重均在10%以上。希腊高收入人群中拖欠贷款和房租的人口比重最高为12.7%，塞浦路斯、冰岛高收入人群拖欠住房贷款和房租的人口比重都在7%以上。全部人口中拖欠住房贷款的人口比重最高的国家仍然是希腊，比重为15.3%，其次是塞浦路斯（8.6%）和冰岛（7.6%）。[①]

三、受全球金融危机和欧债危机冲击，欧洲国家房地产部门投资下降，住房短缺问题明显

如图3-20所示，受全球金融危机和欧债危机的影响，2009年欧盟经济衰退幅度达到4.3%，2010年欧盟经济恢复正增长，但2012年

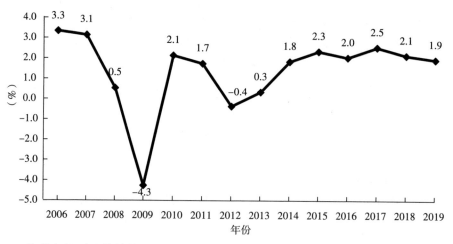

资料来源：欧盟统计局，http://ec. europa. eu/eurostat/tgm/table. do？ tab = table&init = 1&language = en&pcode = tec00115&plugin = 1。

图3-20　2006—2019年欧盟实际国内生产总值增长率变化趋势

---

① "Arrears on Mortgage or Rent Payments-EU-SILC Survey[ilc_mdes06]"，https://dgs-p. eige. europa. eu/data/information/ta_livcond_matdepr_dimen_ecostradur_econstr__ilc_mdes06.

再度陷入衰退，衰退幅度为 0.4%。自 2013 年第二季度以来欧盟经济表现出复苏迹象，但是复苏趋势十分疲弱。2013 年，欧盟经济几乎陷入停滞状态，增长率仅为 0.3%。此后，欧盟经济呈现持续复苏趋势，但复苏依然疲弱。2017 年，欧盟实际国内生产总值增长率为 2.5%，仍未超过危机前 2006 年 3.3% 的增长水平。2018 年和 2019 年欧盟经济增长再度回落，增长率将分别为 2.1% 和 1.9%。

欧洲经济增长疲弱主要是由于消费、投资、出口增长乏力。2014 年第二季度欧盟个人消费总量只相当于 2007 年的水平，固定资本投资总额比 2007 年低 15%。2013 年，欧盟固定资本投资总额约为 2.6 万亿欧元，占当年国内生产总值总额的 19.3%。经济学认为投资总额占国内生产总值的比重为 21%—22%，才能保证投资可持续。按照这一比重，2013 年，欧盟固定资本投资总额应为 2.84 万亿—2.97 万亿欧元之间，而欧盟国家的实际投资总额比理想的低 2300 亿—3700 亿欧元。

美国次贷危机引发的全球金融危机从根本上讲是房地产泡沫破裂引发的银行危机，首先受到冲击的是房地产部门和银行部门。欧洲国家爱尔兰、西班牙、冰岛的房地产泡沫首先破裂，房地产部门受到严重冲击，房地产部门的投资出现明显下滑趋势。2009 年，在表 3-19 中所列的 29 个欧洲国家，除斯洛伐克外，房地产部门总固定资本投资均呈下滑状态。其中，冰岛、拉脱维亚、爱尔兰、爱沙尼亚房地产部门受到严重冲击，总固定资本投资大幅度下滑，分别下滑 55.7%、52.4%、37.6%、35.9%。此外，保加利亚、丹麦、卢森堡、马耳他、斯洛文尼亚、西班牙、英国等国房地产部门总固定资本投资下滑也十分明显，下滑幅度均在 20% 以上。自全球金融危机和欧债危机爆发以来，保加利亚、希腊房地产部门投资持续下滑，至今仍未见复苏迹象。从欧盟层面来看，2009 年，欧盟房地产部门总固定资本投资下滑 12.9%，此后连续 4 年下滑，2014 年房地产投资开始复苏，但 2016 年房地产部门总固定资本投资增长率仍未超过危机爆发前 2006 年的增长率。

表3-19 2005—2016年部分欧洲国家房地产部门总固定资本投资实际增长率变化趋势

（单位:%）

	2005年	2006年	2007年	2008年	2009年	2010年	2011年	2012年	2013年	2014年	2015年	2016年
欧盟28国	2.9	5.0	1.7	5.4	-12.6	-2.0	-0.5	-3.8	-2.3	1.9	3.0	3.7
欧元区19国	3.1	5.9	1.7	-5.3	-11.6	-2.5	-1.2	-3.7	3.3	-0.2	2.1	3.7
奥地利	1.4	0.4	1.9	0.8	-1.6	0.7	2.9	-1.3	-0.1	-0.6	0.9	0.3
比利时	10.2	6.9	2.9	-1.4	-8.6	2.6	-2.4	0.2	-3.3	4.8	0.8	—
保加利亚	57.6	97.4	-7.2	22.4	-20.4	-40.8	-14.2	-26.7	-4.0	-3.3	-10.3	-6.2
塞浦路斯	13.4	18.2	8.1	-0.3	-19.6	-14.4	-16.8	-19.5	-23.0	-2.0	8.2	8.7
捷克	6.4	8.0	26.2	-1.5	-4.6	10.3	-5.9	2.7	-7.7	10.2	22.5	9.1
丹麦	16.7	11.4	-5.5	-16.7	-20.4	-8.9	15.8	-5.5	-7.8	8.6	3.8	11.0
爱沙尼亚	39.6	43.6	-3.2	-29.2	-35.9	-9.4	9.9	9.0	19.3	18.4	13.9	12.2
芬兰	5.0	3.8	-0.4	-10.6	-13.9	24.1	5.3	-3.5	-5.3	-6.6	2.0	10.5
法国	5.0	5.4	4.0	-3.0	-9.2	2.1	0.9	-2.2	-0.4	-1.8	-1.4	2.6
德国	-4.3	6.1	-1.8	-3.2	-3.4	4.3	10.0	3.4	-0.8	3.0	1.5	4.0
希腊	-9.2	17.7	14.4	-23.9	-19.6	-26.2	-14.6	-37.9	-31.1	-53.3	-25.8	-12.8
匈牙利	-12.9	-16.6	6.6	6.2	-3.4	-24.7	-27.6	-9.9	-6.0	17.3	-3.7	—
爱尔兰	16.8	3.8	-8.0	-16.7	-37.6	-32.9	-18.5	-20.3	6.3	19.0	4.6	17.9

续表

	2005年	2006年	2007年	2008年	2009年	2010年	2011年	2012年	2013年	2014年	2015年	2016年
意大利	5.5	4.9	1.4	-1.7	-9.2	0	-6.6	-7.5	-4.5	-7.0	2.0	3.0
拉脱维亚	17.8	34.4	41.4	-11.9	-52.4	-28.9	1.3	13.8	-1.3	9.7	-19.5	-11.1
立陶宛	0.0	21.2	14.9	24.3	-7.2	-29.7	1.0	2.3	11.5	16.9	13.9	7.0
卢森堡	-2.0	23.7	37.0	8.7	-22.3	-11.7	8.3	4.7	6.1	-8.2	39.7	6.7
马耳他	-0.3	12.4	12.3	-21.4	-26.6	-16.1	0.6	-9.7	-7.7	1.4	38.3	28.9
荷兰	5.5	5.8	5.1	0.4	-14.9	-16.0	-4.4	-12.9	-12.2	6.1	20.9	19.0
波兰	9.7	9.6	13.1	6.2	-2.3	-4.2	1.2	5.1	0.9	8.4	7.4	—
葡萄牙	0.4	-6.3	-4.8	-13.1	-14.3	-10.4	-11.5	-7.7	-14.3	-1.1	4.3	-2.0
罗马尼亚	35.7	-6.3	50.6	40.9	-14.2	2.2	-10.2	5.1	11.2	11.5	—	—
斯洛伐克	7.2	-12.3	13.8	2.0	14.0	-10.3	-3.6	0.1	17.8	-1.7	-11.6	2.9
斯洛文尼亚	15.7	10.3	14.1	12.4	-20.5	-20.4	-12.4	-12.5	-7.9	-5.8	6.1	-1.0
西班牙	6.5	6.7	1.3	-9.2	-20.3	-11.6	-13.3	-10.3	-10.2	6.2	3.1	3.7
瑞典	9.9	14.5	6.8	-13.2	-19.0	12.7	8.0	-11.8	0.9	15.6	16.1	16.2
英国	-2.1	-3.8	-1.5	-7.6	-20.8	5.0	3.9	-3.9	6.5	11.5	4.7	2.6
冰岛	11.9	16.5	13.2	-21.9	-55.7	-18.0	5.4	6.9	10.8	14.8	-3.1	33.7
挪威	9.7	4.0	2.7	-9.0	-8.1	-1.6	17.0	10.9	5.3	-1.4	1.6	9.9

资料来源："HYPOSTAT 2017 I A Review of Europe's Mortgage and Housing Markets"，https://hypo. org/app/uploads/sites/3/ 2017/09/HYPOSTAT-2017. pdf。

在金融危机和债务危机的冲击下，住房价格下跌、购房者持币观望、银行减少贷款，房地产开发商面临严重的资金困难，不得不减少投资和放弃新项目的开发。房地产部门投资的减少直接导致住房供应的减少和供需缺口的出现。将已完工新建住房数量与新增家庭数量进行对比，可以大致衡量欧洲国家住房供需缺口问题。① 如果已完工新建住房的数量低于新增家庭的数量，那么住房供给无法满足新增的住房需求，说明住房供给存在缺口。反之，就说明住房供给较为充足。从表 3-20 可以看出，在表中所列的 26 个欧洲国家中，有 18 个国家存在住房供给缺口。2015 年，德国新增家庭约 54.8 万个，已完工新建住房数量约 24.8 万套，住房供给短缺约 30 万套。除德国外，保加利亚、希腊、意大利等国家的住房缺口也在 10 万套以上。随着宏观经济的复苏，房地产投资也开始逐渐回升，住房供给开始增加，住房短缺问题有所缓解。应该注意到，即使从全国住房总量和住房需求总量来看，住房供需基本平衡，但是，从局部和地区来看，一些地区的住房供需存在严重的失衡。通常来说，经济发达地区和人口密集地区的住房需求旺盛，住房市场供不应求，住房缺口较大；经济落后和偏远地区，人口稀少，住房供给一般较为充足，甚至出现住房空置的现象。根据欧洲中央银行的数据，2014 年，欧盟住房空置率为 6.8%，大多数空置住房位于人口稀少、经济不发达地区。②

---

① 新建立的家庭未必以购买新住房的方式来满足住房需求，有的新建家庭原先就有自己的住房，或者一些新建家庭选择与父母同住，还有的家庭选择租住房屋。德国、瑞士、瑞典等国家的租房市场和住房合作社较为发达，很多家庭选择租住私人租赁住房或住房合作社的住房，因此，使用已完工新建住房数量与新增家庭数量的差来评估和衡量住房短缺问题存在偏差，只能是大致衡量。

② "HYPOSTAT 2017 | A Review of Europe's Mortgage and Housing Markets", https://hypo.org/app/uploads/sites/3/2017/09/HYPOSTAT-2017.pdf.

表3-20 2015年欧洲部分国家住房短缺情况比较

	新增家庭数量（个）	已完工新建住房数量（套）	已完工新建住房数量与新增家庭数量的差	住房短缺情况
保加利亚	179 900	7806	-172 094	存在住房供应缺口
捷克	37 300	25 095	-12 205	存在住房供应缺口
丹麦	12 700	14 628	1928	住房供给充足
德国	548 200	247 722	-300 478	存在住房供应缺口
爱沙尼亚	10 500	3969	-6531	存在住房供应缺口
爱尔兰	11 200	12 666	1466	住房供给充足
希腊	31 600	8540	-23 060	存在住房供应缺口
西班牙	47 100	36 059	-11 041	存在住房供应缺口
法国	220 100	399 564	179 464	住房供给充足
克罗地亚	-32 100	3678	35 778	住房供给充足
意大利	251 900	123 499	-128 401	存在住房供应缺口
塞浦路斯	8700	2390	-6310	存在住房供应缺口
拉脱维亚	2400	2242	-158	存在住房供应缺口
立陶宛	22 600	5707	-16 893	存在住房供应缺口
卢森堡	4500	3357	-1143	存在住房供应缺口
匈牙利	21 900	7612	-14 288	存在住房供应缺口
荷兰	27 100	48 381	21 281	住房供给充足
奥地利	47 700	39 700	-8000	存在住房供应缺口
波兰	182 400	147 821	-34 579	存在住房供应缺口
葡萄牙	20 100	6687	-13 413	存在住房供应缺口
罗马尼亚	-500	47 017	47 517	住房供给充足
斯洛文尼亚	20 500	2776	-17 724	存在住房供应缺口
斯洛伐克	27 000	14 608	-12 392	存在住房供应缺口

	新增家庭数量 （个）	已完工新建 住房数量 （套）	已完工新建住房 数量与新增家庭 数量的差	住房短缺情况
芬兰	27 500	28 199	699	住房供给充足
瑞典	508 900	34 603	-474 297	存在住房供应缺口
英国	165 100	170 990	5890	住房供给充足

资料来源：新增家庭数量数据根据欧盟统计局"Number of Private Households by Household Composition, Number of Children and Age of Youngest Child（1000）"计算；已完工新建住房数量数据来源于"HYPOSTAT 2017 | A Review of Europe's Mortgage and Housing Markets", https://hypo. org/app/uploads/sites/3/2017/09/HYPOSTAT-2017. pdf。

注：意大利、斯洛伐克为 2011 年数据；卢森堡为 2014 年数据。

受全球金融危机和欧债危机的冲击，如图 3-21 所示，2009 年，欧盟住房价格指数下滑 4.4%，建筑生产指数下滑 9.2%，建筑生产下滑的速度明显快于住房价格下滑的速度。2010 年、2011 年欧盟住房价格出现微弱复苏，但建筑生产指数仍处于下滑趋势。2012 年和 2013 年，欧盟住房市场再度出现萎缩情况，建筑生产下滑的速度仍然快于住房价格下滑的速度。只有 2014 年建筑生产的增长速度超过了住房价格的增长速度。2015 年至 2017 年，欧盟住房价格的增速都比建筑生产增长的速度快。房地产价格复苏和上升的速度快于房地产供给增加的速度，导致危机后欧洲国家居民购房支出成本继续上升，购房支出压力增大。

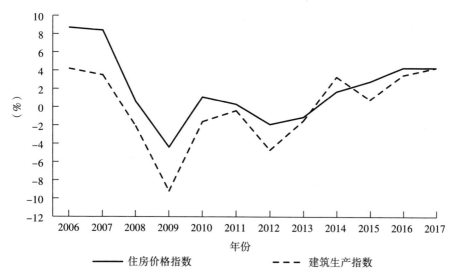

资料来源:根据欧盟统计局数据绘制。住房价格指数数据来源于"House Price Index-Annual Data (2015 = 100)";建筑生产指数数据来源于"Production in Construction-Annual Data"。

图3-21 2006—2017年欧盟住房价格指数与建筑生产指数增长率比较

四、社会住房供应短缺

在全球金融危机和欧洲债务危机爆发的背景下,一方面失业人口增加,低收入家庭增多,社会住房需求增加;另一方面,政府大幅削减社会福利支出,社会住房投入不足,导致社会住房供给减少。在需求增加和供给减少的双重影响下,欧洲国家普遍出现了社会住房短缺的问题,特别是一些经济发达和人口稠密的大城市,社会住房短缺问题更加凸显。2011年,英格兰社会住房轮候家庭超过180万,比2000年增加了76%;法国、意大利的社会住房轮候家庭分别达到180万和63万;爱尔兰社会住房申请家庭由2008年的5.6万个增加到2011年的9.8万个,增加了75%。①

----

① Alice Pittini, "Housing Affordability in the EU—Current Situation and Recent Trends", https://www.housingeurope.eu/file/41/download.

五、家庭水、电、天然气价格上涨

水电气价格的上涨将增加家庭居住成本支出，在收入水平不变或下降的情况下，居民的居住成本占收入的比重将会上升。随着家用电器和各种现代化设备的普及，电力和天然气已成为现代家庭居住必需的能源。从图3-22可以看出，2007—2017年，欧盟家庭用电平均价格呈现逐渐上升的趋势。2017年，欧盟家庭用电平均价格为0.23欧元每千瓦时，比2007年提高了35.3%。从国别来看，如图3-23所示，德国、比利时、丹麦、爱尔兰、西班牙、葡萄牙、奥地利的家庭用电价格高于欧盟的平均水平。塞尔维亚、保加利亚、荷兰、立陶宛、匈牙利的家庭用电价格最低。

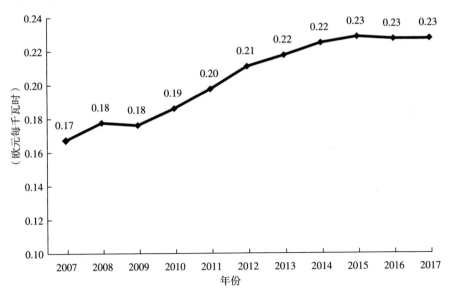

注:1.欧盟对家庭和非家庭用电均实行阶梯电价。家庭用电阶梯电价共分五档:第一档为年用电量小于1000千瓦时、第二档为年用电量在1000—2500千瓦时、第三档为年用电量在2500—5000千瓦时、第四档为年用电量在5000—15 000千瓦时、第五档为年用电量大于15 000千瓦时,用电量越大,电价越低。上图数据是第二档用电量的电价变化趋势;2.图中家用电价为含税电价。

资料来源:欧盟统计局。

图3-22　2007—2017年各年度下半年欧盟家庭用电电价变化趋势

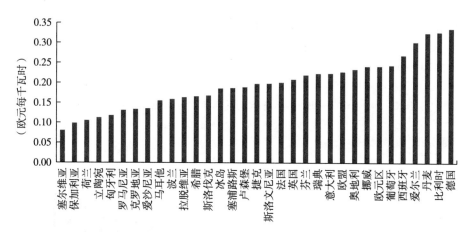

资料来源：欧盟统计局。

图 3-23　2017 年下半年欧洲主要国家家庭用电价格比较

从图 3-24 可以看出，2007—2017 年间，欧盟天然气平均价格呈现出波动的趋势。2008 年，欧盟天然气价格到达高位后，2009 年下降至低谷，此后一直呈现不断上升的趋势。2016 年，欧盟天然气价格出现回落，但幅度有限，2017 年，欧盟天然气平均价格仍高于 2007 年的水平。从国别来看，图 3-25 则反映出，瑞典、丹麦、意大利、西班牙、荷兰、葡萄牙、奥地利、法国、爱尔兰的天然气价格高于欧盟的平均水平，而中东欧国家和波罗的海国家的天然气价格普遍较低。

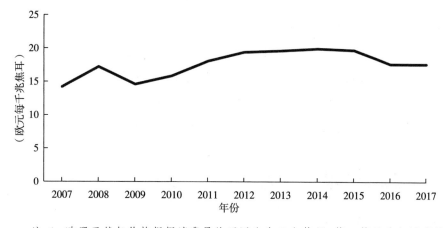

注：1. 欧盟天然气价格根据消费量的不同分为三个等级：第一等级为年消费量

在 20 千兆焦耳以下,第二等级为年消费量在 20 千兆—200 千兆焦耳之间,第三等级为年消费量大于 200 千兆焦耳,消费量越大,价格越低;2. 图中天然气价格为年消费量在 20 千兆—200 千兆焦耳之间的天然气含税价格。

资料来源:欧盟统计局。

图 3-24　2007—2017 年各年度下半年欧盟天然气价格变化趋势

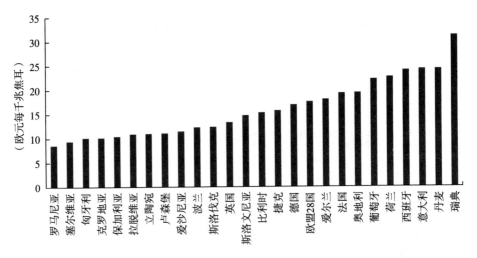

资料来源:欧盟统计局。

图 3-25　2017 年下半年欧洲主要国家天然气价格比较

　　水、电、天然气价格的上涨直接导致家庭居住成本的上升,对低收入家庭的消极影响尤为明显,主要表现在拖欠水、电、天然气账单家庭的增加和"能源贫困"① 问题的加剧。

　　从欧盟层面来看,2016 年,欧盟 28 国拖欠水电气费用的人口约为 4145.6 万,占欧盟全部人口的 8.1%。低收入人群中拖欠水电气费用的人口比重为 18.5%,远高于高收入人群中 5.9% 的欠费人口比重。② 希腊是欧债危机的发源地,是受欧债危机冲击最严重的国家之一,居民拖

---

　　①　"能源贫困"是指因收入水平低或住房条件差而无法保证所居住的房屋足够宜居的状态,能源价格的提高会使得低收入人群的"能源贫困"更加严重。

　　②　"Arrears on Utility Bills（Source：EU-SILC Survey）ta_livcond_matdepr_dimen_ecostradur_econstr__ilc_mdes07", https：//dgs-p. eige. europa. eu/data/view? code = ta _ livcond _ matdepr_ dimen_ecostradur_econstr__ilc_mdes07&orderby = 2015&orderdir = asc.

欠水电气费用的现象尤为普遍。如图 3-26 所示,2009 年以来,希腊不同收入人群中拖欠水电费人口的比重呈逐渐上升的趋势。到 2016 年,希腊全国拖欠水电气费用的人口比重为 42.2%,低收入人群中拖欠水电气费用的人口比重则高达 65.3%,高收入人群的水电气费用拖欠率也达到了 36%。

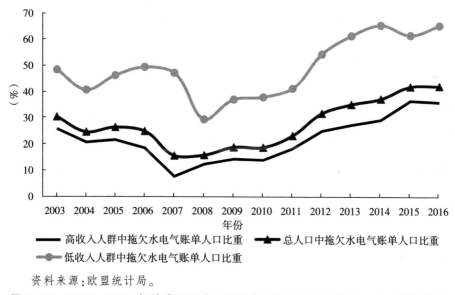

资料来源:欧盟统计局。

图 3-26　2003—2016 年希腊不同收入群体中拖欠水电气费用人口比重变化趋势

"能源贫困"的一个直接表现就是居民在温度较低的冬季因无力负担取暖能源费用或住房条件差而无法使住所保持足够的温暖。根据欧盟统计局的数据,2007 年,欧盟 27 国(不含克罗地亚)中寒冷天气住在温度不达标的住所中的人口总数为 5453.2 万,占欧盟全部人口的 10.9%。而低收入人群的"能源贫困"率达到 22.9%,远高于全部人口的"能源贫困"率和高收入人群的"能源贫困"率。2007 年,金融危机席卷全球,对欧洲经济和就业造成严重冲击。从数据来看,2007 年,欧盟各收入群体的"能源贫困"率水平偏高。2016 年,随着欧洲经济的复苏,就业形势改善,从数据上看,欧盟不同收入群体的"能源贫困"率与 2007 年相比有所回落。从国别来看，受到金融危机和欧债危机严重冲击的欧洲国家，如希腊、塞浦路斯、葡萄牙、意大利等国人口的"能源贫困"问题较为严重。2016 年，上述 4 国低收入人群的"能源贫困"率分别为 52.5%、49%、42.7%、32.4%，远高于欧盟 21%的平均水平。

表 3-21　欧洲主要国家不同收入群体"能源贫困"率的变化与比较

(单位:%)

	2016 年			2007 年		
	低收入人群	高收入人群	全部人口	低收入人群	高收入人群	全部人口
欧盟 27 国	21.0	6.1	8.7	22.9	8.5	10.9
欧元区 19 国	21.6	6.1	8.8	20.0	6.0	8.3
比利时	16.2	2.7	4.8	32.8	11.3	14.6
保加利亚	61.9	32.5	39.2	82.1	63.3	67.4
捷克	13.0	2.8	3.8	17.3	5.0	6.1
丹麦	7.9	2.0	2.7	18.2	9.3	10.3
德国	12.4	2.0	3.7	14.9	3.7	5.4
爱沙尼亚	6.1	1.8	2.7	8.3	2.4	3.6
爱尔兰	14.6	4.0	5.8	9.9	2.1	3.5
希腊	52.5	22.8	29.1	29.4	9.8	13.8
西班牙	23.2	6.3	10.1	17.2	5.8	8.0
法国	14.0	3.6	5.0	12.8	3.4	4.6
克罗地亚	21.7	6.3	9.3	—	—	—
意大利	32.4	11.8	16.1	25.0	7.3	10.7
塞浦路斯	49.0	19.5	24.3	63.0	29.4	34.6
拉脱维亚	22.7	7.3	10.6	40.1	15.7	20.9

续表

	2016 年			2007 年		
	低收入人群	高收入人群	全部人口	低收入人群	高收入人群	全部人口
立陶宛	29.8	29.1	29.3	33.9	19.7	22.4
卢森堡	4.0	1.3	1.7	2.3	0.2	0.5
匈牙利	22.7	6.9	9.2	23.7	9.0	10.8
马耳他	13.6	5.4	6.8	16.5	9.0	10.2
荷兰	7.9	1.8	2.6	4.6	1.3	1.6
奥地利	8.7	1.7	2.7	9.1	1.7	2.6
波兰	16.7	5.1	7.1	39.3	19.2	22.7
葡萄牙	42.7	17.8	22.5	64.9	36.8	41.9
罗马尼亚	25.6	9.8	13.8	46.0	29.1	33.3
斯洛文尼亚	14.2	3.3	4.8	11.4	3.2	4.2
斯洛伐克	17.0	3.4	5.1	14.7	3.4	4.6
芬兰	3.8	1.5	1.7	2.6	0.9	1.1
瑞典	4.6	2.2	2.6	3.4	1.6	1.8
英国	14.2	4.5	6.1	9.1	3.4	4.5
冰岛	3.6	1.4	1.6	13.2	8.6	9.1
挪威	4.5	0.4	0.9	2.3	0.6	0.8
瑞士	2.0	0.4	0.6	9.4	6.5	6.9
塞尔维亚	21.6	10.4	13.3	—	—	—

资料来源：欧盟统计局。

注：1. 欧盟 27 国平均水平数据不含克罗地亚。

2. 冰岛、挪威、瑞士、塞尔维亚为非欧盟国家。

第四章　欧洲国家的社会住房政策体系

　　欧洲国家的社会住房呈现出明显的多样化和差异化的特点，本章着重从保有形式、提供主体、目标群体、融资方式等几个方面分析欧洲国家社会住房的多样性和差异性。住房补贴制度是欧洲国家社会住房政策的重要组成部分之一，本章第五节着重对主要欧洲国家住房补贴制度的详细规定进行比较和分析。

第一节　欧洲国家社会住房的保有形式

　　欧洲社会住房的保有形式可以分为四类：租赁型社会住房、出售型社会住房、共有产权型社会住房、合作社住房。欧洲国家租赁型社会住房和出售型社会住房的保有形式表现出明显的地域差异：除希腊外，绝大多数欧洲国家均存在租赁型社会住房；希腊不存在租赁型社会住房，所有社会住房均以出售形式提供；而在北欧国家和多数中东欧国家不存在出售型社会住房，所有社会住房均以租赁形式提供。英国是提供共有产权型社会住房的典型国家，但在其他欧洲国家也存在共有产权型社会住房，共有产权型社会住房在分布上没有明显的地域特征。

一、租赁型社会住房（Social Rented Housing）

租赁型社会住房由社会住房协会或地方政府建设管理和提供，通常按照低于市场水平的租金标准租给符合条件的家庭。简单说，租赁型社会住房只租不卖，租住人只是租户，住房的产权属于社会住房的提供者。租赁型社会住房的最大优点是保证了社会住房的流动性，一旦租户的收入水平超出租住社会住房条件的限制即可要求租户搬出社会住房或交纳与市场水平相当的租金。目前，多数欧洲国家社会住房都属于租赁型。

二、出售型社会住房（Social Ownership Housing）

出售型社会住房是指由地方政府或非营利性住房机构建造的并以较低的价格出售给符合条件的低收入家庭的社会住房。低收入家庭购买此类社会住房后，就成为所购房屋的产权所有人。出售型社会住房的一个明显缺点是无法适应社会住房申请者收入状况的动态变化，即当购买社会住房的家庭收入提高时，其仍持有以低价购买的社会住房的产权。可见，出售型社会住房缺乏流动性和动态性。目前，一些南欧国家主要或完全以出售的形式提供社会住房，如希腊不存在租赁型社会住房，所有社会住房均以出售的形式提供；塞浦路斯、西班牙虽然存在租赁型社会住房，但比重很小，大多社会住房以出售的形式提供。

三、共有产权型住房（Shared Ownership Housing）

除了租赁型和出售型社会住房外，欧洲社会住房的另外一种形式是共有产权型住房。符合条件的申请者出资购买房屋一定比例的产权，剩余产权仍归房屋提供者，购房者可分期支付剩余产权的价款，最终获得房屋的全部产权。英国是最早推出共有产权住房的欧洲国家，早在20世纪80年代就推出了共有产权住房制度。按照英国共有产权住房制度的运作机制，家庭年收入低于 8 万英镑（伦敦的家庭低于 9 万英镑）的首套住房购买者可首期购买一定比例（通常为 25%—75%）的住房产权，后期为房屋提供人①持有的产权部分支付租金②，在具备经济能力后，购房人可逐步购买剩余的房屋产权。可见，共有产权住房是政府对有一定购房支付能力，急需购买住房但市场购买能力不足的部分群体的一种保障性住房制度。

四、合作社住房 (Co-Operative Housing)

欧洲是合作社思想的发源地和实践地，合作社作为一种现代社会经济组织模式在欧洲具有悠久的发展历史。19 世纪中后期，随着工业化和城市化的推进，欧洲国家城市人口大幅增加，导致城市住房严重短缺，房租飞涨，在一些工厂密集地区，工人的居住条件和卫生条件更加恶劣。在合作社思想的影响下，英国、法国和德国的一些社会活动家、工人组织为了改善工人家庭的住房条件，开始组织工人依靠自身力量合作建房。这种依靠合作和自助形式建造的住房成本大大降低，不仅降低了工人家庭的居住成本，也改善了工人家庭的居住条件。此后，住房合作社在欧洲国家纷纷出现，合作社住房成为欧洲国家低收入家庭获得可支付性住房的有效路径之一。欧洲合作社住房按照出让形式的不同，可以分为出租型住房和出让产权型住房两大类。目前，一些欧洲国家的住房合作社在可支付住房建设和提供中发挥着十分重要的作用，因此一些国家在住房统计中将合作社住房归为社会住

---

① 英国共有产权住房通常由符合英国住房与社区署（Homes and Communities Agency）招标条件的房地产开发商建设和提供,开发商在房屋购买者购得全部产权之前与住房购买者共享房屋产权。

② 为剩余产权缴纳的租金水平一般需低于房屋剩余产权价值的 2.75%,最高不超过 3%。租金上涨幅度由当年零售价格指数的变化确定,租金的最高涨幅不得超过零售价格指数增幅加 0.5%。55 岁以上购房者购买到 75%产权后,可以不再为剩余产权支付租金。

房。① 具体来说，瑞典、德国、奥地利、瑞士等国的住房合作社在住房部门中占有重要地位，合作社思想流行，合作社住房很受本国民众的欢迎。根据瑞典统计局数据，2016 年，瑞典住房合作社保有约 106.5 万套住房，占瑞典住房存量的 22.6%，大约有 157.2 万瑞典人居住在合作社住房中，占瑞典总人口的 15.7%。租户储蓄和建设协会（Hyresgästernas Sparkasse-Och Byggnadsförening）和瑞斯克俾根公司（Riksbyggen）是瑞典最大的两家住房合作社，两家合作社保有的住房占瑞典全国合作社住房存量的一半。② 2016 年，德国共有 1805 家住房合作社，保有 216 万套住房，占全国租赁住房存量的 10%。全国共有住房合作社社员 280 万人，居住在合作社住房中的人口总数达到 460 万人，约占德国总人口的 6%。2012—2016 年 4 年间，德国新建合作社住房 29 759 套。③ 截至 2010 年年底，奥地利共有各类住房合作社 99 家，保有住房 36.8 万套（占全国住房存量的 8%），其中出租型住房 25.5 万套（占全国租房市场存量的 15%），出售产权型住房 11.3 万套（占全国自有住房存量的 21%）。④ 2010 年，瑞士共有合作社住房 17.2 万套，占全国住房总量的 4.3%，占全国非营利性租赁住房总量的 57%。瑞士合作社住房主要集中在大城市，63% 的合作社住房分布在大城市。合作社住房在瑞士大城市非常普遍，苏黎世合作社住房比重达 20%。⑤ 可见，合作社住房在缓解瑞士大城市住房问题方面发挥着重要作用。除上述国家外，比利时、捷克、丹麦、爱沙尼亚、匈牙利、

---

① 欧洲国家在住房统计中，对合作社住房的统计归类存在差异，主要有三种情况：将合作社住房归入社会住房进行统计、将合作社住房归入自有住房进行统计、将合作社住房作为单独一类住房进行统计。

② "Co-Operative Housing International. About Sweden"，http://www. housinginternational. coop/co-ops/sweden/.

③ "Co-Operative Housing International. About Germany"，http://www. housinginternational. coop/co-ops/germany/.

④ Jane Cameron, James Thorogood, and Dominic Wood, *Profiles of a Movement : Co-Operative Housing around the World*, CECODHAS Housing Europe and ICA Housing, 2012, p. 9.

⑤ 同②，p. 73。

爱尔兰、意大利、波兰、葡萄牙、西班牙、英国等欧洲国家也存在合作社住房。表 4-1 统计了欧盟 27 国 2007 年各类社会住房保有情况。

表 4-1　2007 年欧盟 27 国社会住房保有形式比较

	租赁型	出售型	共有产权型	合作社住房
奥地利	√	√	×	√
比利时	√	√	×	√
保加利亚	√	√	×	×
塞浦路斯	√	√	×	×
捷克	√	无出售型社会住房，但租赁型社会住房可向现租户出售	√	√
丹麦	√	×	×	√
爱沙尼亚	√	×	×	√
芬兰	√	×	√	×
法国	√	√	√	√
德国	√	√	×	√
希腊	×	√	×	×
匈牙利	√	√	√	√
爱尔兰	√	√	√	√
意大利	√	√	×	√
拉脱维亚	√	×	×	×
立陶宛	√	无出售型社会住房，但租赁型社会住房可向现租户出售	×	×
卢森堡	√	√	×	×
马耳他	√	√	√	×

续表

	租赁型	出售型	共有产权型	合作社住房
荷兰	√	无出售型社会住房，但租赁型社会住房可向现租户出售	√	×
波兰	√	√	√	√
葡萄牙	√	√	×	√
罗马尼亚	√	√	√	×
斯洛伐克	√	×	×	×
斯洛文尼亚	√	无出售型社会住房，但租赁型社会住房可向现租户出售	×	×
西班牙	√	√	√	√
瑞典	√	×	×	√
英国	√	实施"购买权计划"（The Right to Buy Scheme），租户可以购买地方政府或住房协会的租赁住房	√	√

资料来源：Darinka Czischke and Alice Pittini, "Housing Europe 2007: Review of Social, Cooperative and Public Housing in the 27 European States", https://world-habitat.org/publications/housing-europe-2007-review-of-social-cooperative-and-public-housing-in-the-27-european-states/。

注："√"表示有此类型的社会住房；"×"表示无此类型的社会住房。

第二节　欧洲国家多样化的社会住房供给主体

从欧洲社会住房政策的历史发展来看，社会住房的提供主体在不断发生变化。欧洲社会住房提供主体的变化大致经历了如下几个阶段：

一、第一阶段（19世纪下半叶至一战前）：慈善机构、私人企业和工厂是社会住房的主要提供者

在资本主义发展初期，工厂规模不大，雇佣的劳动力数量有限，工厂主通过在工厂修建宿舍的方式为雇佣工人提供住房。因此，在资本主义发展初期，城市住房问题还不是普遍的社会问题。19世纪下半叶，随着产业革命和大规模城市化的推进，大量人口从农村流向城市。大量农村人口流入城市为工业发展提供廉价劳动力的同时，也导致了城市住房短缺的问题。一些工人家庭居住在地下室或简易住房中，居住环境肮脏恶劣，存在很多的传染病风险和火灾隐患。城市住房问题开始成为社会关注的焦点。一些慈善机构、私人企业和工厂开始为工人修建和提供住房，以改善工人的居住环境，保证工厂劳动力供应稳定和运转正常。此后一段时间内，慈善机构、私人企业和工厂成为城市贫困工人住房的主要建造者和提供者。

二、第二阶段（两次世界大战后至20世纪80年代末）：政府是社会住房的主要提供者

两次世界大战使欧洲大部分国家遭到严重破坏，城市住房严重短缺。特别是二战后，为了集中力量建造住房，增加住房供给，使本国民众恢复到正常的生产生活状态，欧洲各国政府广泛参与到社会住房建设中来，成为社会住房的主要提供者。值得一提的是，与其他欧洲国家略有不同，在丹麦和荷兰，非营利性住房协会在本国战后社会住房的建设和提供中发挥了十分重要的作用。两国政府不直接参与社会住房的建设和管理，而是通过给予资金支持和土地优惠的方式，使非营利住房协会成为社会住房的主要建设者和提供者。

三、第三阶段（20世纪90年代初至今）：地方政府和专业化非营利性住房机构共同成为社会住房的主要提供者

自20世纪80年代末以来，受新自由主义经济理论的影响，世界范围内掀起了市场化改革的浪潮。英国撒切尔政府进行了以私有化为

核心的经济改革。住房政策领域改革的主要目标是减少政府对住房市场的干预，在此期间，原来由地方政府和住房协会保有的大量社会住房通过"购买权计划"以折扣价格卖给了原有住户。在私有化改革的背景下，专业化的私人非营利机构再度回归，与地方政府一道共同成为社会住房的主要提供者。例如，英格兰住房协会拥有该地区社会住房存量的54%，地方政府拥有社会住房存量的46%。奥地利地方政府虽然也曾拥有社会住房存量的60%，但地方政府逐渐从社会住房建设中退出，非营利住房机构逐渐成为社会住房的直接建造者和提供者。① 在不包括中东欧国家的欧盟15国（含英国）中，社会住房部门呈现出一种共同趋势，即政府逐渐从社会住房的开发建设中退出，集中精力加强原有社会住房的管理，私人部门逐渐成为新的社会住房的开发建设者和提供者。

中东欧国家社会住房提供者的变化和现实情况与其他欧盟国家略有不同。20世纪90年代初，在苏东剧变的历史背景下，中东欧社会主义国家纷纷进行经济转轨，推进经济体制的私有化改革。在住房领域，原属于地方政府的公共住房被以较低的折扣价格卖给原有住户，以推进住房私有化改革。除波兰和捷克外，大多数中东欧国家地方政府均将绝大多数的公共住房产权转让给原住户，只保留一小部分房源作为社会住房储备。但与其他欧盟国家不同，中东欧国家社会住房的主要提供者仍然是地方政府，私人机构尚未进入社会住房建设开发领域。为了鼓励和支持私人非营利住房机构参与社会住房的开发建设，波兰和斯洛文尼亚进行了相关立法，但在实际运作中，私人非营利机构在两国社会住房建设和供应中的参与度仍然不高。

值得一提的是，在部分欧洲国家，一些营利性企业在政府优惠政策的吸引下和严格的管理下也参与社会住房的开发建设，成为社会住

---

① Alice Pittini and Elsa Laino, "Housing Europe Review 2012：The Nuts and Bolts of European Social Housing Systems", https：//www. researchgate. net/publication/236144096_Housing_Europe_Review_2012_The_nuts_and_bolts_of_European_social_housing_systems.

房的提供者。例如,东西德统一后,非营利性住房机构从社会住房建设领域退出,营利性住房开发建设公司在政府公共资金的支持下进行社会住房的建设开发。在政府公共资金资助下建设的住房在一定时期(锁定期)内必须以政府规定的租金价格租给符合条件的社会住房申请者。意大利政府允许私人房地产开发商与政府签订协议,参与社会住房开发项目。西班牙政府为参加社会住房开发项目的私人房地产开发商提供优惠贷款。2008年,英格兰首次允许营利性私人企业参与社会住房的开发、管理和持有。[①] 表4-2 比较了2011年欧盟各国社会住房提供主体情况。

表4-2 2011年欧盟国家社会住房提供主体的比较

	中央政府	地方政府	独立的住房公共机构/公共企业	住房合作社	非营利性私人机构或企业	营利性私人机构或企业
奥地利	×	√	√	√	√	√
比利时	×	√	√	×	√	×
保加利亚	×	√	×	×	×	×
塞浦路斯	√	×	×	×	×	×
捷克	×	√	×	√*	√*	√*
丹麦	×	√	×	√	√	×
爱沙尼亚	×	√	×	×	×	×
芬兰	×	×	√	×	√	×
法国	×	×	√	√	√	×
德国	×	×	×	×	×	√**
希腊	×	×	√	×	×	×

---

① Michela Braga and Pietro Palvarini, Social Housing in the EU, Brussels: The European Parliament's Committee on Employment and Social Affairs, 2013, pp. 10-11.

续表

	中央政府	地方政府	独立的住房公共机构/公共企业	住房合作社	非营利性私人机构或企业	营利性私人机构或企业
匈牙利	×	√	×	×	×	×
爱尔兰	×	√	×	√	√	×
意大利	×	√	√	√	√	√
马耳他	√	×	×	×	√	×
立陶宛	×	√	×	×	×	×
拉脱维亚	×	√	×	×	×	×
卢森堡	×	√	√	×	×	×
荷兰	×	×	×	×	√	×
波兰	×	√	×	√	√	×
葡萄牙	×	√	√	√	√	×
罗马尼亚	×	√	×	×	×	×
斯洛文尼亚	×	√	×	×	√	×
斯洛伐克	×	√	×	×	×	×
西班牙	×	√	√	√	×	√
瑞典	×	—	√	√	×	—
英国	×	√	√	√	√	√*

资料来源：Alice Pittini and Elsa Laino，"Housing Europe Review 2012：The Nuts and Bolts of European Social Housing Systems"，https：//www. researchgate. net/publication/ 236144096_Housing_Europe_Review_2012_The_nuts_and_bolts_of_European_social_ housing_systems。

注："√"表示有此类社会住房提供者；"×"表示无此类社会住房提供者。

*表示相关主体可在特定社会住房资助计划中申请社会住房建设资金。

**表示包括地方政府所属公司企业，在德国法律中，地方政府所属公司企业被归为营利性私人机构。

第三节　欧洲国家社会住房的准入标准的比较与差异

一、欧洲国家社会住房申请的准入资格

社会住房是国家福利的一种形式，通常是为了满足本国相关群体的住房需求，是对商品住房市场缺陷的一种有益补充。从一般规律来看，面临住房困难的通常是低收入人群、遭遇特殊变故的人群和社会弱势人群，为了保证社会中真正需要帮扶的人群能获得适宜住房，实现社会住房政策的目标宗旨，欧洲国家社会住房政策均规定了相应的准入资格条件和轮候家庭优先获得社会住房的条件。收入水平上限是欧洲大多数国家确定社会住房申请者准入资格使用的标准。从表4-3可以看出，欧盟27个国家中，大多数国家都将收入标准作为社会住房的准入资格的条件，即只有收入水平低于规定的收入上限的申请者才有资格报名注册申请社会住房，进入社会住房轮候名单。根据欧盟的要求，2011年，荷兰开始设定社会住房申请者收入上限，开始将收入标准作为社会住房申请的准入资格条件。[①] 英国在其他准入条件设置中也实际上将收入因素考虑其中，与收入上限起到了类似的作用。虽然大多数欧洲国家都将收入水平作为社会住房准入条件，但在收入上限的具体设定标准上，各国存在很大差异。一些国家，如法国、奥地利、德国，将上限标准设定在较高的水平，将范围较广的人群纳入社会住房体系，以促进低收入人群和中等收入人群在社会住房中的混居，防止低收入人群在某一地区的聚集，进而产生低收入人群的社会隔离问题。意大利、西班牙等南欧国家社会住房申请的收入上限定在较低水平，仅仅为贫困人口、被社会排斥的弱势群体、必须依赖社会救济生活的群体提供住房。

---

① 欧盟认为允许中高收入阶层申请社会住房与欧盟竞争法相互冲突。2010年，荷兰政府出台了关于社会住房政策的暂行条例，该条例于2011年1月1日正式生效。新条例规定，申请社会住房家庭的年收入不得超过33 614欧元。

表4-3　欧盟27国社会住房准入资格条件、宗旨原则和优先条件比较

	社会住房政策宗旨	社会住房准入资格条件	是否为满足特定条件的轮候家庭和目标群体优先提供社会住房
奥地利	为低于一定收入水平的人群提供适宜的住房	申请人收入需低于规定的收入上限	是
比利时	为低收入家庭提供适宜的住房	申请人收入需低于规定的收入上限且申请人无任何房产	是
保加利亚	为弱势群体提供住房保障	低收入家庭；无住房或其他资产；属于所在城市的永久居民	是
塞浦路斯	为低收入家庭和难民提供适宜住房	流离失所者和难民；一些住房项目面向低收入家庭、人口较多的家庭和残疾人	是
捷克	为中低收入家庭提供适宜住房	各种不同的社会住房具有不同的准入条件	是
丹麦	为所有社会住房申请人提供适宜住房	面向本国各类人群，无收入上限准入限制	是
爱沙尼亚	为有住房需求的弱势群体提供适宜住房	无能力解决住房需求的低收入人群	是（优先为老年人、社会住房二次申请者、残疾人分配社会住房）

续表

	社会住房政策宗旨	社会住房准入资格条件	是否为满足特定条件的轮候家庭和目标群体优先提供社会住房
芬兰	为所有社会住房申请人提供适宜住房	以申请人的实际居住条件和住房需求的紧迫程度为准入标准，通常来说低收入人群的住房条件较差，住房需求迫切	是
法国	为低于一定收入标准的家庭提供适宜住房，同时促进社会融合，防止社会隔离	申请人收入需低于规定的收入上限	是（无家可归者具有优先权）
德国	为无能力通过住房市场满足自身居住需求的家庭提供适宜住房，让中低收入家庭也能拥有自己的住房	申请人收入需低于规定的收入上限，各州有不同收入上限标准	是
希腊	为相关弱势群体，如难民、遭受自然灾害的家庭提供住房；为相关经济领域作出贡献的雇员和工人提供适宜住房	难民、遭受自然灾害的家庭；相关单位和行业的雇员和工人	否
匈牙利	为低收入人群和弱势群体提供适宜住房	收入低于一定上限且无任何房产	是（通常为有孩子的轮候家庭优先分配住房）

续表

	社会住房政策宗旨	社会住房准入资格条件	是否为满足特定条件的轮候家庭和目标群体优先提供社会住房
爱尔兰	为低收入人群和弱势群体提供适宜住房	申请人收入需低于规定的上限	是
意大利	为低收入人群提供社会租赁住房；为中等收入人群提供产权型社会住房	收入低于一定上限；在申请城市有职业和居住记录；申请人需具有国籍	是
拉脱维亚	为社会弱势群体提供适宜住房	低收入家庭	是（老年人申请者具有优先权）
立陶宛	为社会中需要帮扶的人群提供适宜住房	低收入弱势群体	是
卢森堡	为低收入人群提供社会住房	收入低于一定上限且无任何房产	是
马耳他	为低收入人群和社会弱势群体提供适宜住房	不同社会住房项目具有不同准入标准	是
荷兰	为中低收入人群提供适宜住房	不同地区和城市有不同的准入条件；在欧盟的要求下，2011年，荷兰开始对社会住房申请者设定收入上限标准	是

	社会住房政策宗旨	社会住房准入资格条件	是否为满足特定条件的轮候家庭和目标群体优先提供社会住房
波兰	为中等收入家庭提供适宜的租赁住房	不同城市具有不同的准入标准，但大多以收入水平上限为准入条件	是 （无家可归者、低收入家庭和因无法支付房租而被驱赶的家庭具有优先权）
葡萄牙	为低收入家庭提供适宜住房	不同的社会住房项目具有不同的准入资格条件	否
罗马尼亚	为目标弱势群体提供适宜住房	不同市镇具有不同的准入条件，但通常以收入上限为准入条件；2009年，罗马尼亚开始引入以专业人才和罗姆人家庭为目标群体的社会住房项目	是
斯洛文尼亚	为中低收入人群提供住房	申请人收入需低于规定的收入上限且住房条件较差，但收入水平仍可负担得起社会住房房租	是
斯洛伐克	为低收入人群，特别是依靠社会救济生活的人群提供适宜住房	不同城市具有不同的准入标准	是
西班牙	为低收入和有特殊需求的人群提供适宜住房	收入低于一定上限且无任何房产	否

续表

	社会住房政策宗旨	社会住房准入资格条件	是否为满足特定条件的轮候家庭和目标群体优先提供社会住房
瑞典	为本国所有居民提供体面的和可支付的住房	无收入上限限制，所有本国居民均可申请社会住房	否
英国	为社会中需要帮扶的人群提供适宜住房	无收入上限限制，申请家庭须有住房需求且需出具在所在城市的居住证明	是

资料来源：Darinka Czischke and Alice Pittini，"Housing Europe 2007：Review of Social，Cooperative and Public Housing in the 27 European States"，https://world – habitat. org/publications/housing-europe-2007-review-of-social-cooperative-and-public-housing-in-the-27-european-states/；Alice Pittini and Elsa Laino，"Housing Europe Review 2012：The Nuts and Bolts of European Social Housing Systems"，https://www. researchgate. net/publication/236144096_Housing_Europe_Review_2012_The_nuts_and_bolts_of_European_social_housing_systems。

二、欧洲国家社会住房申请的优先权规定

受全球金融危机和欧债危机的冲击，一些欧洲国家失业率上升、贫富差距拉大，申请社会住房的人数增加，增加了社会住房需求的压力。从社会住房供给来看，在全球金融危机和欧债危机背景下，欧盟要求各国遵守财政纪律、削减社会福利支出、降低债务和财政赤字水平，导致社会住房投资和建设不足、社会住房供给不足。在需求上升和供给下降的情况下，出现了社会住房申请难、轮候时间延长的情况。例如，在奥地利，社会住房存量占全国住房存量的23%，而有80%—90%的人口符合社会住房准入条件。[1] 匈牙利社会住房存量占全国住房

---

① Kathleen Scanlon，Christine Whitehead and Melissa F. Arrigoitia，*Social Housing in Europe*，Oxford：John Wiley & Sons，2014，p. 10.

存量的 3%，但符合准入条件的人口占 15%—40%，且不同地区的情况不同，大城市因住房紧张，符合准入条件的人口比重相对高于人口较少的边远地区。[①]

在符合准入条件人群数量远大于社会住房有效供给数量的情况下，设置轮候名单、轮候优先权条件就显得至关重要。在相同条件下，再按照注册的先后顺序分配社会住房。此外，还应该看到在轮候家庭中，有些居住条件严峻（因自然灾害家园被毁）的家庭和一些特殊人群（如无家可归者和残疾人）的社会住房需求更具紧迫性。因此，为了满足最需要社会住房人群的住房需求，真正实现社会住房的宗旨原则，各国一般制定了轮候家庭优先权条件，确定优先获得社会住房的目标人群。优先权标准大致分为两类，一是以申请时的居住条件为标准，即以需求的紧迫性为标准。在等待的轮候家庭名单中，在其他条件相同的情况下，优先将住房分配给处于无家可归状态、当前住房存在安全隐患、当前住房过度拥挤（如成年子女不得不与父母同住一个房间、几代人住在一个房间等）的申请者。二是以特殊人群为优先考虑的分配对象，如老年人、残疾人、患有精神疾病的人、有较多孩子的家庭可优先获得社会住房。值得一提的是，有些地区和城市还将社会住房优先权作为吸引人才的政策工具。例如，有些城市为了吸引专业人才和核心产业工人，优先为这些人群提供社会住房；有些地区和城市为了吸引学生和年轻人，以为本地发展提供充足的劳动力，往往开发以学生和年轻人为目标群体的社会住房项目。

三、欧洲国家社会住房准入规定的趋势

概括起来，欧洲国家社会住房政策在准入资格方面的规定呈现出如下三个趋势和特点。第一，多数欧洲国家将收入上限作为社会住房准入的一项重要条件。如前所述，2011 年荷兰开始设置社会住房申请

[①] Kathleen Scanlon, Christine Whitehead and Melissa F. Arrigoitia, *Social Housing in Europe*, Oxford: John Wiley & Sons, 2014, p. 10.

上限，而在此之前，荷兰任何收入水平的家庭都可以申请社会住房，没有收入上限的限制。第二，一些欧洲国家降低收入上限水平，以缩减符合准入条件人群的数量，使社会住房的目标群体逐渐定位于低收入人群。比如，2009 年，法国社会住房准入的收入上限下降了10.3%。① 第三，建立社会住房分配申诉机制，以法律来保证社会住房优先分配给最需要住房帮助的社会弱势群体。最早制定此类法律的是英国的苏格兰，2003 年，苏格兰制定《无家可归问题法》(The Homeless Scotland Act)。该法规定，地方政府不仅有义务向无家可归者提供临时住所，也有义务向其提供永久性住所。2012 年，该法经过修订，扩展了社会住房优先权人群范围。规定所有符合社会住房优先条件的苏格兰合法居民在自身住房需求未获满足的情况下均可向当地法院提起诉讼。② 2007 年，法国出台了《可抗辩住房权法》(Droit Au Logement Opposable)。该法规定社会住房的申请人如果正在养育一个未成年子女、收留一个残疾人，或者本人就是残疾人或无家可归者，可以优先获得社会住房。符合上述情况的申请人如未优先获得社会住房，可向当地的政府主管部门提出申诉。《可抗辩住房权法》为法国社会弱势群体的住房优先权提供了法律保障。

第四节　欧洲国家社会住房融资

住房开发建设需要大量的资金投入，稳定持续的住房融资渠道是社会住房建设可持续发展的重要保障。本节对欧洲多样化的社会住房融资方式进行详细分析。

---

① Alice Pittini and Elsa Laino, "Housing Europe Review 2012: The Nuts and Bolts of European Social Housing Systems", https://www. researchgate. net/publication/236144096_Housing_Europe_Review_2012_The_nuts_and_bolts_of_European_social_housing_systems.

② 同①。

一、欧洲社会住房的建设成本构成及变化趋势

住房开发建设需要土地、建筑材料、人力、设计服务、机械设备等多种要素的投入，这些要素投入的价格直接关系到项目开发建设的成本。住房开发建设项目的成本决定着住房销售价格或房屋租金水平。具体来说，住房开发建设工程的成本支出主要包括以下项目：土地费用、拆迁费用、工程设计和咨询费用、融资成本（如贷款利息）、各项应缴税款、建筑材料费用（如砖、水泥、木材、钢筋、窗户等）、劳动力成本、建筑机械设备费用、各项管理费用、工程保险费、工程承包商的利润等。

欧盟统计局使用建设成本指数（Construction Cost Index）衡量住宅建设过程中的成本情况，主要包括建筑材料成本、建筑业劳动力成本、建筑机械设备费用、企业日常运营和管理费用，不包括土地使用的费用。从图 4-1 可以看出，2005—2016 年，欧盟新建居民住宅建设成本指数呈现持续上升的趋势。2009 年，受全球金融危机和欧债危机的冲击，欧盟新建居民住宅建设成本增速仅为 0.4%，比 2008 年的增长速度下降了 3.7 个百分点。2010—2012 年，欧盟新建住宅建设成本增长速度开始加快，增速分别为 1.4%、2.9%、1.9%，但仍低于危机前的增长速度。2013—2016 年，欧盟新建住宅建设成本小幅增长，4 年中年均增长速度不到 1%。2017 年，增长速度超过 2%。

新建居民住宅建设成本的变化受建筑材料价格和建筑业劳动力成本变化的影响。建筑材料成本约占建设总成本的三分之二，因此是影响住宅建设成本的最主要因素。从图 4-1 中可以看出，2005—2016 年，欧盟建筑材料价格指数呈现出较明显的波动上升趋势。2009 年，欧盟建筑材料价格指数还曾由 2008 年的 98.9 下降到 97.6，下降了 1.5%。

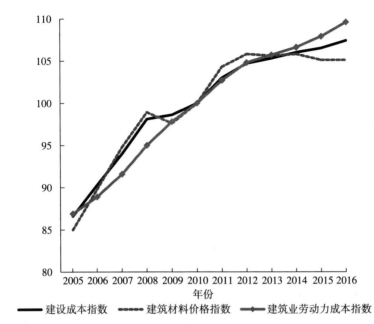

资料来源：欧盟统计局，"Construction Cost（or Producer Prices），New Residential Buildings-Annual Data"，http：//appsso. eurostat. ec. europa. eu/nui/submitViewTableAction. do。

图 4-1　2005—2016 年欧盟居民住宅建设成本指数、建筑材料价格指数及建筑业劳动力成本指数变化趋势

从建设成本、劳动力成本、建筑材料成本增速来看，如图 4-2 所示，2010—2012 年，欧盟建筑材料价格恢复正增长，其中 2011 年的增速达到 4.1%，超过了 2008 年的增速。2013—2016 年，欧盟建筑材料价格增长疲弱，其中 2015 年、2016 年两年均出现微弱负增长。2017 年，欧盟建筑材料价格增长幅度达到 3.1%。2005—2016 年，欧盟建筑业劳动力成本指数一直呈现不断上升的趋势，在全球金融危机期间也没有出现下降。2009 年，欧盟建筑业劳动成本增长 3.3%。此后，欧盟建筑业劳动成本增长速度虽然有所下降，但始终保持正增长的趋势。

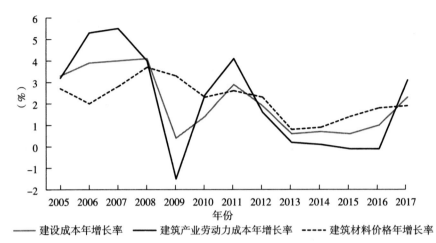

资料来源：欧盟统计局，"Construction Cost（or Producer Prices），New Residential Buildings – Annual Data"，http://appsso. eurostat. ec. europa. eu/nui/submitViewTable Action. do。

图4-2　2005—2017年欧盟新建居民住宅建设成本、劳动力成本和建筑材料价格年增长率变化趋势

如表4-4所示，欧盟大多数成员国新建居民住宅建设成本与欧盟建设成本平均水平呈现出基本一致的变化趋势。但有些国家住宅建设成本变化与欧盟和其他成员国相比呈现出较大的差异。2008年，受全球金融危机的冲击，爱尔兰是第一个也是唯一一个出现居民住宅建设成本下降的欧盟国家，下降幅度达7.7%。2009年开始，欧盟其他一些国家也开始受到金融危机的冲击，除爱尔兰外，其他10个欧盟国家住宅建设成本也出现了不同程度的下降。其中，立陶宛（-14.8%）、爱尔兰（-9.8%）、爱沙尼亚（-8.5%）、克罗地亚（-8.1%）、拉脱维亚（-7.7%）新建住宅建设成本的下降幅度最明显。

（单位：%）

表 4-4 2005—2017 年部分欧洲国家新建居民住宅建设成本年增长率比较

	2005 年	2006 年	2007 年	2008 年	2009 年	2010 年	2011 年	2012 年	2013 年	2014 年	2015 年	2016 年	2017 年
欧盟 28 国	3.3	3.9	4.0	4.1	0.4	1.4	2.9	1.9	0.6	0.7	0.6	1.0	2.3
欧元区 19 国	2.7	3.7	3.7	3.6	-0.1	1.8	3.3	1.7	0.2	0.4	0.4	0.5	2.1
比利时	2.9	4.8	4.5	2.4	-1.1	0	3.9	1.9	0.2	1.1	1.6	1.6	1.3
保加利亚	8.3	6.0	6.6	12.5	7.5	-1.3	0.6	-0.6	1.4	0.7	1.3	0.8	2.5
捷克	3.8	2.1	4.7	3.6	-0.3	1.1	1.8	0.5	-0.4	1.2	0	0.3	2.7
丹麦	2.4	4.8	6.3	2.9	-0.3	1.1	3.6	2.6	1.5	1.6	1.9	1.6	0.8
德国	1.5	2.3	3.2	3.2	0.4	2.1	3.6	2.1	0.7	1.0	1.4	1.1	3.0
爱沙尼亚	6.3	10.4	12.8	3.5	-8.5	-2.6	3.4	4.3	5.0	0.2	0.9	-0.4	1.2
爱尔兰	8.7	9.6	1.7	-7.7	-9.8	0.5	-2.2	1.0	0.8	0.6	0.5	0.7	1.7
希腊	3.4	4.2	4.6	5.2	-0.4	1.7	1.1	-0.1	-1.4	-3.0	-2.3	-1.6	0.1
西班牙	4.7	6.9	5.0	4.7	1.1	2.5	3.8	-0.3	0.3	0.2	-1.4	-1.3	2.2
法国	2.4	3.6	3.3	3.4	-0.6	2.3	3.5	1.5	-0.8	-0.2	-0.7	0.1	2.3
克罗地亚	4.7	1.8	11.6	10.4	-8.1	-5.3	1.4	-2.6	-5.7	0.3	3.2	-1.1	-0.3
意大利	4.0	2.8	3.6	3.8	0.9	1.5	3.1	2.3	0.6	-0.1	0.4	0.3	0.6

续表

	2005 年	2006 年	2007 年	2008 年	2009 年	2010 年	2011 年	2012 年	2013 年	2014 年	2015 年	2016 年	2017 年
塞浦路斯	4.6	5.0	5.0	8.0	0.8	3.2	3.4	0.9	-4.0	-2.0	-0.5	-0.8	0.1
拉脱维亚	11.9	36.6	22.4	8.7	-7.7	-7.5	2.6	3.0	4.1	0.7	3.3	5.7	2.5
立陶宛	8.3	10.7	16.1	9.6	-14.5	-4.8	3.8	3.1	4.5	3.2	2.1	2.2	4.2
卢森堡	3.1	2.8	2.9	3.2	1.5	0.8	2.5	2.9	2.0	1.7	1.1	1.0	1.9
匈牙利	3.2	6.3	7.1	7.6	3.0	-0.4	0.8	4.5	4.8	2.4	3.5	1.7	7.0
马耳他	1.3	1.4	10.5	2.3	1.6	-2.6	1.5	2.3	1.6	2.5	1.1	2.2	1.7
荷兰	1.3	3.3	4.0	4.6	0.3	0.3	1.9	2.3	0.2	0.9	1.3	1.6	2.3
奥地利	2.1	4.6	4.5	5.3	0.6	3.2	2.3	2.2	1.8	1.1	1.5	0.6	3.5
波兰	3.2	1.7	6.9	7.1	0.2	-0.1	1.1	0.4	-1.5	-1.0	-0.7	-0.2	0.8
葡萄牙	2.1	3.0	3.4	5.3	-0.6	1.8	1.6	2.0	1.9	0.5	-0.1	1.9	2.1
罗马尼亚	14.6	11.0	10.0	16.2	1.6	1.9	9.0	6.4	-4.3	-0.5	-0.7	0.8	7.8
斯洛文尼亚	4.6	6.1	6.9	6.6	-3.1	5.7	4.5	-1.2	-1.1	-0.5	0.7	-1.2	4.8
斯洛伐克	4.9	4.0	4.1	6.2	2.1	-0.1	0.7	0.1	0.6	0.9	1.4	1.1	2.8
芬兰	3.3	3.8	5.8	3.9	-1.1	1.1	3.3	2.5	0.9	1.0	0.5	0.5	0.3
瑞典	3.9	5.0	6.1	4.9	2.0	2.6	3.0	2.6	1.7	0.7	2.4	2.2	2.6

续表

	2005年	2006年	2007年	2008年	2009年	2010年	2011年	2012年	2013年	2014年	2015年	2016年	2017年
英国	5.5	5.7	3.2	5.2	2.7	-0.3	1.3	2.4	2.4	2.7	0.9	2.7	3.4
挪威	3.4	3.6	7.4	5.7	2.3	3.1	3.7	3.0	2.9	3.3	2.6	2.8	2.4
瑞士	2.2	2.7	3.9	3.8	0.1	-0.1	2.0	0.2	0.2	0.3	-0.5	-0.6	0

资料来源：欧盟统计局，"Construction Cost（or Producer Prices），New Residential Buildings-Annual Data"，http://appsso.eurostat.ec.europa.eu/nui/submitViewTableAction.do。

注：挪威、瑞士为非欧盟国家。

　　欧盟统计局的建设成本指数只是衡量新建居民住宅在建设过程中产生的成本，并没有考虑土地使用费用，这是不全面的。土地使用管理制度在不同欧洲国家存在很大的差异，各国在土地使用上为社会住房开发建设机构（如住房协会）提供政策便利和价格优惠的方式和程度也不同。尽管享有政策便利和价格优惠，土地使用费仍然是住房建设项目的重要成本之一。表 4-5 中列出了 6 个欧洲国家或城市社会住房建设的平均成本比较。英国伦敦的土地成本最高，平均每平方米社会住房分摊的土地成本是 933 欧元。德国不莱梅社会住房土地成本最低，平均每平方米社会住房分摊的土地成本是 176 欧元。芬兰赫尔辛基社会住宅建设的劳动力和建筑材料成本最高，平均每平方米社会住宅的劳动力和建筑材料成本为 3381 欧元，比英国伦敦还要高。法国平均每平方米社会住宅的劳动力和建筑材料成本费用为 1407 欧元，是 6个国家或城市中最低的。综合来看，赫尔辛基和伦敦社会住宅建设的平均成本较高，平均每平方米社会住宅成本分别为 3580 欧元和 3283 欧元，荷兰、不莱梅和法国均在 2000 欧元左右，维也纳为 1990 欧元。在赫尔辛基，一套 77 平方米的社会住宅的建设成本约为 27.0 万欧元、伦敦为 25.3 万欧元、荷兰为 18.6 万欧元、不莱梅为 17.8 万欧元、法国为 15.5 万欧元、维也纳为 15.3 万欧元。

表 4-5　欧洲 6 国（城市）社会住房建设成本比较

（单位：欧元）

	赫尔辛基	伦敦	荷兰	不莱梅	法国	维也纳
平均每平方米社会住宅的土地成本费	—	933	307	176	402	280
平均每平方米社会住宅的劳动力和建筑材料成本费用	3381	2146	1993	1924	1407	1710

续表

	赫尔辛基	伦敦	荷兰	不莱梅	法国	维也纳
平均每平方米社会住宅的其他费用	199	204	122	204	201	0
平均每平方米社会住宅成本费用合计	3580	3283	2422	2304	2010	1990
一套 77 平方米社会住宅的建设成本	269 500	252 791	186 494	177 562	154 847	153 230

资料来源：Noel Cahill, "Financing of Social Housing in Selected European Countries", http://files. nesc. ie/nesc _ secretariat _ papers/No _ 11 _ Financing _ of _ Social _ Housing _ in _ Selected_European_Countries. pdf。

北欧国家建筑业工人的工资水平很高，这提升了住房建设的劳动力成本，也是北欧国家住宅建设成本高企的重要原因之一。如图 4-3 所示，非欧盟国家挪威、冰岛建筑业劳动力成本超过 40 欧元每小时。瑞典、丹麦、荷兰、比利时、芬兰、奥地利、法国建筑业劳动力成本均超过 30 欧元每小时。相比之下，中东欧国家、波罗的海国家、南欧国

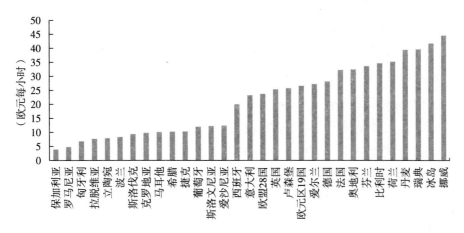

资料来源：欧盟统计局，"Labour Cost Levels by NACE Rev. 2 Activity [lc_lci_lev]", http://appsso. eurostat. ec. europa. eu/nui/submitViewTableAction. do。

图 4-3　部分欧洲国家建筑业劳动力成本比较

家建筑业劳动力成本普遍低于欧盟平均水平。保加利亚、罗马尼亚、匈牙利、拉脱维亚、立陶宛、波兰、斯洛伐克、克罗地亚等中东欧国家建筑业劳动力成本每小时不足 10 欧元，其中保加利亚建筑业劳动力成本最低，每小时仅为 3.9 欧元。

二、欧洲国家社会住房主要融资方式

房地产开发建设具有投资量大、回收周期长的特点，持续稳定的资金来源是社会住房建设开发的重要保障。社会住房建设与一般商品房项目最大的不同是，社会住房建设开发项目在融资方面会得到政府的支持。政府通过拨款、贷款、利息补贴、政府担保、低价出让土地、税收优惠等多种方式对社会住房项目建设的资金融通提供支持。随着市场化趋势的增强，社会住房开发建设机构如住房协会依靠自身的住房资产或政府担保在金融市场进行融资越来越普遍。商业贷款和发行债券成为社会住房开发建设的重要资金来源。租金收入和出售住房的收入是一些国家社会住房机构的一项重要资金来源。一些规模较大的住房协会，租金收入不仅可以用于管理机构日常运转，其盈余还可用于新的社会住房开发建设项目。欧洲福利国家普遍实行住房补贴制度，以保证收入极低家庭也能支付得起社会住房租金。住房补贴直接向低收入目标人群发放，增强了低收入人群的住房支付能力，使其能够按时足额向社会住房机构缴纳房租。可见，住房补贴也能够保障社会住房机构获得稳定的租金来源，是对社会住房机构提供间接的支持。针对低收入人群发放的住房补贴具有很强的针对性，被称为"需求方补贴"或"人头补贴"，不易扭曲市场，这是其优势所在。而给予社会住房开发建设机构的补贴，主要目的是降低其开发建设成本，进而使得社会住房租金能够低于市场租金，从而使申请社会住房的低收入人群间接收益。因此，对社会住房开发供给方提供的补贴也称为"供给方补贴"或"砖头补贴"。供给方补贴会对住房市场的供给产生较大影响，普遍认为会产生扭曲市场的作用。因此，经济学家倡议增加直接针对低收入人群的住房需求方补贴。

（一） 政府拨款

所谓"政府拨款"是指政府直接给予社会住房建设预算资金的支持。政府拨款能够直接影响住房供给量的变化，往往以撬动其他资金来源（如社会住房公司或机构自身的配套资金）为目标。但随着住房需求和建设成本的不断增加，单纯靠政府拨款支持社会住房的建设开发难以持续。在很多欧洲国家，这种通过直接拨款为社会住房建设提供资金的方式正在逐渐减少、消失或设定了严格的限定条件。例如，在法国，政府给予面向低收入人群的社会住房开发建设项目比例较高的政府拨款，而面向较高收入人群的社会住房建设项目，政府不予拨款支持，但通过政府低息贷款予以支持。芬兰对面向特殊人群（学生、残疾人、老年人、无家可归者等）的社会住房建设项目通过拨款支持。

（二） 公共贷款

政府通过为社会住房建设项目提供利息低于商业贷款的低息贷款曾是一些欧洲国家支持社会住房建设的普遍做法。政府低息贷款具有一定的额度限制和严格的条件限制，社会住房建设机构一般无法完全依靠政府贷款满足住房建设的融资需求。随着金融市场开放程度的提高和融资制度的完善，加之长期的低利率政策，社会住房开发建设公司和机构也可以在货币金融市场中以较为优惠的条件获得一般商业贷款。在一些欧洲国家，政府低息贷款仍然是政府支持社会住房建设，为社会住房建设公司和机构提供资金融通的一种重要形式。例如，奥地利政府为从事社会住房建设、管理和租赁的限制性营利住房协会（Limited-Profit Housing Associations）提供利率为 0—2% 的低息贷款，贷款额度通常为住房建设项目总成本的 35%。[1]

---

[1] Noel Cahill, "Financing of Social Housing in Selected European Countries", http://files. nesc. ie/nesc_secretariat_papers/No_11_Financing_of_Social_Housing_in_Selected_European_Countries. pdf.

（三） 商业贷款利息补贴

为社会住房建设项目的商业贷款提供利息补贴是政府支持社会住房建设的一种方式。住房建设项目需要大量的资金，商业贷款利息是住房建设融资的一项重要成本。政府给予利息补贴，可以降低社会住房建设开发公司和机构的融资成本，有利于社会住房的开发建设。

（四） 政府担保

为了支持社会住房开发建设公司或机构进行社会住房的建设，以增加社会住房供给量，政府通常为开发机构的商业贷款给予担保。获得政府担保的贷款的风险要低于一般商业贷款，银行愿意以优惠的利率条件将贷款发放给获得政府贷款担保的社会住房公司或机构。政府担保可以降低商业贷款的风险，使得社会住房建设公司和机构更容易以低与较低的利率水平在金融市场获得贷款。越来越多的国家通过这种方式为社会住房建设提供支持。这种支持方式只需政府信用和担保，无需政府直接提供资金，也可以降低政府负担。而良好的信用担保使得住房建设开发机构能在金融市场上以较低的利率成本获得大量的融资，达到支持社会住房建设的目的。荷兰、法国、芬兰、英国和德国的一些州都建立了社会住房融资担保制度，为社会住房建设的商业贷款提供担保。其中荷兰社会住房建设融资担保制度最为典型。为了保证荷兰社会住房协会（公司）在资本市场以较低利息获得充足的资金以进行社会住宅项目的开发建设，荷兰建立了中央住房基金、社会住房担保基金、政府担保的三级安全网体系。

（五） 政府低价出让建设用地

社会住房建设离不开土地，购买土地是住房建设的第一步，土地价格的高低直接决定住房建设开发的成本。政府直接为社会住房建设项目用地提供便利并给予较低价格曾经是一些欧洲国家支持社会住房建设的常用方法。在奥地利、意大利、卢森堡，为社会住房开发建设项目用地提供便利和优惠是政府支持社会住房建设的重要措施之一。获得价格低廉的土地可看作是社会住房开发建设公司和机构获得的融资便利。

但是，这种专门针对社会住宅项目的土地优惠政策容易造成社会住房过度集中于某一地区，结果导致低收入人群在某一地区聚居，不利于社会融合。欧洲国家在社会住房建设中越来越注重不同收入阶层的混合居住，并将这一理念体现在住宅建设用地规划中。英国是通过政府规划促进社会住房建设的典型国家。英国的 1990 年《城乡规划法》（*Town and Country Planning Act 1990*）第 106 条规定，项目开始前，开发商需向当地土地规划管理部门提出项目规划申请，地方政府的土地规划管理部门对开发商的开发项目进行评估，如果评估结果认为该开发项目将对当地或周边产生影响，那么开发商必须承担消除相关不良影响的义务，并与当地政府签订承担相应义务的协议①。与地方政府签订承担义务的协议是开发商获得规划许可证（Planning Permission）的前提条件。只有获得地方政府土地规划管理部门发放的规划许可证，开发商才能进行相关开发项目的建设。根据第 106 条，项目开发商可能会承担的义务包括：公共空间建设（如增加绿地、种植树木等）、在商品房开发项目中配建可支付住房、促进当地教育（如建设学校）、建设道路、市中心改造义务等。开发商除了要与当地政府签订"106 条款协议"外，还需向政府交纳土地使用费（Contribution Fee）。土地使用费是地方政府进行市政建设、提供公共服务、为社会住房建设提供支持的资金来源，政府对土地使用费的去向和使用进行严格的监管，每年向社会发布年度报告，公布资金使用情况。

---

① 例如，如果某项住宅项目导致当地居住人口增多，给当地公共交通带来压力，那么开发商就应该承担公交线路建设，以消解因为居住人口的增加而导致的交通问题。再举一例，机场建设项目会对当地的环境、空气等造成不良影响，相应地，开发商就要承担为附近居民安装减轻噪声设施的义务。

　　配建可支付住房是英国《城乡规划法》第 106 条规定的房地产开发商需承担的协议义务之一。政府为了激励开发商配建可支付住房，在一些项目中给予开发商社会住宅基金，降低其社会住房开发建设的成本。开发商配建的可支付住房主要是出售给注册社会住房租赁机构①，租赁机构再将住房出租给符合条件的社会住房申请者。社会住房机构可以较低的成本获得社会住房供应，也可看作是社会住房获得政府支持和融资的一种渠道。

　　爱尔兰 2000 年《规划与开发法》（ *The Planning and Development Act 2000* ）第五部分的条款中对商品房开发商承担社会住房建设义务也有类似规定，即将开发商配建一定比例的社会住房作为其获得政府规划管理部门规划许可证的前提条件。根据 2000 年《规划与开发法》第五部分条款，爱尔兰商品房开发商在某个地产项目中配建社会住房的比例最高可达 20%。2015 年《城市改造与住房法》（ *Urban Regeneration and Housing Act 2015* ）对第五部分条款进行了修改②，将开发商配建社会住房的最高比例下调至 10%。同时，2015 年《城市改造与住房法》还调高了承担社会住房配建义务的项目开发规模标准。2000 年的《规划与开发法》第五部分条款规定，开发项目在 4 个单元以下的项目无需承担社会住房的配建义务。经过修改，2015 年第五部分条款则将项目规模提高至 9 个单元以下。下调配建社会住房最高比例和提高承担配建义务项目住宅数量的目的是减轻开发商的配建义务，提高商品房开发利润，激励开发商的投资积极性，从而增加社会住房供应总量。

　　此外，西班牙、比利时、法国等欧洲国家均有类似做法。根据西班牙的《城市规划法》，在每个城市住房开发项目中，至少 30% 的项目用地需用于社会住房建设。在比利时的弗拉芒大区，法律规定建设规模多于 10 栋独立别墅或 50 套公寓住宅的商品房开发项目的社会住

---

　　① 根据政府和开发商的不同协议,配建可支付住房有时也包括共有产权住房、学生公寓、专业人才公寓(租赁或出售)等不同类型的可支付性住房。

　　② 法律修改条款于 2015 年 9 月 1 日正式生效。

房比例不得低于20%，如果建设用地属于公共部门，则社会住房的比例不得低于40%。法国的《社会团结与城市更新法》（*Solidarity and Urban Renewal Law*）规定，在居民超过3500人的城市，社会住房的比重至少应该达到20%。至于如何达到20%这一标准，法国各个城市有不同的规划和具体措施。巴黎市政府规定，私人部门的住宅开发项目需预留25%土地用于社会住房的建设。如果开发商在该地区建设的社会住房总量已占其住房开发总量的20%，则不受此限制。

（六）税收优惠

税收减免或豁免可降低社会住房建设开发公司和机构的成本，是政府对社会住房建设提供支持的重要方式。社会住房建设公司和机构可获得减免的税种包括：企业所得税、营业税、财产税、资本收益税、增值税等。此外，社会住房开发建设公司和机构在固定资产折旧方面也会获得相应的税收优惠。奥地利对住宅建设成本免征增值税，但对住宅出租的房租征收增值税。在英格兰，住房协会购买价值在12.5万英镑以下的土地或房产免交印花税，购买土地和房产价值超过12.5万英镑时，按2%—3%的税率缴纳印花税。英格兰对新住宅建设免征增值税，对建筑维修征收税率为20%的增值税，进行社会住房建设的公司或机构免交社区基础设施建设税（Community Infrastructure Levy）。[1] 在荷兰，住房协会在住房开发建设中不享受增值税或公司税优惠，但住房协会在出售新建社会住房时免交增值税，社会住房租户缴纳房租时也免交增值税。在芬兰，专门从事社会住房建设、提供医疗服务和社会服务的非营利公司和机构可以免交增值税。对于从事上述业务的营利性公司如果每个季度的营业收入低于8500欧元也可免交增值税，不动产所有者每年都要按一定税率缴纳房地产税，不同城市和地区的房地产税税率在0.6%—1.35%之间不等，但对用于居住的主要住宅房地

---

[1] "Study on Financing of Social Housing in 6 European Countries", https://www. housingeurope. eu/file/217/download.

产税率较低，为 0.32%—0.75%。① 法国对社会住房开发建设公司和机构实施多项税收减免和优惠政策。法国社会住房公司和机构所保有的社会住房可享受 25 年免交土地税的优惠②。据估算，法国每套住宅所有人每年需缴纳约 550 欧元的土地税。在法国，为低收入人群提供社会租赁住房、出售型社会住房的住房机构可获得公司所得税豁免。此外，法国社会住房部门的经营活动缴纳增值税税率仅为 7%（一般的增值税税率为 20%），低于其他经济部门缴纳的增值税税率。③

（七）金融市场融资

社会住房开发建设公司或机构在金融市场通过商业贷款或发行公司债券的方式获得融资越来越成为其获得住房建设开发资金的重要方式之一。政府担保和社会住房机构所拥有的房产使得社会住房开发建设公司或机构能够在金融市场上以低于一般商业贷款利息的有利条件获得贷款。特别是那些经过国际信用评级机构评估、信用评级较高的住房协会或公司更容易从银行获得贷款。此外，一些规模较大的社会住房建设公司或机构还通过发行公司债券的方式在金融市场上筹集资金。但大多数住房建设公司或机构受自身规模和信用的限制无法通过直接发行公司债券获得融资。为此，一些国家建立专门的住房建设银行，这些住房建设银行通过在金融市场发行债券筹集资金，然后将筹集到的资金作为贷款发放给社会住房的开发建设公司和机构。政府通过减免资本收益税的方式激励个人和机构投资者购买住房建设银行发行的债券。同时，政府还给予住房建设银行债券发行和承销优惠条件。由于获得政府的税收减免优惠，住房建设银行可以低于商业贷款的利率向社会住房开发建设机构和公司发放贷款。奥地利是通过住房建设

---

① "Study on Financing of Social Housing in 6 European Countries", https://www. housingeurope. eu/file/217/download.

② 对于一般新建住宅仅享受 2 年免交土地税的优惠。

③ 同①。

银行发行债券为社会住房开发建设提供融资的典型国家之一。1993年，奥地利建立首家住房建设银行（Wohnbaubanken），通过发行"住房建设可兑换债券"（Housing Construction Convertible Bonds）的方式在金融市场筹集住房建设资金，然后向社会住房开发建设公司和机构发放贷款。住房建设银行贷款成为奥地利社会住房开发建设公司和机构的重要融资渠道之一。

（八）社会住房开发建设公司或机构自身的收入

社会住房建设和管理机构不以营利为目的，其主要职责是在政府的监管和支持下为社会成员，特别是低收入人群提供可支付的住房。社会住房机构建设和管理大量房产，在实际运营中会获得社会住房房租收入、销售收入以及其他收入。社会住房建设开发公司和机构可将自身获得的收入投入到新的社会住房开发建设项目或社会住房的装修维护中去。可见，社会住房开发建设公司或机构自身的运营收入是其内部融资的重要来源。

1. 出租住房获得的租金收入

欧洲国家社会住房由政府或住房协会进行建设、管理和分配，多数以租赁的方式提供给目标群体，满足其住房需求。社会住房最主要的目标是满足社会低收入人群的住房需求，因此社会住房房租应该设定在低收入人群可支付的水平，各国对社会住房房租的设定方法和房租水平都有严格的规定。欧洲各国社会住房房租的设定机制存在较大差别。英国伦敦政治经济学院住房经济教授克里斯汀·怀特黑德将欧洲国家社会住房房租的定价机制划分为四种类型。

第一，成本定价法（Cost-Based Rents）。成本定价法主要是根据社会住房建设的成本来设定房租。社会住房的建设成本包括土地成本、建筑材料成本、人工成本等，这些总的建设成本减去政府给予的补贴就是社会住房建设的实际成本。成本定价法就是根据社会住房建设的实际成本来设定房租水平。可见，政府补贴越多，社会住房建设的实际成本就越小,社会住房的房租水平就越低。随着建设成本的不断上涨,新建的社会住房的房租也不断上涨。有些新建社会住房离市中心较远,而房租却较高。那些建筑年代较远的社会住房房租要低于新建的社会住房,而且老旧社会住房大多位于交通便利的市中心位置,对于低收入人群具有较大的吸引力。因此,在一些国家老旧社会住房可能比新建社会住房更受欢迎。如表4-6所示,奥地利、丹麦、捷克、西班牙等欧洲国家的社会住房房租均按照成本定价法设定。

第二,价值定价法(Value-Based Rents)。价值定价法就是根据房屋的现值进行定价,房屋现值受到房屋地理位置、房屋设施条件等因素的影响。地段越好、房屋设施越好的房子,房屋价值也就越高,房租也就越高。价值定价法的一个优点就是考虑房屋的实际价值,反映了需求与价格之间的联系。但价值定价法无法反映出政府对社会住房的补贴支持和住房建设的成本,根据住房价值设定的房租有时会很高,违背了社会住房满足低收入人群住房需求的初衷。因此,在该房租定价机制下,政府对社会住房的房租有一定的限制,规定社会住房房租应低于私人租赁住房的房租水平。如表4-6所示,法国、荷兰,以及英国的苏格兰、英格兰依据价值定价法设定社会住房的房租水平,社会住房的房租水平在市场房租水平的50%—80%之间。

第三,管制定价法(Controlled Rents)。在一些国家,不论是社会住房还是私人租赁住房,房租的设定都受到租户联合会的影响。房租设定在怎样的水平,不是根据建设成本和房屋价值,而是根据代表租户利益的联合会与代表房东利益的联合会谈判的结果。瑞典是这种房租定价机制的典型国家。在这种定价机制下,社会住房的房租水平与私人租赁住房房租水平相近。

第四,收入定价法(Income-Related Rents)。收入定价法是根据社会住房租户的收入水平来设定房租水平,租户收入水平越低,支付的社会住房房租就越低。收入定价法的一个好处是能够有效降低租户的房租负担,但是忽略了住房建设和维护成本的问题。一般来说,租户收入水平的提高要明显慢于住房建设成本的上升，因此，房租收入难以弥补房屋的建设成本，更难以依靠房租收入作为增加新的社会住房建设的资金来源。图4-6中，爱尔兰是对社会住房房租实行收入定价法的典型国家。

表4-6 欧洲部分国家社会住房租金定价机制和租金水平的比较

	社会住房的房租定价机制	社会住房房租水平	社会住房平均租金水平与市场租赁住房平均租金水平之比（%）
奥地利	成本定价法	社会住房房租接近市场租金水平	81（2010年）
丹麦	成本定价法（社会住房房租根据住房建设成本的3.4%加上银行利息计算设定）	社会住房房租接近市场租金水平	97（2005年）
德国	不同建筑年代的社会住房和不同住房项目的房租设定和房租水平不同；在一些地区，房租水平因收入水平不同而不同	社会住房房租接近市场租金水平	77.6（2010年）
瑞典	根据租户联合会与房东联合会的谈判设定房租水平，不同年代的住宅房租水平不同	社会住房房租接近市场租金水平	95（2008年）
法国	中央政府设定新的社会住宅项目的房租水平，各地区房租水平根据建设成本的不同而不同	社会住房房租的平均水平为市场租赁住房房租的三分之二，巴黎社会住房房租为市场租赁住房房租的40%	65（2011年）

续表

	社会住房的房租定价机制	社会住房房租水平	社会住房平均租金水平与市场租赁住房平均租金水平之比（%）
荷兰	社会租赁住房的房租设定均使用积分计算制度（Points System），即对住宅的面积、配套设施、周边环境等因素打分，将各项因素得分加总获得一个总分，总分越高意味着房租越高	积分在40分的社会住房月租金的最高限额为191.65欧元（2018年7月1日水平）；荷兰政府规定，月租金超过710.68欧元的社会住房一旦空置再出租即成为自由租赁住房，租金水平由房东和租户自行商定，不受房租最高限额的限制；2018年，荷兰社会住房租金的最高涨幅为3.9%—5.4%	63（2009年）
英国（苏格兰）	地方政府根据成本定价法确定社会住房房租水平	一般社会住房房租水平为自由市场房租的三分之二	67（2011年）
英国（英格兰）	2012年以前，社会住房房租根据当地收入水平和住房价格设定，房租上涨幅度为零售价格指数增长率加0.5%—1%；住房协会和地方政府社会住房管理机构自身的房租和其他收入与支出应大致相抵	2012年以后，英格兰新建社会住房和房租水平可达到市场租赁住房房租水平的80%	80（2012年）
捷克	新建社会住房房租采取成本定价法，房租水平低于市场租赁住房房租的一半	社会住房房租低于市场房租水平的50%	20—60（2009年）

续表

	社会住房的房租定价机制	社会住房房租水平	社会住房平均租金水平与市场租赁住房平均租金水平之比（%）
匈牙利	地方政府设定社会住房房租水平	一般不超过私人租赁住房房租价格的三分之一；较低的房租收入使得社会住房机构无法完全依靠租金收入弥补住房建设和维护成本	35（2012 年）
爱尔兰	自 1976 年以来，一直实行社会住房房租收入定价法，即社会住房房租根据租户的收入水平来设定，因家庭收入水平的差异，社会住房租金水平也不同	社会住房租金水平远远低于私人租赁住房的租金水平	4.5（2008 年）
西班牙	社会住房租金的成本定价法	社会住房房租低于市场房租水平的 50%	31（2008 年）

资料来源：Kathleen Scanlon, Christine Whitehead and Melisa F. Arrigoitia, eds. *Social Housing in Europe*, Oxford：John Wiley & Sons, 2014；荷兰租房委员会网站，https://www.huurcommissie. nl/onderwerpen/huurprijs-en-punten/huurprijscheck-en-puntentelling/。

　　从上面的论述可以看出，欧洲国家的社会住房租金定价机制和租金水平存在较大差异。租金收入虽然是社会住房开发建设公司和机构的资金来源之一，但在欧洲各国社会住房开发建设公司和机构融资机制中的作用是不同的。在一些欧洲国家，社会住房管理机构的租金收入加上政府补贴不仅可以维持原有社会住房的运营和维修成本支出，而且还有结余，是新的社会住房开发项目资金来源的一部分。荷兰住房协会就属此种情况。如表 4-7 所示，2015 年，荷兰住房协会出租住房 24 万余套，房租租金收入约为 12.3 亿欧元，利息和其他收入总额约为 1204 万欧元。2009—2015 年，荷兰住房协会的租金收入呈逐年上涨的趋势，2015 年，住房协会房租租金收入总额比 2009 年增加 2.5 亿欧元，增加了 25.5%。除荷兰外，法国的低租金住房机构和英格兰的社会住房协会房租收入也构成其重要资金来源之一。但在有些欧洲国家，社会住房租金水平远低于市场一般租金水平，仅靠租金收入都无法抵补住房管理机构的日常运营和住房维修成本，根本就没有租金收入结余投入到新的社会住房开发项目中去。这些国家的社会住房租金多采取收入定价法，中东欧国家和爱尔兰就属于此种情况。

表 4-7　2009—2015 年荷兰住房协会房租收入与其他收入情况

	2009 年	2010 年	2011 年	2012 年	2013 年	2014 年	2015 年
租赁住房的数量（万套）	24.1	24.1	24.2	24.1	24.2	24.2	24.1
平均每套住房的月租金（欧元）	406.0	420.0	430.0	445.0	466.0	492.0	509.0
全部租赁住房年租金收入（亿欧元）	9.8	10.1	10.4	10.7	11.3	11.9	12.3
按月平摊到每套出租住房上的利息收入和其他收入（欧元）	15.0	13.0	12.0	10.0	8.0	6.0	5.0
年度利息收入和其他收入总和（万欧元）	3608.4	3134.6	2898.0	2414.4	1934.5	1453.5	1204.0

　　资料来源：根据荷兰住房协会联合会网站数据计算整理而得。参见"Ontwikkeling woningvoorraad corporaties 2007 - 2016"，https://www. aedes. nl/feiten - en - cijfers/woning/hoe - ontwikkelt - het - bezit - van - corporaties - zich/expert - hoe - ontwikkelt - het - bezit - van - corporaties - zich. html；"De balans voor een gemiddelde huurwoning - inkomsten"，https://www. aedes. nl/feiten - en - cijfers/geld - en - investeringen/wat - doen - woningcorporaties - met - hun - geld/expert - wat - doen - woningcorporaties - met - hun - geld. html。

　　2. 出售社会住房获得的收入
　　一些欧洲国家允许社会住房公司或机构向满足条件的社会住房租

户出售住房。出售社会住房政策的支持者认为该做法有如下三方面的好处。第一，满足租户拥有自有住房的愿望。购房者通常是租住该房屋一段时间的租户，他们对房屋状况和周边环境十分了解。买下房屋获得产权后，便拥有了自有住房，可以长期在此居住，促进社区建设的积极性将会更高。第二，出售社会住房获得收入是住房公司或机构获得融资的一种重要方式，售房收入可以投入到新的社会住房项目的开发建设中去，从而促进社会住房的更新。第三，出售社会住房给租户能够降低政府在社会住房方面的负担，以滚动资金的方式解决不断上升的社会住房需求。有些欧洲国家的社会住房以市场价格出售，这样可以完全收回住房成本。有些国家给予一定的折扣补贴，但政府仍然可以收回大部分的建房成本，而且不用花费人力和财力去进行社会住房的日常维护，从而更有效地利用公共资金和提高社会住房供应的效率。英国是最早允许地方政府住房机构和住房协会向满足条件的租户出售住房的国家之一。20世纪80年代，撒切尔政府开始进行社会住房部门的私有化改革，推出"购买权计划"，允许地方政府和住房协会以折扣方式将社会住房出售给符合条件的租户。英格兰、威尔士、苏格兰和北爱尔兰关于"购买权计划"的具体政策规定不同。下面以英格兰为例，详细阐述英国"购买权计划"的详细情况。

在英格兰地区，租住地方政府或住房协会社会住房累计满 3 年①（可不连续居住）的无房产且无拖欠房租记录的租户有权购买现租住房屋。购买房屋时享受一定的折扣优惠，折扣幅度与居住年限和购买房产的类型相关。第一种情况：购买独立住宅。购买租住已达 3—5 年独立住宅的租户可享受 35%折扣，租住 5 年以上的每增加 1 年折扣增加 1%，但折扣最高不超过 70%。英格兰政府或住房协会出售独立社会住宅价格的最高折扣限额是 80 900 英镑，大伦敦区最高折扣限额为108 000 英镑。每年 4 月最高折扣限额根据通货膨胀指数进行调整。第

---

① 2015 年 5 月，累计居住年限由原来的 5 年缩短为 3 年，进一步降低了租户购买社会住房的门槛。

二种情况：购买公寓房。购买租住已达 3—5 年公寓房的租户可享受 50% 折扣，租住 5 年以上的每增加 1 年折扣增加 2%。折扣最高限额与购买独立住宅的规定相同。

关于出售通过"购买权计划"购买的住房也有详细的规定：购买社会住房后不满 10 年而出售的，需首先将该住房出售给原社会住房机构或当地其他社会住房机构，如原社会住房机构或其他社会住房机构无购买意向，才可转卖他人。购买时间不满 5 年（含 5 年）的社会住房出售时，出售人需返还一定比例的折扣价格。购房不足 1 年即出售需返还全部折扣；购房超过 1 年不足 2 年即出售需返还折扣的 80%；购房超过 2 年不足 3 年即出售需返还折扣的 60%；购房超过 3 年不足 4 年即出售需返还折扣的 40%；购房超过 4 年不足 5 年即出售需返还折扣的 20%；购房超过 5 年出售无需返还折扣。

为进一步扩大"购买权计划"，1996 年住房法规定，英国符合条件的住房协会的租户也有权利以折扣价格购买租住的房屋，该计划也被称为"有权获取住房计划"（Right to Acquire）。有关"有权获取住房计划"的法律于 1997 年 4 月 1 日正式生效。如果租户租住的住房原属于地方政府住房机构，但后来该住房被政府住房机构出售给住房协会，那么符合条件的租户在"有权获取住房计划"的法律生效后有权从住房协会购买现租住房屋，这种购买社会住房的方式被称为"保留权购买"（Preserved Right to Buy）。住房协会出售某套住宅时，曾经在此居住的租户仍有权购买出售的房屋，这被称为"主动权购买"（Voluntary Right to Buy）。总结起来，英国"购买权计划"框架下出售社会住房大体上分为两种情况：地方政府住房机构向符合条件的租户出售社会住房、住房协会向符合条件的租户出售住房（1997 年以后）。住房协会出售住房又包括三种情况：住房协会向符合条件的租户出售住房、住房协会收购地方政府住房后再将住房出售给符合条件的租户、曾经的租户购买住房协会住房。

从表 4-8 可看出，自 1980 年英国推行"购买权计划"以来，地方政府住房机构一直是出售社会住房的主体，在 1981—1982 年、1982—1983 年、1983—1984 年、1988—1989 年、1989—1990 年的 5 个年度中，英格兰地区地方政府在"购买权计划"框架下出售社会住房的数量超过 10 万套，其中 1982—1983 年度出售社会住房近 17 万套，是历年中出售社会住房最高的。在 1980—1981 年度至 2016—2017 年度的 17 个年度中，英格兰地方政府住房机构通过"购买权计划"出售社会住房总计约 18.3 万套。而住房协会在 1997 年开始向租户出售社会住房以来，至 2017 年共出售社会住房约 10.5 万套。截至 2016—2017 年度，英格兰地区在"购买权计划"框架下出售社会住房总计约 19.4 万套，其中，地方政府住房机构出售住房占 94.8%，住房协会出售住房占 5.2%。

表 4-8　1980—1981 年度至 2016—2017 年度英国英格兰地区通过
"购买权计划"出售社会住房情况

（单位：套）

年度	地方政府出售社会住房数量	住房协会出售社会住房数量	"购买权计划"框架下社会住房的总出售数量
1980—1981	2328	—	2328
1981—1982	105 199	—	105 199
1982—1983	167 123	—	167 123
1983—1984	106 262	—	106 262
1984—1985	77 522	—	77 522
1985—1986	72 142	—	72 142
1986—1987	76 748	—	76 748
1987—1988	93 729	—	93 729
1988—1989	135 701	—	135 701
1989—1990	133 804	—	133 804
1990—1991	76 332	—	76 332

年度	地方政府出售社会住房数量	住房协会出售社会住房数量	"购买权计划"框架下社会住房的总出售数量
1991—1992	48 290	—	48 290
1992—1993	37 686	—	37 686
1993—1994	44 678	—	44 678
1994—1995	43 336	—	43 336
1995—1996	31 512	—	31 512
1996—1997	33 206	2377	35 583
1997—1998	41 329	4500	45 829
1998—1999	40 272	4414	44 686
1999—2000	54 251	7245	61 496
2000—2001	52 380	7098	59 478
2001—2002	51 968	8224	60 192
2002—2003	63 394	10 473	73 867
2003—2004	69 577	14 525	84 102
2004—2005	49 983	8665	58 648
2005—2006	26 654	6356	33 010
2006—2007	17 684	4835	22 519
2007—2008	12 043	3150	15 193
2008—2009	2869	996	3865
2009—2010	2375	804	3179
2010—2011	2758	956	3714
2011—2012	2638	1106	3744
2012—2013	5944	2458	8402
2013—2014	11 261	4421	15 682
2014—2015	12 304	4215	16 519
2015—2016	12 246	3977	16 223

续表

年度	地方政府出售社会 住房数量	住房协会出售社会 住房数量	"购买权计划"框架下社会 住房的总出售数量
2016—2017	13 416	4694[①]	18 110
合计	1 830 944	105 489	1 936 433

资料来源："Live Tables on Social Housing Sales, Table 671: Annual Right to Buy Sales for England (Includes Chart)", https://www.gov.uk/government/statistical-data-sets/live-tables-on-social-housing-sales。

①该数据包括"主动权购买"框架下出售的社会住房,其他年度数据不包含"主动权购买"数据。

从地方政府住房机构和住房协会购买社会住房可以获得一定的折扣,价格要低于市场水平,因此申请购买的人数往往超过可供房源的数量。从表4-9可以看出,从1998—1999年度至2016—2017年度,各年度中向英格兰地方政府住房机构申请购买租住住房的人数远超实际出售的住房数量。2012—2013年度,申请购房者人数为27 450人,而实际申请到购买住房的人数仅为5944人,申请的成功率仅为21.7%。从地方政府住房机构的售房收入来看,在2003—2004年度,英格兰地方政府住房机构出售社会住房获得的总收入接近30亿英镑,为售房收入最高的年度。此后,各年度地方政府住房机构出售社会住房的收入呈现下降和波动趋势。2016—2017年度地方政府住房机构出售社会住房收入为11亿英镑,比上一年度增加1.3亿英镑。与地方政府住房机构相比,住房协会出售社会住房的数量有限,在从1998—1999年度至2016—2017年度的19个年度中,英格兰地区住房协会出售社会住房数量最高的年度是2003—2004年度,售房数量为14 525套,售房收入也最高,达到4.8亿英镑,售房数量最低的年度是2009—2010年度,售房804套,售房收入为5000万英镑。2016—2017年度住房协会售房数量和收入分别为4694套和2.7亿英镑,均比上一年度有所提高。

表4-9 1989—1999年度至2016—2017年度英国英格兰地区社会住房机构出售社会住房价格及折扣情况

年度	地方政府住房机构出售社会住房情况							住房协会出售社会住房情况					
	申请购房者人数（人）	实际出售数量（套）	每套住宅的平均出售价格（英镑）	售房总收入（亿英镑）	每套住宅的平均折扣金额（英镑）	每套住宅的平均市场价格（英镑）	获得的平均折扣水平（%）	出售数量（套）	每套住宅的平均出售价格（英镑）	售房总收入（亿英镑）	每套住宅的平均折扣金额（英镑）	每套住宅的平均市场价格（英镑）	获得的平均折扣水平（%）
1998—1999	89 730	40 272	22 610	9.1	22 880	45 490	50	4414	24 830	1.1	25 980	51 460	50
1999—1900	88 900	54 251	25 320	13.7	23 630	48 950	48	7245	27 060	2.0	25 970	53 220	49
2000—2001	92 930	52 380	27 220	14.3	23 880	51 090	47	7098	27 400	1.9	24 860	52 520	47
2001—2002	108 440	51 968	30 140	15.7	23 380	53 520	44	8224	26 690	2.2	23 600	50 780	46
2002—2003	186 410	63 394	34 860	22.1	23 790	58 660	41	10 473	32 500	3.4	26 300	59 370	44
2003—2004	109 060	69 577	42 200	29.4	24 640	66 840	37	14 525	33 200	4.8	25 420	58 640	43
2004—2005	89 930	49 983	51 520	25.8	25 650	77 180	33	8665	37 600	3.3	26 590	64 210	41
2005—2006	64 700	26 654	57 950	15.4	25 530	83 480	31	6356	45 010	2.9	27 150	72 160	38
2006—2007	62 060	17 684	67 800	12.0	24 970	92 770	27	4835	53 460	2.6	28 390	81 960	35
2007—2008	35 280	12 043	78 130	9.4	25 340	103 470	24	3150	62 630	2.0	27 120	89 750	30

续表

年度	地方政府住房机构出售社会住房情况							住房协会出售社会住房情况					
	申请购房者人数（人）	实际出售数量（套）	每套住宅的平均出售价格（英镑）	售房总收入（亿英镑）	每套住宅的平均折扣金额（英镑）	每套住宅的平均市场价格（英镑）	获得的平均折扣水平（%）	出售数量（套）	每套住宅的平均出售价格（英镑）	售房总收入（亿英镑）	每套住宅的平均折扣金额（英镑）	每套住宅的平均市场价格（英镑）	获得的平均折扣水平（%）
2008—2009	11 010	2869	76 850	2.2	25 400	102 250	25	996	72 230	0.7	26 940	99 170	27
2009—2010	10 860	2375	75 200	1.8	26 580	101 780	26	804	62 720	0.5	28 010	91 530	31
2010—2011	9930	2758	77 470	2.1	26 510	103 970	25	956	64 860	0.6	28 130	95 330	30
2011—2012	9000	2638	73 350	1.9	26 690	100 040	27	1106	61 140	0.7	28 410	90 380	31
2012—2013	27 450	5944	63 040	3.7	51 760	114 800	45	2458	51 010	1.3	49 450	100 460	49
2013—2014	28 630	11 261	68 820	7.7	60 300	129 120	47	4421	52 050	2.3	53 250	105 300	51
2014—2015	26 350	12 304	76 380	9.4	65 140	141 520	46	4215	52 030	2.2	53 950	105 980	51
2015—2016	31 990	12 246	78 810	9.7	64 580	143 400	45	3977	56 190	2.2	55 540	111 730	50
2016—2017	29 590	13 416	82 340	11.0	61 810	144 150	43	4694	57 210	2.7	54 520	111 730	49

资料来源："Live Tables on Social Housing Sales, Table 682: Social Housing Sales: Annual Financial Data on Right to Buy Sales for England: 1998—99 to 2016—17"，https://www.gov.uk/government/statistical-data-sets/live-tables-on-social-housing-sales。

爱尔兰也有与英国"购买权计划"类似的社会住房出售计划。爱尔兰的社会住房出售计划始于20世纪30年代中期，最先在农村地区推行。1966年，爱尔兰社会住房出售计划开始在全国范围内扩展。目前，爱尔兰有四个社会住房出售计划，具体如下。

第一，租户购买计划（Tenant Purchase Scheme）。1995年，爱尔兰出台租户购买计划。按照该计划，租住政府社会住房（仅限独立住宅，不包括公寓住宅）累计1年的租户可以向政府申请购买租住的住房，但面向老年人的独立住宅或政府认定不宜出售的独立住宅除外。房屋按市场价格出售，但根据租住年限租户可以获得一定比例的折扣。租户租住时间每增加1年折扣增加3%，但最高折扣比例不超过30%。购房者可以一次性购买房屋产权也可以共有产权的形式购买。购买社会住房不满20年出售的，需获得政府住房机构的同意。①该计划已经停止不接受新的购房申请。

第二，2010年新建独立社会住房购买计划（2010 Incremental Purchase Scheme）。2010年6月，爱尔兰出台政府新建独立住宅的出售计划，该计划仅适用于新建独立住宅的购买，公寓住宅和政府在租的独立住宅不在该计划范围内。根据爱尔兰2010年新建独立社会住房购买计划，现租住社会住房或虽未租社会住房但符合社会住房申请条件且年收入不超过1.5万欧元的申请者均有资格向当地政府申请购买新建的独立住宅。购房价格为当时的市场价格，但根据购房者收入水平可以获得40%、50%或60%不等的折扣。购房者需在20年、25年或30年内②以"累积购买费"（Incremental Purchase Charge）的形式③将所获得折扣金额全部返还给政府住房机构。由此可见，爱尔兰2010年新建独立社会住房购买计划给予购房者的折扣并不是真正意义上的折

---

① "1995 Tenant Purchase Scheme Explanatory Memorandum"，http://ciarrai.ie/en/allservices/housing/tenantpurchasescheme/thefile，5430，en. pdf.

② 年限长短根据购房者所获折扣比例设定。

③ 每年返还房款总额2%。

扣，而是类似首付一定比例的购房款后，将剩余房款按一定年限返还。通过这种方法减轻了购房者的购房负担，同时也使购房者规避了房价上涨的风险。一般来说，购买政府社会住房后，购房者应将其作为自身的常规住所。如要出售或转租必须获得当地政府住房管理机构的同意。如出售房屋前未完全支付所获折扣，需支付所获折扣的剩余部分。

第三，租户购买公寓住房计划（Tenant Purchase of Apartments Scheme）。2012年1月1日，爱尔兰关于租户购买公寓住房的法律正式生效。根据该计划，政府社会住房租户可以购买所租住的公寓住宅。出售给租户的公寓大楼需满足如下条件：公寓大楼至少有5套公寓；公寓大楼内不含为老年人专门设计的公寓房或其他特殊公寓房；整栋公寓楼的租户投票，需由65%以上的租户同意公寓房出售给租户；有足够多的租户愿意购买现租住住房。符合上述条件，当地政府就可将该公寓楼纳入租户购买公寓住房计划，符合条件的租户就可以申请购买租住住房。当某栋公寓楼被当地政府纳入购买公寓住房计划时，需建立管理公司管理该公寓住宅，购买公寓住宅的租户即成为管理公司的成员。管理公司负责管理公寓大楼的公共空间，如楼梯、平台等的维护，同时也负责安排大楼的保险投保。公寓住宅的购买者每年需向管理公司缴纳一定的费用用于公寓大楼的日常维护、重大修缮等。租户购买公寓住房计划中关于申请者资格条件、折扣比例、折扣返还年限、所购住房的出售和出租等规定与2010年新建独立社会住房购买计划中的规定相同。与之不同的是，2012年租户购买公寓住房计划规定购房者需事先支付房款的5%作为押金。

第四，2016年非新建独立社会住房购买计划（2016 Incremental Purchase Scheme）。2016年1月1日，爱尔兰另一项社会住房购买计划正式生效，该计划主要针对非新建独立社会住房的购买，以2010年新建独立社会住房购买计划为蓝本。其中，关于购房者资格条件、折扣比例、折扣返还年限、购房后出售出租等问题的规定与2010新建独立社会住房购买计划基本相同。2016年爱尔兰非新建独立社会住房购买计划中不同收入水平购房者获得折扣的比例和折扣返还年限如表 4-10 所示。

表 4-10　爱尔兰 2016 年非新建独立社会住房购买计划不同收入水平
购房者获得折扣的比例和折扣返还年限

（单位：%，年）

年收入水平	购房折扣比例	折扣返还年限
15 000—20 000 欧元	60	30
20 001—29 999 欧元	50	25
30000 欧元以上	40	20

资料来源："Tenant（Incremental）Purchase Scheme 2016 Tenant Information"，https://www. tipperarycoco. ie/sites/default/files/Publications/Tenant%20Purchase%20Information%20booklet%20%E2%80%93%20English. pdf。

专题 3

爱尔兰 2016 年非新建独立社会住房购买计划实例

爱尔兰都柏林市一租户约翰·布兰尼根先生租住市政府社会住房已经满 2 年，没有拖欠过房租或水电气等费用，具备购买所居住的独立住房的资格条件。布兰尼根先生计划在都柏林长期工作和生活，于是他向都柏林市政府递交了购房申请，市政府住房管理机构审核申请人递交的材料后，根据市场价格将该住房的价格确定为 15 万欧元。布兰尼根先生的年收入水平为 2.5 万欧元，因而可以获得 50% 的折扣，折扣返还年限为 25 年，购房时只需支付总房款的 50%，即支付 7.5 万欧元，折扣金额按每年支付总房款的 2% 返还，每年返还 3000 欧元，25 年后正好还清剩余的 7.5 万欧元。用公式计算为：15 万欧元×2%×25＝75 000 欧元。

但是，布兰尼根先生在该住房中居住了 10 年后，由于自身工作变动需要离开都柏林到其他城市工作和生活，所以决定出售该房屋。但由于折扣返还期限为 25 年，在转卖房屋之前需征得都柏林市政府住房管理机构的同意，并将剩余比例的折扣还清才能转卖房屋。现在该住房的市场价格上涨到 16 万欧元，未偿还折扣比例为 30%（50%-2%×10＝30%），所以该购房者在转卖房屋前需向都柏林市政府社会住房管理机构支付 4.8 万欧元。

如表 4-11 所示，除英国、爱尔兰外，欧洲其他国家如奥地利、比利时、法国、德国、意大利、荷兰等国均允许地方政府社会住房机构或住房协会向符合一定条件的租户出售社会住房。但在拉脱维亚、立陶宛等国家，政府不允许社会住房管理机构出售社会住房。在希腊，社会住房全部以出售的方式提供，没有租赁型社会住房，所以也不存在出售社会租赁住房的问题。但是，地方政府和住房协会出售社会住房获得资金来源的做法也存在一些弊端，遭到反对者的质疑。其弊端主要表现在以下两个方面：第一，在出售社会住房时，位于城市中心、交通便利、周边环境好、住房质量和内部设施较好的住房更受购买者的欢迎，这就导致条件优越的、用于出租的社会住房存量越来越少。新建的租赁社会住房不仅距离市中心较远，而且房租较高。第二，新建社会住房的速度跟不上出售社会住房的速度，导致一些国家社会住房存量的下降，在城市住房压力不断增大的背景下，社会住房供给难以满足社会住房需求的增长，从而导致社会住房轮候家庭增多、等候时间增加、年轻人与父母同住现象普遍等社会问题。例如，2011—2014 年，爱尔兰地方政府新建社会住房 2364 套，而同期出售社会住房 2233 套①，新建与出售住房基本持平，用于出租的社会住房增量有限，使得低收入人群的住房问题更为严重。

---

① Mick Byrne, "We are Selling off Social Housing and It's Madness", https://www.dublininquirer.com/2016/04/27/mick-we-are-selling-off-social-housing-and-it-is-madness/.

表 4-11　欧洲部分国家社会租赁住房出售条件与基本情况比较

	是否允许社会住房出售给现租户	基本情况
奥地利	是	允许部分社会住房管理机构向原租户出售租住住房，但并非适用所有社会住房机构；1993 年，奥地利限制性营利住房协会引入一种新的社会住房融资机制，以吸收社会住房申请者为新项目开发投入资金，类似于投入个股股权进行集资建房
比利时	是	在比利时，仅弗兰德地区社会住房租户可以购买租住的住房，但需满足住宅房龄在 15 年以上；有意购房的租户在该住宅中连续租住至少 5 年；计划购房租户名下不持有任何不动产三项条件
保加利亚	是	在特定条件下允许地方政府社会住房管理机构向现租户出售社会住房
丹麦	是	2005 年，丹麦推出一项持续 3 年的向社会住房租户出售房屋的试点项目，但由于项目进展不成功，3 年到期后终止试点项目；自 2006 年以来，丹麦规定仅空置社会住房可以出售，而且必须同时获得住房管理机构、当地政府和社会事务部的同意和批准
爱沙尼亚	是	地方政府所属的住房管理机构可以将社会住房出售给现居租户，以转让房屋产权，但购房租户必须在现住房中居住年满 5—10 年（不同地方政府对居住年限有不同的要求和规定）
芬兰	是	由政府补贴建设的社会租赁住房超过"锁定期"（一般为 10—45 年）后可以市场价格向现租户或其他居民出售；在社会租赁住房供大于求的地区，政府允许社会租赁住房在未达到"锁定期"的情况下出售；2004 年，芬兰共有 5000 套社会租赁住房在"锁定期"前出售

续表

	是否允许社会住房出售给现租户	基本情况
法国	是	法国社会住房管理机构被称为"低租金住房机构"，低租金住房机构可将租赁住房出售给现住户；对于空置的租赁住房，低租金住房机构可将其有限出售给租户，由法国低租金住房机构管理的社会租赁住房的建设或购买时间超过 10 年才能在市场上出售
德国	是	地方政府一般通过补贴或税收优惠的方式支持社会住房项目的建设和维护，有政府支持建设或维修的社会住房必须达到折旧年限才能以市场价格对外出售；新建住宅的折旧年限为 20—40 年，新装修住宅的折旧年限为 12—20 年；但在实际操作中，地方政府所属的社会住房管理机构在住房超过折旧期后通常不会出售这些住房，而是仍然以租赁的方式租给社会住房的目标人群
希腊	是	在希腊只有出售型的社会住房，没有租赁型社会住房
爱尔兰	是	如前文所述，爱尔兰共有四个主要的社会住房购买计划：1995 年租户购买计划、2010 年新建独立社会住房购买计划、租户购买公寓住房计划、2016 年非新建独立社会住房购买计划
意大利	是	意大利虽然允许社会住房机构出售所拥有的社会租赁住房，但地方政府对出售社会住房具有严格的规定，出售的住房仅占社会租赁住房存量的 1% 左右，社会住房出售价格仅为市场价格的 30%
拉脱维亚	否	现已不允许出售社会住房，社会住房只租不售
立陶宛	否	私有化进程已于 1998 年结束，现不允许出售社会住房

	是否允许社会住房出售给现租户	基本情况
波兰	是	波兰社会住房的主要开发建设机构包括三类：地方政府所属住房机构、非营利住房协会（TBS，始于1996年）、住房合作社；私有化进程结束后，地方政府所属住房机构的社会住房只租不售；非营利住房协会社会住房建设的资金的70%来自波兰国家开发银行的贷款，30%来自租户的预缴款，退租时返还；2011年以前，非营利住房机构不能出售出租的社会住房，2011年8月，波兰国会通过法律，允许非营利住房协会以市场价格向租户出售房屋；波兰住房合作社住房存量在全国住房总量的19.4%（2009年），在解决居民住房问题中发挥着重要作用；合作社住房包括两种产权类型：产权出售型（占全部合作社住房的83%）和租赁型（占全部合作社住房的17%）
葡萄牙	是	葡萄牙社会住房的主要提供机构包括地方政府所属的住房机构、住房和城市更新研究所、住房合作社、志愿者组织，其中政府所属的住房机构和住房和城市更新研究所可按规定出售其所持有的租赁型社会住房
斯洛文尼亚	是	1991年，斯洛文尼亚完成私有化改革，社会住房领域也出现了一些新的变化，形成了社会住房提供的两大部门：一是主要面向低收入人群的地方政府所属的住房机构，其资金来源地方政府预算；二是面向中低收入群的非营利住房机构，其资金来源于地方政府预算（占资金总额的40%）和国家租房基金低息贷款（占资金总额的60%），非营利机构所拥有社会租赁住房可以出售给租户

续表

是否允许社 会住房出售 给现租户	基本情况
西班牙　　　是	西班牙的住房自有率达 85%，社会住房（西班牙称为公共保护性住房）主要以出售形式提供，租赁型社会住房仅占全国住房总量的 2%；西班牙保护性住房的提供者既可以是政府所属的住房机构、非营利住房机构，也可以是商品房开发商甚至是个人；保护性住房建设资金主要来源于国家住房计划基金，少部分来自地方住房建设基金和商业银行贷款
瑞典　　　是	瑞典不使用社会住房说法，相应的部门称为全民公益住房，类似于公共住房；瑞典全民公益住房的开发建设机构是由市县地方政府完全持股的住房公司，按照商业化模式运作，建设资金完全来源于房租收入，没有政府补贴；全民公益住房原则上面向瑞典全体公民，不设定准入限制，但从实际情况来看，申请和居住在全民公益住房中的租户多为低收入人群；市政府所属住房公司住房出租给租户，但不直接出售给租户个人，如果市政府所属住房公司某公寓中有 75% 的租户愿意组成住房合作社，政府所属住房公司可将该套公寓出售给新成立的住房合作社
荷兰　　　是	荷兰是欧洲国家中社会住房比重最高的国家，社会租赁住房占全国住房总量的 32%，占全国租赁住房总量的 75%；荷兰社会住房的主要建设开发和管理者是非营利住房协会，经过 20 世纪 90 年代的市场化改革，荷兰住房协会成为在资金和管理上独立于政府的住房机构，其资金主要来源于银行贷款（三级担保体系）和租金收入；为了满足租户拥有自有租房的愿望，住房协会也向有意向购房的租户以市场价格出售租住的住房；1998—2000 年 3 年间，荷兰住房协会平均每年出售社会租赁住房 2.3 万套；荷兰西部地区经济发达，人口密集，住房价格较高，社会住房出售的数量较少

续表

	是否允许社会住房出售给现租户	基本情况
英国	是	1980 年英国对住房法进行修改，新法规定租住地方政府社会住房机构住房的租户有权购买租住的住房，获得房屋产权，被称为"购买权计划"；1996 年，法律进一步明确，满足相应条件的租住住房协会住房的租户也有权购买租住的住房；英格兰、苏格兰、威尔士、北爱尔兰 4 个地区关于"购买权计划"的具体条件和规定有一些差异；2010 年 1 月，苏格兰通过新的立法对"购买权计划"进行了改革；威尔士政府叫停社会住房短缺地区的社会住房机构出售社会住房

资料来源：作者自制。

3. 开发其他房地产项目获得的收入

二战后，因遭受战争的破坏，欧洲国家普遍面临住房短缺的问题。为了快速增加住房供应，解决住房短缺的问题，欧洲国家政府通过拨款、利息补贴、低息贷款等方式大力支持社会住房的开发建设，一些国家政府甚至建立住房管理机构，直接投资开发建设社会住房。二战后，政府成为社会住房建设的主体和直接参与者，使得住房供给在短期内快速上升。随着住房极度短缺问题的解决以及政府财政压力增加，政府逐渐从社会住房的直接参与者转变为社会住房的管理者，一些非营利性的住房协会纷纷成立。20 世纪 80—90 年代，随着市场化经济改革浪潮的到来，一些欧洲国家社会住房也经历了市场化改革，一些国家的住房协会获得了更大的自主权，在财务上更加独立，成为社会住房开发建设和管理的主体。政府住房协会的支持主要通过贷款担保、资金补贴、土地供应便利等方式来支持社会住房建设。在财务上更为独立的住房协会主要通过金融市场、房租收入、向符合条件的租户出售租赁社会住房等方式获得融资，维护日程运转，投资兴建新的社会住房。通过前面的论述，我们知道一些欧洲国家的住房协会通过出租房屋和出售超过"锁定期"的社会租赁住房获得资金来源。在社会住房市场化改革比较典型的国家，如荷兰、英国、爱尔兰等国家，政府还允许住房协会通过开发建设商品房、可支付住房和共有产权住房获得资金来源，以弥补社会住房建设资金的不足。

（九）购房者股权投资

住房项目的开发建设需要大量资金，单靠一种融资渠道难以满足住房建设项目的资金需求。除了依靠金融市场贷款、政府补贴、住房协会租金收入等资金来源外，购房者也可为项目开发贡献资金来源，即购房者股权投资。1993 年，奥地利社会住房机构——限制性营利住房协会引入一种新的社会住房融资机制，以吸收社会住房申请者为新项目开发投入资金。投资具体措施为：社会住房租户为新的社会住房开发项目提供资金，标准为每平方米 50 欧元（2014 年，投入标准为每平方米 66.68 欧元）。新项目完工后，投入资金的租户可以租住住房，租住 10 年后，该租户可以选择购买该住房也可以放弃购买。如果选择购买租住房，则从总房款中扣除建房时投入的资金额；如果放弃购买，社会住房机构则按租住年限以每年 1% 的比率扣除部分金额后返还建房时租户投入的资金。

（十）住房补贴（又称需求方补贴或间接补贴）

通过前面的论述，我们知道欧洲国家社会住房房租存在以成本为基准定价、以租户收入为基准定价、以房屋价值为基准定价等多种定价方式，各国社会住房房租水平存在很大差距。爱尔兰社会住房房租在设定时就考虑了租户的可承受能力，即以租户收入水平为基准将社会住房房租设定在较低水平。政府主要通过给予社会住房开发建设机构补贴，以弥补其在社会住房建设维护方面的成本支出，支持社会住房的建设。因租户房租水平与收入挂钩，已经设定在租户可承受的水平，故爱尔兰没有针对社会住房租户的房租补贴，但根据收入水平和房租水平给予租住私人租赁住房的租户一定水平的房租补贴。在以建设成本和房屋价值为基准确定社会住房房租的国家，社会住房房租水平虽然低于市场租赁住房房租，但仍然超过低收入租住家庭的可承受能力。为此，多数欧洲国家福利制度体系中设计了专门为低收入家庭发放租房补贴的住房补贴制度。欧洲国家的住房补贴主要有以下三种形式：为符合条件的社会住房租户发放的房租补贴；为符合条件的私人租赁住房租户发放的房租补贴；为符合条件的拥有自有住房者发放住房补贴。欧洲国家的住房补贴多为租房补贴，少数国家存在针对自有住房的补贴。

如表 4-12 所示，2005—2015 年，欧洲主要大国英国、德国、法国的住房补贴支出均在百亿欧元以上。德国住房补贴支出较为稳定，各年间波动不大，基本维持在 150 亿欧元至 170 亿欧元之间。法国的住房补贴支出呈现逐年上升的趋势，但各年间上升幅度不大。在 2006—2015 年的 10 年间，法国政府住房补贴平均每年增长 2.5% 左右。其中，2008 年法国住房补贴支出增幅最大，比 2007 年增长了 7.1%。这主要是由于全球金融危机和欧洲债务危机的冲击，经济增长下滑，失业率攀升，申请住房补贴的家庭增加。英国住房政府住房补贴支出在欧洲国家中是最高的，2005—2015 年，住房补贴支出均在 200 亿欧元以上，2012 年，英国住房补贴支出超过 300 亿欧元，2013 年虽然略有下降，但 2014 年和 2015 年政府住房补贴支出均在 300 亿欧元以上。图表 4-13 所示，2015 年，英、法、德三国政府住房补贴占本国国内生产总值的比重分别为 1.3%、0.8%、0.6%，均超过欧元区 0.4% 的平均水平，超过或等于欧盟 0.6% 的平均水平。英国是所列欧洲国家中唯一一个住房补贴支出占国内生产总值比重超过 1% 的国家。

表 4-12 中，丹麦、荷兰、瑞典、芬兰国家的经济体量虽然不及英、法、德等欧洲大国，但这些国家经济发达，社会福利制度较为完善，政府每年的社会住房补贴支出金额基本都在 10 亿欧元以上。2005—2015 年，荷兰的住房补贴支出持续增长，2015 年超过 30 亿欧

元。芬兰的住房补贴支出增加，2012 年芬兰住房补贴支出超过 10 亿
欧元，2015 年继续增长到 14.5 亿欧元。表 4-13 中，2015 年，丹麦、
荷兰、瑞典、芬兰 4 国政府住房补贴支出占国内生产总值的比重分别
为 0.7%、0.5%、0.4%、0.7%，高于或接近欧盟 0.6% 的平均水平。

表 4-12 和表 4-13 对比可知，与西欧和北欧国家相比，南欧国家
和中东欧国家的住房补贴支出较小。意大利是欧洲第四大经济体，但
其住房补贴支出 2005 年不到 2 亿欧元，2015 年增加到 5.8 亿欧元，增
幅很小。意大利住房补贴支出占国内生产总值的比重不到 0.1%，与其
经济体量不相称。债务危机爆发前，希腊住房补贴支出将近 2 亿欧元，
此后希腊住房补贴支出不断下降。2013—2014 年希腊住房补贴支出仅
为 387 万欧元和 160 万欧元。为了削减政府债务和财政赤字，以达到
欧盟稳定与增长公约的标准，希腊被迫大幅度削减社会福利支出，住
房补贴支出也在削减之列，因而出现大幅下滑的情况。西班牙是欧洲
第五大经济体，在全球金融危机中也受到了严重冲击。受财政紧缩政
策的影响，住房补贴支出被大幅削减。2008—2011 年，西班牙住房补
贴支出均在 20 亿欧元以上。2012 年以来，西班牙住房补贴支出不断
下降，2015 年降到 10 亿欧元左右，与 2008—2011 年各年相比，下降
了一半。2005—2015 年，南欧国家葡萄牙的年均住房补贴支出为仅为
496 万欧元。除匈牙利、奥地利、波兰 3 国外，中东欧国家和波罗的海
国家的住房补贴支出金额非常有限，占本国国内生产总值的比重基本
都不到 0.1%。同时，这些国家住房补贴支出呈现出大起大落、不稳定
的特点。2007 年，保加利亚住房补贴支出为 66 万欧元，2008—2014
年各年度住房补贴支出仅为 4 万—6 万欧元，2015 年又增加至 24 万欧
元。在波罗的海三国中，拉脱维亚住房补贴支出最高，2007—2015 年
拉脱维亚住房补贴支出均在 2000 万欧元以上，其中 2008 年接近 4000
万欧元。2005—2014 年，匈牙利、奥地利、波兰年均住房补贴分别为
5.1 亿欧元、4 亿欧元和 2.4 亿欧元，3 国住房补贴支出占国内生产总值
的比重分别为 0.3%（2015 年）、0.1%（2015 年）、0.1%（2014 年）。

表 4-12 2005—2015 年欧洲国家政府住房补贴支出变化与比较

表格第一部分数据单位为：亿欧元

	2005 年	2006 年	2007 年	2008 年	2009 年	2010 年	2011 年	2012 年	2013 年	2014 年	2015 年
欧盟	641.78	686.24	653.15	653.53	678.37	722.96	739.05	768.76	766.37	797.65	—
欧元区 19 国	337.79	364.93	372.86	390.81	408.43	424.28	425.26	417.55	422.16	433.93	—
比利时	2.01	4.21	4.86	7.91	8.39	7.85	8.49	9.66	9.55	10.01	9.54
捷克	0.86	0.84	0.79	0.88	1.10	1.70	2.27	2.98	3.97	4.43	4.55
丹麦	14.65	14.34	14.94	15.16	15.61	16.36	17.05	17.71	17.82	18.56	19.10
德国	144.97	159.88	158.07	153.95	166.00	170.03	164.93	162.31	165.80	167.78	168.66
爱尔兰	5.65	6.35	6.91	8.06	6.57	12.40	12.75	12.50	12.22	12.36	13.03
希腊	0.66	1.52	1.84	1.55	1.67	1.19	0.73	0.19	0.04	0.02	0.51
西班牙	15.61	16.63	19.47	20.83	21.01	23.03	24.37	15.25	10.44	11.07	10.96
法国	141.37	144.13	147.05	157.52	161.54	164.81	168.35	171.96	177.00	179.89	181.34
意大利	1.66	2.06	2.69	4.22	4.82	4.82	4.63	4.66	4.51	5.16	5.81
塞浦路斯	0.56	0.71	1.01	1.41	1.87	1.94	1.73	1.11	0.66	0.48	0.65
卢森堡	0.46	0.59	0.55	0.70	1.25	1.21	1.21	1.26	1.43	1.53	1.61

续表

	2005 年	2006 年	2007 年	2008 年	2009 年	2010 年	2011 年	2012 年	2013 年	2014 年	2015 年
匈牙利	4.59	4.80	9.15	7.55	6.31	5.11	3.98	3.26	3.20	3.03	3.20
荷兰	17.12	20.48	21.64	21.64	21.51	22.41	23.19	23.26	24.65	28.34	31.04
奥地利	3.02	3.56	3.76	4.42	4.61	4.60	4.32	4.09	3.65	4.05	4.12
波兰	3.08	3.00	2.77	2.33	1.86	2.17	2.15	2.22	2.22	2.32	—
芬兰	4.37	4.39	4.31	7.78	8.52	9.23	9.73	10.48	11.38	12.40	14.50
瑞典	15.92	16.22	15.93	15.28	13.89	16.02	17.22	19.38	20.02	20.10	19.90
英国	264.89	282.11	236.69	221.12	230.81	256.95	270.72	305.29	296.64	314.90	350.48
冰岛	0.27	0.25	0.90	0.70	0.85	1.00	1.47	1.19	0.83	0.90	0.86
挪威	3.24	3.48	3.73	3.85	3.88	4.77	5.35	5.28	5.06	4.69	4.40
瑞士	4.74	4.88	4.25	4.45	4.53	5.12	6.10	6.41	6.82	6.59	7.64

表格第二部分数据单位为：万欧元

	2005 年	2006 年	2007 年	2008 年	2009 年	2010 年	2011 年	2012 年	2013 年	2014 年	2015 年
保加利亚	21.00	41.00	66.00	6.00	4.00	4.00	4.00	4.00	5.00	5.00	24.00
爱沙尼亚	321.00	531.00	341.00	364.00	481.00	717.00	810.00	778.00	740.00	637.00	532.00
克罗地亚	—	—	—	831.00	804.00	836.00	1317.00	954.00	803.00	1060.00	1020.00
拉脱维亚	921.00	1562.00	2640.00	3935.00	2361.00	2562.00	2992.00	2942.00	2627.00	2278.00	2112.00

续表

	2005 年	2006 年	2007 年	2008 年	2009 年	2010 年	2011 年	2012 年	2013 年	2014 年	2015 年
立陶宛	29.00	37.00	48.00	42.00	44.00	87.00	102.00	133.00	149.00	186.00	284.00
马耳他	755.00	892.00	1308.00	1319.00	958.00	1000.00	1224.00	548.00	726.00	1079.00	2051.00
葡萄牙	644.00	602.00	490.00	428.00	431.00	360.00	460.00	492.00	534.00	506.00	505.00
罗马尼亚	0	0	0	3177.00	2759.00	2778.00	2760.00	2624.00	2648.00	2633.00	2632.00
斯洛文尼亚	392.00	485.00	509.00	370.00	280.00	316.00	348.00	646.00	802.00	905.00	963.00
斯洛伐克	0	0	1895.00	1879.00	2172.00	2347.00	2536.00	2763.00	2876.00	3023.00	3303.00

资料来源：欧盟统计局，"Tables by Benefits-Housing Function"，http://appsso. eurostat. ec. europa. eu/nui/show. do? dataset = spr_exp_fho&lang = en。

注：冰岛、挪威、瑞士为非欧盟国家。

表 4-13　2015 年部分欧洲国家各项社会福利补贴支出占国内生产总值的比重

(单位:%)

	各项社会福利补贴支出	健康医疗补贴	残疾人补贴	老年人补贴	事故救助补贴	家庭育儿补贴	失业补贴	住房补贴	其他社会福利补贴
欧盟 28 国	27.5	8.0	2.0	11.1	1.6	2.4	1.4	0.6	0.5
欧元区 19 国	28.3	8.3	2.0	11.1	1.9	2.3	1.7	0.4	0.5
比利时	29.1	8.5	2.4	10.2	1.9	2.1	3.1	0.2	0.7
保加利亚	17.3	4.6	1.3	7.8	0.9	1.9	0.5	0	0.3
捷克	18.4	5.8	1.2	8.1	0.6	1.6	0.5	0.3	0.3
丹麦	31.1	6.3	4.1	11.6	2.0	3.5	1.5	0.7	1.5
德国	27.9	9.7	2.3	9.1	1.8	3.2	1.0	0.6	0.3
爱沙尼亚	16.2	4.6	1.8	7.0	0.1	2.1	0.4	0	0.1
爱尔兰	15.2	5.0	0.9	4.7	0.3	1.9	1.9	0.5	0.1
希腊	26.1	5.1	1.7	14.4	2.7	1.1	1.0	0	0.1
西班牙	24.2	6.6	1.7	9.7	2.4	1.3	2.2	0.1	0.2
法国	32.0	9.1	2.0	12.8	1.7	2.5	2.0	0.8	0.9
克罗地亚	20.7	6.9	2.5	7.1	2.0	1.5	0.5	0	0.2
意大利	28.8	6.6	1.7	14.2	2.7	1.7	1.7	0	0.2
塞浦路斯	21.4	4.7	0.7	10.3	1.5	1.3	1.2	0.4	1.3
拉脱维亚	14.7	3.6	1.4	7.2	0.2	1.6	0.6	0.1	0.1
立陶宛	14.8	4.5	1.4	6.5	0.4	1.1	0.5	0	0.3
卢森堡	21.7	5.4	2.4	6.7	1.7	3.4	1.4	0.3	0.5
匈牙利	19.7	5.6	1.4	8.6	1.1	2.4	0.3	0.3	0.1
马耳他	17.3	5.7	0.6	7.4	1.4	1.2	0.5	0.2	0.2
荷兰	28.4	9.4	2.7	10.9	1.2	1.1	1.5	0.5	1.2

	各项社会福利补贴支出	健康医疗补贴	残疾人补贴	老年人补贴	事故救助补贴	家庭育儿补贴	失业补贴	住房补贴	其他社会福利补贴
奥地利	29.0	7.4	1.9	12.9	1.7	2.8	1.6	0.1	0.6
波兰	18.7	4.0	1.5	9.3	1.9	1.5	0.2	0.1	0.1
葡萄牙	24.7	6.0	1.8	12.5	1.9	1.2	1.1	0	0.2
罗马尼亚	14.3	3.8	1.1	7.2	0.7	1.3	0.1	0	0.2
斯洛文尼亚	23.4	7.6	1.3	9.8	1.5	1.8	0.6	0	0.7
斯洛伐克	17.7	5.5	1.6	7.2	0.9	1.6	0.5	0	0.3
芬兰	31.1	7.2	3.2	12.4	0.8	3.2	2.7	0.7	0.9
瑞典	28.6	7.5	3.3	12.0	0.3	3.0	1.0	0.4	0.9
英国	28.4	9.9	1.7	11.6	0.1	2.7	0.4	1.3	0.6
冰岛	22.7	8.2	3.6	6.0	0.5	2.5	0.6	0.6	0.7
挪威	27.4	8.2	4.5	9.5	0.3	3.3	0.7	0.1	0.8
瑞士	24.8	7.4	2.2	10.6	1.3	1.5	0.9	0.1	0.7

资料来源:欧盟统计局。

注:1. 欧盟、欧元区和波兰为 2014 年数据。

2. 冰岛、挪威、瑞士为非欧盟国家。

欧洲国家经济总量、人口数量都存在很大差异,很难从住房补贴支出总额来判断补贴的强度,人均住房补贴指标能够很好地弥补这一缺陷。如图 4-4 所示,2015 年,欧盟 28 国人均住房补贴为 146.78 欧元年,欧元区为 121.87 欧元。在欧盟 28 国中,英国(416.31 欧元)、丹麦(320.19 欧元)、爱尔兰(266.99 欧元)、法国(262.19 欧元)、卢森堡(259.13 欧元)、芬兰(237.41 欧元)、德国(192.93 欧元)、瑞典(184.28 欧元)、荷兰(172.68 欧元)9 个国家的年人均住房补贴支出高于欧盟和欧元区的平均水平。其中英国位居榜首,是欧洲国家中人均住房补贴支出最高的国家。在非欧盟国家中,冰岛的人均住房补贴支出为 201. 76 欧元，高于欧盟和欧元区的平均水平。

南欧国家、中东欧国家和波罗的海国家的人均住房补贴支出普遍较低，补贴强度很小。拉脱维亚、意大利的人均住房补贴不足 10 欧元，波兰（5.89 欧元）、斯洛伐克（5.6 欧元）不足 6 欧元，希腊（4.9 欧元）、斯洛文尼亚（4.5 欧元）、爱沙尼亚（3.52 欧元）不足 5 欧元，克罗地亚（2.39 欧元）不足 3 欧元，罗马尼亚仅为 1.23 欧元，立陶宛（0.9 欧元）、葡萄牙（0.47 欧元）、保加利亚（0.03 欧元）3 国人均住房补贴不足 1 欧元。

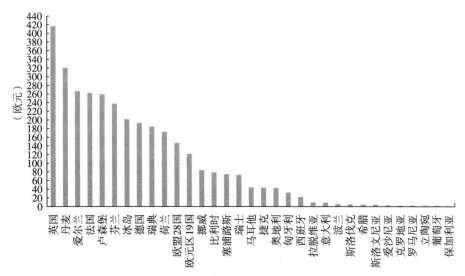

注：欧盟、欧元区、波兰为 2014 年数据。人均住房补贴按 2010 年不变价格计算。

资料来源：欧盟统计局，"Tables by Benefits-Housing Function"，http://appsso. eurostat. ec. europa. eu/nui/submitView TableAction. do。

图 4-4　2015 年部分欧洲国家人均住房补贴金额比较

三、欧洲国家社会住房融资模式案例分析——奥地利社会住房建设的结构化融资模式（Structured Finance Model）

在奥地利，各级地方政府（Municipalities）和限制性营利住房协会是社会住房的主要提供者。奥地利社会住房总量约为 100 万套，约占全国住房总量①的 22%，占全国租赁住房总量的 56%。奥地利各级政府拥有的社会住房 33 万套，约占全国社会住房总量的三分之一。奥地利社会住房领域出现的一个趋势是，各级地方政府逐渐退出社会住房的新建和开发，其主要任务是做好原有社会住房的维护管理。2000 年前后，奥地利各级地方政府新建社会住房占全部新建社会住房的比重由 20 世纪 50 年代的 35% 下降到 1%②。自 2004 年以来，在财政压力和住房政策市场化倾向不断增强的背景下，维也纳市政府完全停止了新的社会住房的开发建设③。限制性营利住房协会在社会住房的开发建设方面发挥着日益重要的作用。限制性营利住房协会拥有的社会住房总量约占全国社会住房存量的 56%。根据奥地利限制性营利住房协会全国联合会（Österreichischer Verband Gemeinnütziger Bauvereinigungen – Revisionsverband）发布的数据，2016 年，奥地利共有各类限制性营利住房协会 185 个，提供社会住房总量为 908 300 套④。奥地利限制性营利住房协会包括合作社，公共企业控股的住房公司，社会团体（如工会、教堂）控股的住房公司和其他类型的限制性营利住房公司。其中，住房合作社提供社会住房占限制性营利住房协会提供社会住房总量的 46.2%，公共企业控股的住房公司提供的社会住房约占限制性营利住房协会提供社会住房总量的 23%，社会团体控股的住房公司提供的社会住房约占限制性营利住房协会提供社会住房总量的 26%，其他类型的限制性营利住房公司提供的社会住房约占限制性营利住房协会提供社会住房总量的 4%⑤。限制性营利住房协会既可以建设租赁型社会住房，也可建设出售型的社会住房。限制性营利住房协会的社会住房开发建设项目可以获得政府

---

① 根据奥地利 2011 年全国经济普查数据，2011 年全国各类住房存量为 4 441 408 套。

② Kathleen Scanlon, Christine Whitehead and Melissa F. Arrigoitia, *Social Housing in Europe*, Oxford, John Wiley & Sons, 2014, p. 63.

③ 同②。

④ "GBV-Jahresstatistik 2016", https://www.gbv.at/Document/View/4683.

⑤ C. Reinprecht, "Social Housing in Austria", in Kathleen Scanlon, Christine Whitehead and Melisa F. Arrigoitia, eds. *Social Housing in Europe*, Oxford: John Wiley & Sons, 2014, p. 65.

的资金支持，但社会住房的租金水平和销售价格均需符合政府的限制性要求，以满足低收入人群的住房需求。自 20 世纪 90 年代以来，一些符合条件的营利性住房公司（For-Profit Housing Companies）也可获得政府的补贴，为低收入人群建设和提供社会住房。营利性住房公司建设和提供的社会住房占全国社会住房的 11%。图 4-5 反映了奥地利不同社会住房提供者在所有社会住房提供中的比重。

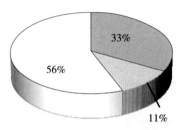

图 4-5　奥地利社会住房的提供者及其提供的社会住房数量所占比重

结构性融资的最大特点就是资金来源渠道多元化，不单纯依靠某种融资手段，能够有效满足住房开发建设的巨额资金需求。奥地利是社会住房开发建设结构性融资的典型代表，其社会住房开发建设融资主要包括以下几个渠道。

第一，政府拨款。政府给予社会住房开发建设机构住房建设补贴能够有效降低住房建设成本，是政府支持社会住房建设的重要方式之一，也是社会住房开发建设机构的一项重要资金来源。奥地利联邦政府将社会住房建设补贴通过转移支付的方式划拨到各州政府。州政府负责社会住房政策的执行，经审核将住房建设补贴发放给符合资质的社会住房开发建设机构。住房建设补贴资金的 75% 来自联邦政府预算资金，州政府仅贡献小部分资金。联邦政府住房建设资金主要来源于征收的个人所得税、公司税、企业和员工共同缴纳的住房建设金①。自

---

① 住房建设金（Housing Contribution）由企业和员工共同缴纳，各缴纳工资金额的 5%。

20 世纪 90 年中期以来，奥地利州政府社会住房建设补贴的力度趋弱。其主要原因包括：一是在 1996—2008 年的 8 年中，奥地利联邦政府住房补贴专项预算资金未见增长，如考虑通货膨胀因素，联邦政府实际住房补贴专项预算资金下降15%[1]；二是随着建筑材料价格的不断提高和住宅能源效率标准的提高，住房建设成本不断提高，住房建设补贴增长的速度难以达到住宅建设成本增长的速度；三是一些州政府增加了原有社会住房更新改造项目的补贴和对租户的直接补贴，挤占了新建社会住房补贴资金。受预算资金规模有限、建设成本不断提高、保证财政可持续性等多种因素的影响，政府拨款在社会住房建设项目资金来源中的比重十分有限。

第二，长期公共贷款。政府除了对社会住房建设项目发放直接补贴外，还通过提供低息贷款的方式支持新建社会住房开发，以增加社会住房的供给。长期公共贷款的贷款期限一般为 35 年，利率水平在 0—2% 之间，利率每 5 年进行一次调整。长期公共贷款由地方政府负责审核和发放。一般来说，政府拨款和长期公共贷款约占新建社会住房项目所需资金的 20%—60%。

第三，商业银行贷款。商业银行贷款是奥地利社会住房建设最重要的融资渠道，约占新建社会住房项目所需资金的 50%—70%。一般商业银行贷款利率较高，大大增加了社会住房开发建设机构的融资成本。为了解决社会住房开发建设机构的巨额资金需求，同时降低融资成本，奥地利于 1993 年通过立法允许国内银行建立住房建设银行。住房建设银行可通过发行债券的方式筹集资金，为社会住房开发建设机构提供贷款。具体来说，奥地利住房建设银行可通过发行"住房建设可兑换债券"，将其出售给个人储户或机构投资者，然后将获得的资金以贷款的方式发放给社会住房开发建设机构。为了鼓励个人和投资者购买"住房建设可兑换债券"，政府免除此类债券购买者的资本收益

---

① Kathleen Scanlon, Christine Whitehead and Melissa F. Arrigoitia, *Social Housing in Europe*, Oxford, John Wiley & Sons, 2014, p. 67.

税，这使得该类债券投资者的收益率比其他债券的收益率高出 0.3—0.4 个百分点。住房建设银行通过发行"住房建设可兑换债券"筹集的资金必须以贷款的形式发放给社会住房开发建设公司或机构。一般来说，住房建设银行发放给社会住房开发建设公司或机构的贷款期限为 25 年，贷款利率为 2%—3%，低于一般商业贷款利率。奥地利共有 6 家主要的住房建设银行，"住房建设可兑换债券"因风险低、税收优惠等特点而受到投资者的青睐。截至 2012 年年底，由住房建设银行发放的未到期贷款共计 140 亿欧元，占当年住房建设未到期贷款总额的 17%[①]。

第四，住房开发建设机构自身收入。奥地利社会住房公司或机构出租和出售社会住房的价格受到政府的管制，不能超过限定水平，体现有限营利的要求。对于一些规模较大，经营较好的社会住房公司和机构来说，租金和出售住房收入除了能够弥补日常运营成本外，仍有部分结余。将结余收入投到新建社会住房项目中可以降低外部融资的规模和成本。一般来说，社会住房开发建设公司和机构内部融资占所需资金的 5%—15%。

第五，租户股权投资。吸收和汇集租户资金是奥地利社会住房开发建设的另一资金来源。在新建社会租赁住房项目开发建设前，租户与住房建设机构签订协议，按规定标准投入一定数量的建设资金（如按每平方米 50 欧元出资），租户因此获得租住该住房的优先权。无能力贡献建设资金的低收入家庭可向当地政府申请无息贷款。如投入资金的租户计划中途搬走，住房建设公司和机构在按每年 1% 的扣缴比例扣除部分金额后将租户的投资返还。如果投资金额超过 60 欧元每平方米且居住年限超过 10 年，该租户将有权购买现租住的住房。这种做法类似于中国一些单位的集资建房，但在具体操作上又不完全相同。一般来说，租户投资约占新建开发建设住房项目所需资金的 0—15%。

---

① Jens Lunde and Christine Whitehead, *Milestones in European Housing Finance*, Oxford：John Wiley & Sons, 2016, pp. 61-62.

第五节　欧洲国家的住房补贴制度

发放住房补贴的主要目的是让低收入人群获得体面的住房，主要面向无法依靠自身收入水平满足住房需求的低收入群体。租房补贴除要求申请者需满足严格的收入条件限制外，对申请者租住房屋大小、房租水平都有一定限制，以确保申请者租住与自身收入水平、家庭结构和家庭人口规模相适应的住房，避免申请者凭借政府发放的住房补贴而进行住房的"过度消费"。本节对部分欧洲国家住房补贴制度的基本情况进行介绍。

一、奥地利的住房补贴政策（Wohnbeihilfe）

第一，资格条件。奥地利9个州申请住房补贴的收入限定标准不同，分别为：布尔根兰州（815—1160 欧元）、克恩滕州（0—1460 欧元）、下奥地利州（0—1300 欧元）、上奥地利州（400—1079 欧元）、萨尔茨堡州（0—1450 欧元）、施蒂利亚州（0—1250 欧元）、蒂罗尔州（0—1460 欧元）、福拉尔贝格州（申请者必须有全职工作且收入最高不超过 1414 欧元）、维也纳州（815—1200 欧元）。其中，4 个州不仅设定了收入的最高限额，还有最低收入要求。

第二，住房补贴金额水平。各州的补贴标准不同，平均来看，每个家庭每月租房补贴在 110—220 欧元之间。奥地利住房补贴的计算公式：住房补贴金额 = 实用居住成本 − 合理居住支出。实用居住成本（Applicable Housing Costs）是地方政府根据住房面积、房屋设施情况、房屋价值等因素评估设定的房屋的应付房租水平。合理居住支出（Reasonable Housing Expenses）主要根据家庭构成和家庭收入水平评估设定。一些州设定，房租支出占家庭收入的 25% 为合理居住支出。

第三，申请者住房保有形式要求。奥地利规定仅租房者可申请社会住房。

二、捷克的住房补贴政策（příspěvek na bydlení）

第一，资格条件。住房支出占收入的比重超过30%（布拉格超过35%）。

第二，住房补贴金额水平。住房补贴金额根据家庭收入水平和标准居住成本计算，标准居住成本由政府根据住宅位置、类型和家庭人口评估设定。例如，一个居住在布尔诺（Brno）的三口之家，家庭年收入总额为35 000捷克克朗，政府设定的标准居住成本为12 022捷克克朗，则该家庭可获得住房补贴金额为1522捷克克朗（12 022捷克克朗－35 000捷克克朗×30%＝12 022捷克克朗－10 500捷克克朗＝1522捷克克朗）。

第三，申请者住房保有形式要求。自有住房（商品房或合作社住房）和租房者均可申请。

三、丹麦的住房补贴政策（Boligstøtte）

第一，资格条件。租住的住房无独立厨房的低收入家庭，每个家庭中仅一位成员可申请租房补贴。

第二，住房补贴金额水平。补贴金额与房租水平（不包括水电费和取暖费）、房屋面积、家庭人口规模、家庭总收入水平、是否是退休领养金人员等因素相关。不同情况申请者获得住房补贴最高限额的规定如表4-14和表4-15所示。

表4-14　丹麦非退休人员住房补贴申请最高限额（2018年标准）

	最高限额
无同住子女家庭	1008丹麦克朗每月
有1—3个孩子同住的家庭	3543丹麦克朗每月
有4个及以上孩子同住的家庭	4429丹麦克朗每月

资料来源："Vil du søge boligstøtte"，https://www.borger.dk/bolig-og-flytning/Boligstoette-oversigt/Boligstoette-soege。

表4-15　丹麦退休人员住房补贴申请最高限额

	按新规定	按旧规定
有0—3个子女同住的家庭	3543丹麦克朗每月	3958丹麦克朗每月
有4个及以上子女同住的家庭	4429丹麦克朗每月	4947丹麦克朗每月

资料来源："Vil du søge boligstøtte", https://www. borger. dk/bolig－og－flytning/Boligstoette－oversigt/Boligstoette－soege。

第三，申请者住房保有形式要求。仅租房者可申请。对于领取疾病补贴和养老金者，即使居住在自有住房或合作社住房中，也可以申请住房支持，但这种支持是贷款的形式，不是真正意义上的福利补贴。

据丹麦社会福利专门机构（Udbetaling Danmark）①统计，目前丹麦全国共有55万个家庭领取住房补贴，相当于每2个租房家庭中就有一个家庭领取租房补贴。每年发放租房补贴的总金额约为140亿丹麦克朗。②

四、瑞典的住房补贴政策（Bostadsbidrag）

第一，资格条件。瑞典住房补贴的主要目标人群是低收入、有孩子家庭，没有孩子的18—28岁的年轻人也可以获得住房津贴。收入水平限制是申请住房补贴的一项重要条件，在当地注册的符合收入限制条件的人群均可申请，但不同年龄和家庭状况的人群申请住房补贴的最高收入限额有不同规定。第一类人群：年龄在18—28岁之间且无子女家庭。如果单身，申请住房补贴的最高收入限额为每年不超过86 720瑞典克朗；如果已婚或同居，申请住房补贴的最高收入限额为每年不超过103 720瑞典克朗。收入不仅指工资收入，也包括奖学金

---

① 2013年2月前,丹麦地方政府直接负责住房补贴申请、审核、发放等事项。2013年3月1日,丹麦政府将住房补贴的相关职能正式转交给丹麦国家社会福利专门机构(Udbetaling Danmark),由其负责住房补贴具体事务。

② "Housing Benefit is a Public Benefit Administered by Udbetaling Danmark", https://www. atp. dk/en/atp-as-an-administrator/udbetaling-danmark/housing-benefits.

和助学金等。第二类人群：有孩子的家庭。此类家庭申请住房补贴需满足的条件包括：有未成年或成年子女共同居住（共同居住子女在家居住天数每年至少30天、住房面积至少40平方米、至少有两个房间和一个厨房），家庭的居住成本需在每月1400克朗（居住成本包括房租、取暖费等）。

第二，住房补贴金额水平。满足条件的申请者可获得住房补贴金额水平是由其收入水平（包括工资收入、资本收入、福利补贴收入、奖学金等），居住成本（包括房租、抵押贷款月供、取暖费等），住房面积，家庭构成（单身、已婚、子女数量等）等多种因素决定的。申请者可在瑞典社会保险局（Försäkringskassen）网站上输入上述信息进行评估。例如，一位年龄在29岁以上的已婚申请者，家中有一未成年子女同住，本人月收入为1万瑞典克朗，配偶月收入为8000瑞典克朗，租住房屋面积40平方米，租金为每月3000瑞典克朗，则该申请者每月大概可获得住房补贴900瑞典克朗。2015年，瑞典有子女家庭每月可获得住房补贴的最高金额与孩子的数量相关，有1个孩子的家庭、有2个孩子的家庭、有3个以上孩子的家庭每月住房补贴的最高限额分别为3400瑞典克朗、4200瑞典克朗、5200瑞典克朗。年龄在18—28岁且没有孩子的申请者，住房补贴的最高限额为每月1300瑞典克朗。

第三，申请者住房保有形式要求。租房者和自有住房者均可申请。

五、爱尔兰的住房补贴制度（Rent Supplement）

（一）资格条件

第一，在提出租房申请时的过去12个月中至少有6个月（183天）租住私人租赁住房①或居住在无家可归者避难所。

---

① 6个月可以是租赁不同私人租赁住房的累计时间。

第二，如果在过去 12 个月中申请者曾获得过租房补贴，则申请者自动获得再次申请租房补贴的资格。

第三，租房补贴的申请者必须是失业者，从事全职工作或个体经营（每周工作 30 小时以上）的申请者无资格申请租房补贴。如果夫妻双方中有一人从事全职工作，则两人均无资格申请租房补贴。如果租房补贴申领者本人或其配偶找到工作，开始从事全职或个体经营（每周工作 30 小时以上），当地政府将对其收入情况进行评估，如果收入水平没有超过领取住房补贴的标准，其仍可获得租房补贴，但补贴金额会因收入水平的变化而调整。从事全职工作的申请者，如果收入水平符合表 4-16 中列出的不同情况下的限额，可以提交地方政府社会住房申请，进入政府社会住房轮候名单。进入社会住房轮候家庭也可申请爱尔兰住房支持计划（Housing Assistance Payment）。根据该计划，不愿在社会住房轮候名单中长期等待的申请人可以租住私人租赁住房，然后地方政府根据申请人本人的收入情况给予一定数额的租房补贴。获得住房支持计划租房补贴的申请者，不能再轮候政府社会住房。

表 4-16　爱尔兰不同收入等级人群申请社会住房的年收入限制标准

（单位：欧元）

	第一等级 （35 000—42 000）	第二等级 （30 000—36 000）	第三等级 （25 000—30 000）
单身家庭	35 000	30 000	25 000
2 个成年人共同生活且没有孩子的家庭	36 750	31 500	26 250
有 1 个孩子的单亲家庭	35 875	30 750	25 625
有 2 个孩子的单亲家庭	36 750	31 500	26 250
夫妻+1 个孩子的家庭	37 625	32 250	26 875
夫妻+2 个孩子的家庭	38 500	33 000	27 500
夫妻+3 个孩子的家庭	39 375	33 750	28 125

续表

	第一等级 （35 000—42 000）	第二等级 （30 000—36 000）	第三等级 （25 000—30 000）
夫妻+4 个及以上孩子的家庭	40 250	34 500	28 750
3 个成年人+4 个及以上孩子的家庭	42 000	36 000	30 000

资料来源："Social Housing Policy"，https://www. housing. gov. ie/sites/default/files/migrated-files/en/Publications/DevelopmentandHousing/Housing/table_with_2016_income_limits. pdf。

除了超过收入标准的全职就业人不能获得租房补贴外，以下几种情况申请人也不能获得租房补贴：没有正当理由放弃地方政府提供的社会住房的；由于反社会行为而被社会住房管理机构驱逐出租住社会住房的；正在接受全日制教育的；但接受爱尔兰社保局发放的返回教育津贴（Back to Education Allowance）学生也可申请住房补贴。

第四，与父母同住者无资格申请住房补贴。如果申请者父母有两套房产，且确能证明申请者向父母支付房租租住另外一套住房，符合条件的申请者也可以获得租房补贴。

第五，租住房东插间房者也可申请租房补贴。

（二）住房补贴金额水平

爱尔兰租房补贴的金额水平与申请者的收入水平密切相关，但决定补贴水平的收入不是指申请者的所有收入的汇总，有些形式的收入并不计入申请者收入中。根据爱尔兰政府的规定，申请者本人及家庭成员的收入均需计入总收入中，需计入申请者总收入的收入形式包括：工作净收入（工作收入减去缴纳的社会保险费和交通通勤费）、部分社会福利收入、部分抚养费（如离异家庭中一方向抚养孩子一方支付的抚养费）、资本收益（如果存款利息、投资所得）等。不计入申请者总收入的收入形式包括：育儿补贴、搬家补贴、护理补贴、残疾人补贴、助学金等。除了不计入的收入形式外，还存在一些可从总收入中扣除的收入形式，主要有部分养老金扣除和部分额外收入扣除。高出爱尔兰补充福利津贴（Supplementary Welfare Allowance）的养老金部分可从总收入中扣除。例如，夫妻两人均为 66 岁退休人员，按国家养老金最高标准计算，两人每周的养老金总额为 486.6 欧元，两人的补充福利津贴总额为每周 327.4 欧元，则可从总收入中扣除的金额为每周 159.2 欧元。对于申请者从事兼职工作、实习等获得的额外收入高于补充福利津贴的部分无需全部计入申请者收入，可按规定扣减一部分金额。关于申请者收入的计算爱尔兰政府有详细而复杂的规定，申请者在提交相关申请表格和个人收入家庭信息后，地方政府住房补贴管理审核机构会对申请者收入进行评估和计算。

住房补贴除了对申请者收入有严格限制外，对申请者租住的私人租赁住房的房租也规定了上限。不同地区、不同家庭结构的申请者，房租最高限额也不同。例如，在都柏林（除芬戈郡的其他郡），一个有两个孩子的双亲家庭，在申请租房补贴时，其所租赁的私人租赁住房月租最高不能超过 1275 欧元，高出房租限额地方政府一般会拒绝给予租房补贴，但也存在一些例外情况，如有家中有残疾人的家庭必须租住便于残疾人出入设施的房屋，但房租高出最高限额，此种情况审核部门将会灵活处理。从表 4-17 中可以看出，不同地区房租限额的差距比较大。

表 4-17　爱尔兰各郡不同类型租房补贴申请者租住私人租赁住房的最高房租限额

（单位：欧元）

	租住插间		租住独立住房				
	单身	夫妻	单身	没有孩子的双亲或单亲家庭	有 1 个孩子的双亲或单亲家庭	有 2 个孩子的双亲或单亲家庭	有 3 个孩子的双亲或单亲家庭
卡尔洛郡	270	290	440	510	570	600	630

	租住插间		租住独立住房				
	单身	夫妻	单身	没有孩子的双亲或单亲家庭	有1个孩子的双亲或单亲家庭	有2个孩子的双亲或单亲家庭	有3个孩子的双亲或单亲家庭
卡文郡	190	220	380	420	450	470	490
克莱尔郡	220	240	360	400	480	515	550
科克郡	300	330	550	650	900	925	950
多尼戈尔郡	200	230	340	370	410	470	520
芬戈郡	400	440	660	900	1150	1175	1200
都柏林其他郡	430	500	660	900	1250	1275	1300
戈尔韦市	330	360	575	650	850	875	900
凯里郡	200	230	380	410	525	550	575
基尔代尔郡	290	350	500	585	800	835	870
基尔肯尼郡	230	270	480	530	630	660	690
累伊斯郡	240	280	420	433	580	610	630
利屈姆郡	200	220	340	370	450	475	500
利默里克市郡	270	300	420	450	650	700	750
朗福德郡	180	200	330	350	400	425	450
劳思郡	250	290	460	480	660	690	720
梅奥郡	200	220	390	410	480	500	520
米思郡	240	310	460	500	730	740	750
莫纳汉郡	200	220	330	390	500	515	530
奥法莱郡	210	230	380	433	550	575	600
罗斯康芒郡	240	260	360	390	500	525	550
斯莱果郡	220	250	460	490	550	575	600

	租住插间		租住独立住房				
	单身	夫妻	单身	没有孩子的双亲或单亲家庭	有1个孩子的双亲或单亲家庭	有2个孩子的双亲或单亲家庭	有3个孩子的双亲或单亲家庭
提珀雷里郡	210	230	380	420	525	560	600
瓦特福德市郡	240	270	430	450	550	575	600
西米思郡	220	240	450	470	600	625	650
韦克斯福德郡	280	300	420	433	530	565	600
威克洛郡	250	300	440	475	700	735	770

资料来源："Maximum Rent Limits 2016-Effective 1st July 2016", https://www. welfare. ie/en/Pages/Maximum-Rent-Limits-by-County. aspx。

政府住房补贴不会支付申请者全部的房租，申请者必须自付一部分房租。自付部分与申请者本人和家庭成员收入水平、家庭结构等因素相关。有未成年子女或无子女的单亲家庭房租自付部分的最低额为每周30欧元，有未成年子女或无子女的双亲家庭房租自付部分的最低额为每周40欧元。夫妻两人领取退休养老金的家庭房租自付部分的最低额也为每周40欧元。

考虑到一些家庭成员中的成年子女需支付房租自付部分，自2017年1月起，爱尔兰政府降低了18—28岁年轻人房租自付标准。对于每周领取107.7欧元求职者补贴的年轻人，自付房租金额由原来的每周30欧元降至每周10欧元。每周领取152.8欧元求职者补贴、返回教育补贴、继续教育和培训补贴（Further Education and Training Allowance）等的年轻人自付房租金额由原来的每周30欧元降至20欧元。已成年且工作有收入的家庭成员将使家庭收入的整体水平提高，因而会使家庭获得的住房补贴减少。例如，某住房补贴申请家庭，夫妇有一个26岁的女儿，现已大学毕业工作，每周的收入为700欧元，则会使得家庭每周少获得107.14欧元的租房补贴。计算方法为700欧元÷196

（补充福利津贴额）×30 欧元 = 107. 14 欧元。

（三）申请者住房保有形式要求

爱尔兰规定，仅符合条件的私人租赁住房租户可以申请。

第六节 福利体制理论下欧洲社会住房政策的模式分类

丹麦学者艾斯平-安德森的福利体制（Welfare Regime）理论以去商品化①和福利多元主义②为核心，对不同类型的市场经济国家下政府在社会福利体制建构中的介入程度和参与机制进行了比较研究。在《福利资本主义的三个世界》一书中，艾斯平-安德森以社会权利作为起点，考察了不同福利国家的去商品化程度、社会分层体系以及福利制度中国家和市场的作用，并以此为依据将资本主义福利国家划分为三种模式：盎格鲁撒克逊国家的"自由主义福利模式"、欧洲大陆国家的"保守主义福利模式"、斯堪的纳维亚国家的"社会民主主义福利模式"。

一、自由主义福利模式

艾斯平-安德森认为，在自由主义体制下，工会的作用受到遏制，精英主义得到崇尚，平等主义深入人心，市场原则至高无上；货币交易关系在社会各阶层的福利关系中发挥主导作用，成为满足人们日益增长的对更高层次社会福利需要的一个主要供给者；国家和市场之间的二元化格局使公共福利支出增长最快的那部分越来越成为专门发放给贫困阶层的补贴，而对中产阶级的福利责任则越来越游离于政府福

---

① 去商品化（De-Commodification）是艾斯平-安德森社会福利体制理论的核心概念，是衡量社会权利能让个人（及其家庭）独立于市场力量之外获得社会可接受的生活水平程度的一个重要指标，即衡量个人福利相对独立于其收入之外且不受其购买力影响的保障程度的指标。

② 福利多元主义认为，社会中的福利主要是来自家庭、市场和国家，这三者共同提供福利，从而促成了一个整体的社会福利体系，也被称为"福利三角"。

利支出之外。① 概括来讲，自由主义福利模式的主要特点是公共福利范围狭窄，居支配地位的是社会救助，还有少量的普救式转移支付或作用有限的社会保险。因此，去商品化的程度较低。自由主义福利模式的典型国家主要有英国、美国、加拿大、澳大利亚等。

二、保守主义福利模式

保守主义福利模式起源于俾斯麦式的福利制度，具有明显的阶层化效果。在保守福利模式下，国家针对不同阶层制定不同的福利方案，巩固工资所得者之间的分化。国家的作用主要是维护社会阶层和地位的差异，保护既有的阶级分化现状。保守主义福利模式的主要目标是将个人的忠诚直接与君主制度或中央政府的权威结合在一起，中央统治的合作主义遗产根深蒂固。合作主义和教会有着传统渊源，传统的家庭关系在保守主义福利模式中占有重要位置。保守主义福利模式的主要特点可以概括为：国家强制的社会保险项目占据主导地位，而私人保险和企业附加福利则处于边缘地位，去商品化的程度较高。② 保守主义福利模式的典型国家主要集中在欧洲大陆，如德国、奥地利、法国、意大利等。

三、社会民主主义福利模式

社会民主主义福利模式排斥国家和市场之间、工人阶级和中产阶级之间的二元化局面，将普遍的权力资格与较高的收入给付有机结合起来，既能完全满足中产阶级的期望，又可以将身为社会公民的一般工人纳入一个不断向上攀升的福利制度，进而实现社会的普遍团结，巩固福利国家。社会民主主义福利模式的典型特点是社会权利资格的

---

① 彭华民：《西方社会福利理论前沿——论国家、社会、体制与政策》，北京：中国社会出版社，2009 年版，第 105 页。
② 黄燕芬、唐将伟：《福利体制理论视阈下英国住房保障政策研究》，载《价格理论与实践》，2018 年第 2 期，第 12 页。

确认与个人的工作业绩无关，将普救主义原则和去商品化的社会权利贯彻得最为彻底。寻求更高平等的福利国家，去商品化的程度也更高。该福利模式的典型国家有瑞典、挪威、丹麦、荷兰等。

表4-18展现了，福利体制理论关于福利国家模式的分类及其主要特征。

表4-18 福利体制理论关于福利国家类型的划分及其主要特征

	自由主义 福利模式	保守主义 福利模式	社会民主主义 福利模式
去商业化程度	低	相对较高	高
中央政府的影响	低	很强但非直接	强且直接
福利政策对传统家庭的重视程度	对传统家庭没有特殊偏好	特别重视传统家庭的作用	对传统家庭没有特殊偏好
政府、市场和国家在提供福利服务中的角色	市场介入社会福利并发挥主导地位	家庭起着非常重要的作用，国家只有当家庭功能欠缺时才介入	强调国家对福利的承诺和责任，高税赋高福利，公民享有高水平的福利
典型国家	英国、美国、加拿大、澳大利亚等	德国、奥地利、法国、意大利等	瑞典、挪威、丹麦、荷兰

资料来源：作者自制。

第五章　自由主义福利模式典型国家英国的住房政策调整

全球金融危机和欧债危机爆发后，英国宏观经济受到冲击，并从金融领域蔓延到房地产领域，表现为新房供给下降、房价上升，房价的持续上涨使得英国住房市场出现房价收入比上升、住房自有率下降、租房人群比重上升、"回巢"青年比重增加等特点。为了缓解住房市场的供需矛盾，英国政府一方面积极扩大商品房和社会住房供给，另一方面加大对购房者的支持力度，增加自有住房比重，促进住房市场供需趋向平衡。金融危机和房地产价格的上涨使得初入职场、收入尚不稳定的青年人的住房问题更加突出，许多青年人选择租住住房或与父母同住，英国青年传统住房路径发生偏离，自有住房已不是青年住房的主要保有形式。面对英国青年群体出现的多元化住房路径，英国政府出台了一系列青年住房支持政策。英国青年住房支持政策从增加住房有效供给、满足住房需求两个维度出发，对处于弱势地位的青年群体提供层层推进、相互衔接的综合性住房支持。

第一节　欧债危机以来英国宏观经济走势及其对房地产市场的影响

在欧元区经济难见持续复苏的背景下，英国经济复苏较为显著，呈现出向好趋势。2015 年，英国经济增速稳中有降，但增速仍然高于欧盟国家的平均增长速度。家庭消费是拉动英国经济增长的主要驱动力。家庭人均可支配收入的增长、家庭储蓄率的下降、税率的调低为家庭消费提供了强劲的增长动力。企业投资稳定增长是拉动英国经济增长的另一因素。投资的稳定增长得益于英国政府采取的降低公司税和营业房产税、中小企业融资支持等一系列的投资促进政策。然而，金融危机暴发后，英国政府一直坚持财政紧缩政策，政府消费对经济增长拉动有限。英国对外贸易逆差持续，净出口对经济增长的贡献为负。尽管英国经济呈现向好趋势，但也面临着劳动生产率增长缓慢、住房市场价格持续上涨、政府债务总额居高不下、经常项目失衡持续、英国脱欧等风险与挑战。

一、英国宏观经济持续复苏但增速放缓

受全球金融危机和欧洲债务危机冲击，如图 5-1 所示，英国经济在 2008—2009 年连续两年衰退，2009 年，英国经济下滑 4.3%，为二战以来的最大跌幅。自 2010 年恢复正增长以来，英国经济持续复苏，2014 年，经济增长 3.1%，首次超过危机前的增长水平。2015 年，英国经济增速稳中有降，全年增长率为 2.2%。2016 年第一季度，英国实际国内生产总值的增长率为 0.4%，这是自 2013 年第一季度以来英国经济连续 13 个季度增长。①

---

① 13 个季度中实际国内生产总值的平均增长率为 0.6%。

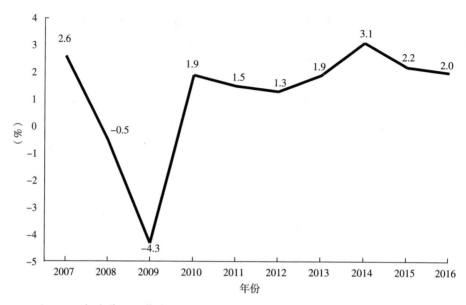

注:2016 年为英国预算责任办公室(Office for Budget Responsiblity)预测数据。
资料来源:英国国家统计局。

图 5-1 2007—2016 年英国实际国内生产总值增长率变化趋势

如图 5-2 所示,2015 年,英国经济增速在七国集团中排名第二,仅比增长最快的美国低 0.2 个百分点,不仅高于欧盟(2%)和七国集团(1.8%)的平均增长水平,也高于德国、法国、意大利等欧洲主要大国。2014 年,英国以当前市场价格计算国内生产总值首次超过法国,成为欧洲第二大经济体。2015 年,英国国内生产总值为 25 757.2 亿欧元,比法国高出 3946.6 亿欧元,继续保持欧洲第二大经济体的地位。① 2015 年,英国以当前市场价格计算的人均国内生产总值为 39 600 欧元,高于德国(37 100 欧元)和法国(32 800 欧元)的水平。②

---

① "Gross Domestic Product at Market Prices", http://ec. europa. eu/eurostat/tgm/refresh
TableAction. do? tab = table&plugin = 1&pcode = tec00001&language = en.

② 同①。

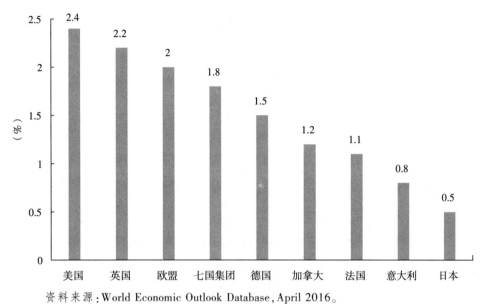

资料来源：World Economic Outlook Database，April 2016。

图5-2 2015年英国与主要发达国家经济体经济增长率比较

二、英国宏观经济增长因素分析

根据国内生产总值核算的支出法可知，家庭消费支出、政府消费支出、投资和出口是拉动经济增长的四个因素，下面对拉动英国经济增长的因素进行详细分析。

（一）家庭消费是拉动英国经济增长的主要驱动力量

2015年，英国家庭消费支出增长2.8%，对经济增长贡献1.7个百分点，成为拉动经济增长的主要驱动力。家庭人均可支配收入的增长、家庭储蓄率的下降、税率的调低为家庭消费提供了强劲的增长动力。第一，实际工资开始增长、就业形势持续改善、近乎为零的通胀率三个因素共同促进了英国家庭人均可支配收入的提高。2009年，英国的工资增长率由危机前的5.9%下降到0.2%，此后，工资增长率逐渐回升，2015 年达到 3.9%。[①] 英国的就业状况持续改善，保证了家庭收入的稳定增长。2015 年的失业率为 5.4%，远低于欧盟 9.4% 的平均水平。2016 年第一季度，英国失业率降低至 5.1%。2015 年，英国的通胀率几乎为零，2016 年第一季度略升至 0.3%，远低于英格兰银行2% 的调控目标。[②] 2015 年，英国实际的家庭人均可支配收入达到18 737 英镑，比 2014 年提高了 2.6%。[③] 第二，个人储蓄率的下降进一步释放消费潜力。受金融危机冲击，出于对不确定性和风险的担忧，2009 年，英国家庭储蓄率由 2008 年的 5.4% 提高到 9.3%，2010 年继续提高至 11%。此后，随着宏观经济的持续复苏和消费者信心的提升，英国家庭储蓄率持续下降，2015 年下降至 6.1%。第三，税率的调低进一步释放了家庭消费能力。增值税税率的降低不仅降低了消费品价格，也进一步增加了居民的实际可支配收入，起到了刺激消费需求的作用。英国的标准增值税税率为 20%，但英国政府对一些生活必需品征收 5% 的低增值税或免征增值税。英国对家庭用能源燃料、节能环保材料和某些住宅装修实行 5% 的低增值税税率，而食品、书籍、药品、供水、公共交通、新住宅建设则免交增值税。此外，英国提高个人所得税的起征点也降低了家庭税负，增加了实际可支配收入。2016 年，英国将个人所得税起征点由原来的年收入 10 600 英镑提高至 11 000 英镑，2017 年 4 月将进一步提高至 11 500 英镑。而最高税率起征点也由原来的 42 388 英镑提高到 43 000 英镑，2017 年 4 月将提高至 45 000英镑。

（二）企业投资稳定增长，是拉动英国经济增长的另一因素

受金融危机冲击，2009 年，英国总固定资本形成总额出现大幅下

---

① "Real Households & NPISH（S. 14 + S. 15）Disposable Income Per Head"，https://www.ons. gov. uk/economy/grossdomesticproductgdp/timeseries/ihxz.

② "Time Series：CPI ANNUAL RATE 00：ALL ITEMS 2015 = 100"，https://www. ons. gov. uk/economy/inflationandpriceindices/timeseries/d7g7.

③ "Time Series：Real Households & NPISH（S. 14 + S. 15）Disposable Income Per Head：CVM £ ：SA"，https://www. ons. gov. uk/economy/grossdomesticproductgdp/timeseries/ihxz.

滑，下滑幅度高达 15.2%。此后，在宽松货币政策和优惠信贷政策的刺激下，英国投资者信心逐渐恢复，投资持续增长。2014 年，英国总固定资本形成总额增速为 6.7%，超过金融危机前的速度[①]。2015 年，英国总固定资本形成总额达到 3088.7 亿英镑，增长 3.3%，增速虽然有所放缓，但总额接近金融危机前的水平[②]，对全年经济增长贡献 0.5 个百分点，是拉动英国经济增长的另一因素。[③]

英国投资的稳定增长得益于英国政府采取的一系列的投资刺激政策。这些政策包括：第一，降低公司税税率，减轻企业负担。英国公司税税率由 2010 年的 28% 降至 20%，英国成为二十国集团中公司税税率最低的国家。根据英国财政部提交的 2016—2017 财年预算案，2020 年，英国公司税税率将进一步降至 17%，将使 100 万家公司和企业受益。第二，降低营业房产税（Business Rates），减少个人和中小企业的经营成本。2015 年，英国政府对现行的营业房产税制度进行评估，并计划削减营业房产税，以降低经营者的税负。2016—2017 财年预算案规定，价值在 6000 英镑以下的商用房产免交营业房产税。从 2017 年 4 月开始，价值在 1.2 万英镑以下的商用房产也享受免税待遇。营业房产税不与经营者的经营状况和利润所得挂钩，构成经营者的固定成本，减免营业房产税将直接降低经营者的经营成本，有利于促进个人和中小企业投资。第三，制定中小企业融资支持政策，优化融资环境。2012 年 7 月 13 日，英国央行和财政部联合启动"贷款换融资计划"（The Funding for Lending Scheme），英国央行向商业银行和住房协会提供低息贷款，获得央行低息贷款的商业银行和住房协会再向中小企业和消费者发放贷款，进而促进中小企业扩大投资和家庭扩大消费。为

---

① 2007 年，英国总固定资本形成总额增长幅度为 5.7%。

② 2007 年，英国总固定资本形成总额为 3129.9 亿英镑。

③ "Home Economy Gross Domestic Product（GDP）Business Investment in the UK Business Investment in the UK：January to March 2016 Revised Results", http：//www. ons. gov. uk/cconomy/grossdomesticproductgdp/bulletins/businessinvestment/quarter1jantomar2016revisedresults#economic-background.

了防止房地产过热产生泡沫，从 2014 年 1 月起，参加"贷款换融资计划"的商业银行发放贷款的对象不再包括购房者，而只是面向中小企业。2015 年 11 月，英国央行和财政部宣布再次将"贷款换融资计划"期限延长至 2018 年 1 月。

（三）财政紧缩政策持续，政府消费对经济增长拉动有限

财政政策是调节经济的一个重要工具。金融危机爆发前，英国一直按照凯恩斯的"逆经济风向"原则，运用财政政策调节经济。金融危机爆发后，银行救助支出增加和税收收入下降使得英国财政赤字快速上升。截至 2009—2010 财政年度结束（2010 年 3 月底），英国政府财政赤字猛增到 1633 亿英镑（占国内生产总值的 10.9%），创二战以来的最高纪录。此后，英国开始实施大规模的财政紧缩计划，削减政府各项支出成为紧缩计划的核心内容。英国财政紧缩计划取得了较为明显的效果，截至 2014—2015 财政年度，英国财政赤字额降为 934 亿英镑，占国内生产总值的比重降为 5.2%。[①] 据英国财政预算办公室预测，2015—2016 财政年度，英国财政赤字占国内生产总值比重将进一步下降至 3.6%。严格的财政紧缩限制了政府的消费支出，政府消费对经济增长的拉动作用有限。2015 年，英国政府消费增长 1.5%，对经济增长的贡献为 0.5 个百分点。[②]

（四）净出口对经济增长的贡献为负

英国经济的外贸依存度高，2015 年，英国进出口贸易总额占国内生产总值的比重为 64%，出口总额和进口总额占国内生产总值的比重分别为 27% 和 29%。但自 1998 年以来，英国贸易收支长期处于逆差状

---

① "EU Government Deficit and Debt Return including Maastricht Supplementary Data Tables: Q1 2015", http://www. ons. gov. uk/economy/governmentpublicsectorandtaxes/publicspending/bulletins/eugovernmentdeficitanddebtreturnincludingmaastrichtsupplementarydatatables/2015-07-17.

② "Annex B-Growth and Contributions to Growth-Expenditure Components", https://www. ons. gov. uk/economy/grossdomesticproductgdp/datasets/annexbexpenditurecomponentsofukgdp.

态，贸易失衡问题长期持续。2015 年，英国货物贸易逆差 1263.3 亿英镑①，服务贸易顺差 877.6 亿英镑②，全年贸易差额为逆差状态，逆差额为 385.7 亿英镑，净出口拉低国内生产总值增长 0.5 个百分点③。商业服务和金融业是英国经济的支柱产业，具有明显的比较优势，服务贸易处于顺差状态。而货物贸易则处于逆差状态，服务贸易成为降低英国贸易逆差的重要因素。从国别来看，欧盟是英国对外贸易的第一大进出口市场。2015 年，英国对欧盟出口贸易额 1333.7 亿英镑，占英国出口贸易总额的 43.7%，英国从欧盟进口贸易额为 2186.7 亿英镑，占英国进口贸易总额的 53.2%。④ 受欧债危机冲击，英国传统出口市场欧盟国家的经济增长乏力，进口需求下降。面对这样的现实，英国积极发展与非欧盟国家特别是新兴国家的经济贸易关系，积极开拓新的出口市场。2008—2015 年，英国对非欧盟国家货物出口的年均增长率为 5%，对欧盟国家货物出口的年均增长率为-0.7%。

三、影响英国宏观经济增长的风险因素

（一）英国出现劳动生产率停滞现象

劳动生产率是衡量一国经济增长效率的一项重要指标。劳动生产率越高，相同时间内生产的产品和提供的服务就越多。近年来，劳动生产率增速缓慢成为制约英国经济长期发展的不确定性因素。英国这种经济持续复苏、就业稳定增长，而劳动生产率停滞的现象也被称为"生产率之谜"（Productivity Puzzle）。自 2007 年以来，英国劳动生产

---

① "Time Series：BOP：Balance：NSA：Total Trade in Goods"，https://www. ons. gov. uk/economy/nationalaccounts/balanceofpayments/timeseries/lqct.

② "Balance of Payments：Total Trade in Services"，https://www. ons. gov. uk/economy/nationalaccounts/balanceofpayments/timeseries/ktms.

③ "Annex B–Growth and Contributions to Growth–Expenditure Components"，https://www. ons. gov. uk/economy/grossdomesticproductgdp/datasets/annexbexpenditurecomponentsofukgdp.

④ "Summary of Import and Export Trade with EU and Non–EU Countries–Annual"，https://www. uktradeinfo. com/Statistics/Pages/Annual–Tables. aspx.

率增长缓慢，几乎处于停滞状态。2015 年，英国劳动生产率指数101.4，比 2014 年仅增长 0.8%。受全球金融危机的冲击，发达国家经济均受到一定程度的冲击，劳动生产率增速均出现放缓趋势，但英国劳动生产率在主要发达国家中排名靠后。2014 年，英国劳动生产率指数为 100.3，低于七国集团的平均劳动生产率水平，在七国集团国家中排名倒数第二，仅略高于意大利。

1. 英国劳动生产率停滞的原因

英国劳动生产率迟滞不前是多方面、多种因素共同作用的结果。以下几个因素可以从不同侧面对英国的"生产率之谜"作出解释。第一，经济周期因素。全球金融危机爆发后，英国经济受到冲击，市场需求疲软。在经济不景气的背景下，企业本应该解雇部门雇员，通过裁员来降低经营成本。但是，一些原因使得企业在经济不景气的情况下仍然愿意维持原有的雇佣人数。这些原因包括：企业担心经济转好后难以雇佣到自身需要的专业技术人才；危机期间，为了维持和扩大就业率，政府出台了一些措施阻止企业大面积裁员；为保持企业正常运转，企业必须保有一定数量的行政管理人员。在需求不旺、产出下降的情况下，企业仍然维持原有的人员雇佣规模，必然造成劳动生产率的周期性下降。这可以解释危机期间英国劳动生产率为什么出现下降。第二，一些结构性因素是导致英国劳动生产率呈长期下降趋势的重要原因。英国是工业革命的发源地，完善的工业和交通基础设施早在几百年前就已建成，随着经济和城市发展，英国基础设施老化问题越来越严重，成为制约英国经济增长的瓶颈。基础设施老化增加了企业投资成本，不利于企业投资规模的扩大。第三，政策性因素。在宽松货币政策和企业融资优惠政策的支持下，一些效率低下的企业可以从银行获得成本较低的贷款并得以存活，却挤占了新企业和新公司获得银行贷款的机会，不利于新企业的成长和效率的提高。可见，危机背景下英国政府对解雇雇员的限制和对问题企业的支持，限制了劳动力和资金向劳动生产率高的部门流动，这种现象也被看作是金融危机的后遗症。第四，低劳动生产率的自雇（Self-Employment）和临时就业者数量上升拉低了整体生产率水平。截至 2007 年 3 月底，英国自雇和临时就业者人数为 382.8 万人，占全部就业人口的 15.3%。到 2016 年 3 月底，自雇和临时就业者人数增加至 471 万人，比重提高至 17.7%。①

2. 英国采取多种措施促进劳动生产率的提高

从长期来看，只有劳动生产率不断提高，英国经济才能保持持续复苏趋势，英国家庭的生活水平才能不断提高。据英国财政部估算，英国经济增长率每年多提高 0.1 个百分点，到 2030 年，英国的国内生产总值就会增加 350 亿英镑，意味着每个英国家庭收入将增加 1100 英镑。生产率的提高还与英国公共财政状况密切相关，英国预算责任办公室预测，随着英国劳动生产率的提高，英国的公共债务状况将不断改善。此外，劳动生产率的提高还有利于提高英国产品在国际市场上的竞争力，进而有利于英国产品扩大出口，改善国际收支状况。劳动生产率的提高对于英国经济持续健康发展具有重要意义，为促进劳动生产率提高，英国政府提出了以促进长期投资和激发经济活力为核心的十五点计划。② 其中，一些重要举措如下。

第一，制定基础建设的中期计划，设立基础设施建设的专门管理机构。2015 年 10 月，英国设立全国基础设施委员会（National Infrastructure Commission），该委员会主要负责对英国长期基础设施项目的筛选和规划，并向议会和政府提交评估报告，陈述优先建设基础设施项目的重

---

① "Employees and Self-Employment by Age, UK, 2001 to 2016", https://www.ons.gov.uk/employmentandlabourmarket/peopleinwork/employmentandemployeetypes/adhocs/005894employeesandselfemploymentbyageuk2001to2016.

② 2015 年 7 月，英国财政大臣在向议会提交的题为《为未来发展奠定基础:建设一个更加繁荣的国家》(*Fixing the Foundations: Creating a More Prosperous Nation*) 的报告中详细阐述了英国劳动生产率停滞的现状、提高劳动生产率对英国经济的重要意义，并提出了促进英国劳动生产率提高的十五点计划。十五点计划包括促进长期投资和激发经济活力两大支柱。第一大支柱包括支持企业增加在人力资本、基础设施、研发等方面的投资。第二大支柱包括优化市场环境、融资环境、促进竞争等措施。

要性。全国基础设施委员会从专业角度向政府提出有关基础设施的独立性建议，有利于基础设施项目筛选过程的科学化和透明化。2016 年3 月，英国政府发布最新版的关于未来五年的基础设施建设规划——《2016—2021 年全国基础设施实施计划》(*National Infrastructure Delivery Plan 2016-2021*)。根据该计划，2016—2021 年五年间，英国政府将在基础设施领域投资 1000 亿英镑，同时积极吸引私人资本投资基础设施建设。2016 年 5 月 19 日，经过议会相关立法程序全国基础设施委员会正式成为政府的法定机构。

第二，增加交通基础设施投资，打通企业运输物流通道。长期以来，英国交通基础设施投资水平低于经合组织国家的平均水平。1995—2013 年，英国交通基础设施投资占国内生产总值的比重在 0.6%—0.8%之间，低于经合组织国家 0.9%—1%的平均水平。交通基础设施的不足导致英国交通运力不足和交通拥堵问题日益严重，严重影响经济效率的提高。2015 年 7 月，时任英国财政大臣奥斯本宣布到 2020—2021 年间建立一个新的公路基金 (Roads Fund)，为国家战略性公路网建设提供资金支持，新公路基金的资金全部来源于机动车税 (Vehicle Excise Duty)。2020—2025 年，在新公路基金的基础上建立英国公路投资战略基金 (Roads Investment Strategy)。同时，英国还在积极加快铁路和机场的更新和建设。英国高速铁路 2 号项目预计于 2017 年开工建设，伦敦希思罗国际机场将进行扩建，设计招标已于 2016 年 5 月开始。

第三，加强能源基础设施建设，为企业发展提供能源保障。高质、稳定和廉价的能源供应是企业发展的重要保障，有利于企业生产效率的提高。为此，英国政府加大对能源基础设施、特别是绿色能源基础设施的建设投资力度。2016 年第一季度，英国煤炭发电比重由 2015 年第一季度的 30.8%降至 15.8%，下降了 15 个百分点，而天然气发电比重则由 24.7%上升到 37.8%，核电站发电比重比 2015 年第一季度下降 0.7 个百分点，可再生能源（水能、风能、太阳能等）发电比重由 22.8%上升至 25.1%。综合来看，英国低碳能源发电量比重呈现上升趋势，电力供应正朝绿色环保方向发展。2016 年第一季度英国低碳能源发电比重为 43.8%，比去年同期提高了 2 个百分点。① 水能、风能、太阳能发电虽然清洁环保，但具有发电量小和不稳定的特点，为了获得稳定清洁的电力供应，英国政府积极引进外资进入核电领域，加快本国核电站建设。2015 年 10 月，中国广核集团与法国电力集团签署协议共同出资建设欣克利角 C 核电站。据英国能源与气候变化部估算该项目建设期间将为英国带来 2.5 万个工作岗位，核电站建成后，其发电量将占英国电力供应的 7%，将为 600 万个英国家庭提供稳定、清洁的电力供应，大大增加英国低碳电力供应的比重。②

第四，增加研发与创新投入，为企业创新提供资金支持。当时，英国政府研发支出约占国内生产总值的 1.7%，低于欧盟 2%的平均水平。为了支持和鼓励企业创新，英国政府成立了专门企业创新服务机构，每年通过该机构为符合条件的企业创新项目提供配套资金支持。自 2007 年以来，该机构已为 7600 家创新企业提供配套资金支持，累计支持金额达 18 亿英镑。③ 2016—2017 财政年度，英国政府计划为各类企业创新项目提供 5610 万英镑的资金支持，所有符合条件的英国企业均可申请。④ 英国政府还对创新企业实行税收减免政策，按照创新项目金额和企业规模，进行税收减免。

第五，继续优化企业融资环境，为中小企业发展提供融资便利。截至 2015 年 3 月，英国拥有各类注册小企业（雇员在 49 人以下）约 240 万家，占英国全部企业的 98%。小企业在创造就业、商业创新和

---

① "Energy Trends", https://assets. publishing. service. gov. uk/government/uploads/system/uploads/attachment_data/file/533822/Energy_Trends_June_2016. pdf.

② "5 Reasons Why We Are Backing Hinkley Point", https://www. gov. uk/government/news/5-reasons-why-we-are-backing-hinkley-point-c.

③ "Innovate UK", https://www. gov. uk/government/organisations/innovate-uk/about.

④ "Innovate UK. Delivery Plan 2016 to 2017", https://assets. publishing. service. gov. uk/government/uploads/system/uploads/attachment_data/file/514838/CO300_Innovate_UK_Delivery_Plan_2016_2017_WEB. pdf.

活跃经济等方面发挥重要作用。中小企业发展面临的一个瓶颈就是融资困难，特别是在金融危机冲击、银行收紧信贷的背景下，中小企业融资困难问题更加突出。金融危机爆发以来，英国政府通过实行宽松货币政策、降低企业税负、"贷款换融资计划"等措施，为中小企业提供融资支持。

（二）英国政府债务总额居高不下

自欧债危机爆发以来，英国政府债务总额及其占国内生产总值的比重持续上升。2009 年，英国政府债务总额达 9621.3 亿英镑，占国内生产总值的比重为 65.7%，首次超过欧盟稳定与增长公约规定的 60% 上限。2010 年，英国政府债务总额突破 1 万亿英镑，比危机前的 2007 年增加了 86.3%。此后，英国政府债务总额增幅虽然有所放缓，但仍呈现明显的上升趋势。2015 年，英国债务总额到达到 16 450.8 亿英镑，占国内生产总值的比重接近 90%。受脱欧公投影响，英国公共债务上升压力继续加大。脱欧严重影响市场信心，投资和消费的下降将导致税收下降，为刺激经济增长政府支出将会增加。据英国《经济学人》预测，2018 年英国政府债务占国内生产总值的比重将上升至 100%。[①]

（三）经常项目失衡持续，海外直接投资收益下滑成赤字主因

1999 年英国经常项目赤字开始出现大幅攀升，由 1998 年的 41.9 亿英镑，上升到 246.5 亿英镑，上升了将近 5 倍。此后的 7 年中，经常项目赤字一直在 170 亿—250 亿英镑之间波动。2006 年，英国经常项目赤字超过 300 亿英镑，此后虽有波动，但赤字水平整体呈现上升的趋势。2015 年，英国经常项目赤字突破 1000 亿英镑，赤字总额占国内生产总值的比重达到 5.4%，两项指标均创下历史高位。

[①] "Referendum Result will Stop the Recovery in Its Track"，https://country. eiu. com/article. aspx？articleid=1054365689.

　　货物贸易持续逆差和海外直接投资收益下降是英国经常项目失衡的两大主要原因。

　　第一，货物贸易持续逆差，服务贸易盈余难以弥补，是导致贸易赤字的主要因素。从表5-1可以看出，2007—2015年英国货物贸易持续逆差，且呈逐渐上升趋势。英国货物贸易差额持续赤字与其偏重发展金融服务业，忽视制造业发展密切相关。英国服务业占国内生产总值的比重高达70%，是名副其实的支柱产业。而工业部门却出现了工业增加值比重和工业部门就业人口比重下降的"去工业化"趋势。2011—2015年，英国平均每年工业制成品的进口额占国内生产总值的11.6%，而年均出口额占国内生产总值的比重则为8.3%，[①] 工业制成品贸易逆差成为导致英国货物贸易逆差的主要因素。为了摆脱产业"空心化"的现状，提升英国工业产品竞争力，占领新一轮工业革命的制高点。英国政府出台了以"再工业化"为核心的经济政策，积极推动高科技产业、高端制造业、创意设计的发展，实现传统工业的升级，使制造业重新回归繁荣，提升英国制造业竞争力。

---

　　① Andrew A. Amankwah, Annie Chirambo and Matthew Luff, et al. "Economic Reviw: April 2016", https://www.ons.gov.uk/economy/nationalaccounts/uksectoraccounts/articles/economicre view/april2016.

表 5-1 2007—2015 年英国经常项目及其详细账户差额情况

（单位：亿英镑）

	2007 年	2008 年	2009 年	2010 年	2011 年	2012 年	2013 年	2014 年	2015 年
经常项目差额	-374.9	-550.0	-448.3	-430.6	-290.9	-614.3	-764.4	-850.0	-1002.6
贸易差额	-399.4	-461.9	-343.6	-425.9	-270.6	-373.3	-392.4	-362.2	-385.7
货物贸易差额	-905.4	-950.3	-866.2	-973.8	-949.6	-1109.1	-1206.6	-1225.8	-1263.3
服务贸易差额	506.0	488.4	522.7	547.9	679.0	735.7	814.3	863.5	877.6
初次收入账户差额	164.3	52.8	53.6	201.9	196.5	-21.9	-103.4	-237.7	-370.2
职工收益	-7.3	-7.2	-2.6	-3.9	-1.7	-1.5	-3.3	-4.7	-2.0
投资收益差额	166.3	56.3	48.6	204.7	195.9	-17.7	-95.4	-226.4	-357.6
直接投资收益差额	394.2	261.2	237.6	478.3	534.9	348.6	278.1	132.9	-29.3
证券投资收益差额	-30.2	-78.2	-54.3	-138.7	-194.2	-215.6	-256.0	-256.4	-227.5
其他投资收益差额	-203.9	-134.4	-142.5	-142.1	-152.4	-157.6	-124.0	-109.4	-109.4
储备资产差额	6.1	7.8	7.8	7.1	7.6	6.9	6.5	6.5	8.6
其他初次收入差额	5.4	3.6	7.6	1.1	2.3	-2.7	-4.7	-6.5	-10.6
二次收入账户差额	-139.8	-140.9	-158.4	-206.6	-216.7	-219.1	-268.6	-250.1	-246.8
政府间无偿转移差额	-119.7	-112.5	-130.0	-170.6	-181.8	-182.7	-227.1	-208.4	-204.8
私人无偿转移差额	-20.0	-28.5	-28.4	-36.1	-34.9	-36.4	-41.5	-41.7	-42.0

资料来源：英国国家统计局。

第二，对外直接投资收益下降导致初次收入账户赤字扩大。自2012年以来，英国初次收入账户持续呈现赤字状态，赤字额呈快速上升趋势。2015年，英国初次收入账户赤字额达到370.2亿英镑，比2012年增加了近16倍。在初次收入账户各项目中，直接投资收益差额的变化最为明显，是导致初次收入账户出现赤字的最主要因素。2011年，英国直接投资收益差额为534.9亿英镑，此后快速下滑的趋势，2015年，则进一步下降至赤字状态，逆差额为29.3亿英镑。直接投资收益差额呈现逆差状态说明英国海外直接投资企业获得的投资收益额小于外国企业在英国进行直接投资所获得的投资收益额。英国海外直接投资收益的下降是多种因素合力作用的结果。首先，英国企业海外直接投资存量增长不明显，投资收益率下降明显，导致英国海外直接投资收益总额下降，国际收支平衡表中的贷方项目减少。2011年，英国海外直接投资存量约为12 971亿英镑，2015年上升至13 766亿英镑，增长了6.1%。但是，英国海外直接投资的收益率下降趋势明显。2011年，英国海外直接投资收益率为8.1%，2015年下降至4.3%，下降了近4个百分点。[①] 其次，英国吸引的外国直接投资存量总额增长明显，但在英外国直接投资收益率并无明显下降，导致在英外资企业投资收益总额上升，引起国际收支平衡表中的借方项目增加。2011年，英国吸引直接投资存量为9865亿英镑，2015年上升至13 221英镑，上升了34%，其上升幅度远高于英国企业在海外的直接投资存量的上升幅度。而外国企业在英国投资的收益率相对稳定，2011年收益率为5.2%，此后虽有下降，但下降幅度不大，2015年收益率为4.8%，比2011年仅下降0.4个百分点。[②] 最后，初级产品和油气资源价格下降，对英国海外投资收益产生消极影响。2009—2015年，英

---

① Sami Hamroush, Matthew Luff and Andrew Banks, et al. "An Analysis of the Drivers behind the Fall in Direct Investment Earnings and Their Impact on the UK's Currrent Account Deficit", https://www.ons.gov.uk/economy/nationalaccounts/balanceofpayments/articles/ananalysisofthedriversbehindthefallindirectinvestmentearningsandtheirimpactontheukscurrentaccountdeficit/2016-03-31.

② 同①。

国企业在海外服务业、加工制造业部门的直接投资收益在海外直接投资收益总额中的比重比较稳定，而在海外矿业部门直接投资受益的变化最大，成为导致经常项目中初级收入账户赤字的重要原因。2011年，英国企业在海外矿业部门直接投资的收益总额为248.1亿英镑，而同期外国企业在英国矿业部门直接投资收益总额为63.2亿英镑，计入贷方项目的英国企业收益相当于计入借方项目的外国企业收益的4倍，2015年两者的差距仅为21.6亿英镑，英国企业在海外矿业部门直接投资收益对初级收入账户盈余的贡献率大大降低。① 随着，世界能源价格大幅下滑，2015年，世界初级能源价格指数②由2011年的100下降至51，下降了将近一半。③ 初级能源价格的持续下降直接导致采矿和石油开采部门利润率的下降。如表5-2所示，2015年，英国海外矿业部门直接投资收益率由2011年的10.7%降至1.9%。外国企业在英国矿业部门的直接投资收益率也出现下滑，而且与英国在海外矿业直接投资收益率趋同。

表5-2　2009—2015年英国企业在海外矿业部门直接投资存量和收益率及
外国企业在英国矿业部门直接投资存量和收益率比较

（单位：亿英镑,%）

年份	英国企业在海外矿业部门直接投资存量	英国企业在海外矿业部门直接投资收益率	外国企业在英国矿业部门直接投资存量	外国企业在英国矿业部门直接投资收益率
2009	1905	7.5	1212	5.4
2010	2177	10.0	1305	3.4

① Sami Hamroush, Matthew Luff and Andrew Banks, et al. "An Analysis of the Drivers behind the Fall in Direct Investment Earnings and Their Impact on the UK's Currrent Account Deficit", https://www. ons. gov. uk/economy/nationalaccounts/balanceofpayments/articles/ananalysisofthedriversbehindthefallindirectinvestmentearningsandtheirimpactontheukscurrentaccountdeficit/2016-03-31.

② 国际货币基金组织统计的初级能源价格指数由原油价格指数、天然气价格指数和煤炭价格指数的算术平均数求得。

③ 同①。

年份	英国企业在海外矿业部门直接投资存量	英国企业在海外矿业部门直接投资收益率	外国企业在英国矿业部门直接投资存量	外国企业在英国矿业部门直接投资收益率
2011	2319	10.7	973	6.5
2012	2122	9.3	1182	5.4
2013	2512	7.2	1463	2.2
2014	2297	6.4	1564	4.1
2015	2308	1.9	1304	1.7

资料来源：Sami Hamroush, Matthew Luff and Andrew Banks, et al. "An Analysis of the Drivers Behind the Fall in Direct Investment Earnings and Their Impact on the UK's Currrent Account Deficit", https://www. ons. gov. uk/economy/nationalaccounts/balance ofpayments/articles/ananalysisofthedriversbehindthefallindirectinvestmentearningsandtheirim pactontheukscurrentaccountdeficit/2016-03-31。

第二节　英国住房市场变化与住房政策调整

房价的持续上涨使得英国住房市场出现房价收入比上升、住房自有率下降、租房人群比重上升、"回巢"青年比重增加等特点。为了缓解住房市场的供需矛盾，英国政府一方面积极扩大商品房和社会住房供给，另一方面加大对购房者的支持力度，增加自有住房比重，促进住房市场供需趋向平衡。

一、英国社会住房供给短缺问题突出

根据英国名为"庇护所"（Shelter）的住房慈善机构公布的数据，2017年，英格兰地区共有115.5万社会住房轮候家庭，而城市住房委员会可供分配的社会住房仅有29万套，社会住房供给存在86.5万套的巨大缺口。在这115.5万轮候家庭中，有三分之二的家庭等待时间

已达 2 年，27%的轮候家庭等待时间已达 5 年。一些大城市房价高、人口密集，社会住房供需缺口更大。例如，2017 年，英国英格兰大伦敦①的自治市纽汉区②（London Borough of Newham）共有社会住房轮候家庭 25 729 个，而可供分配的社会住房数量仅为 588 套。位于英格兰东南部的布莱顿-霍夫（Brighton and Hove）共有社会住房轮候家庭 24 392 个，而可供分配的社会住房数量仅为 949 套。③英国社会住房巨大的供需缺口与社会住房存量的锐减存在很大关系，而社会住房存量减少与英国实行的鼓励购房的"购买权计划"密切相关。2017 年，英国社会住房存量为 200 万套，比开始推行"购买权计划"改革时的 1980 年减少了 450 万套，下降幅度为 69%。实行"购买权计划"的目的是帮助租住社会住房的租户实现拥有自有住房的愿望，同时也借此实现社会住房建设资金的回笼，为新的社会住房的建设提供资金融通。最初的计划是实行"卖一套建一套"原则，促进社会住房的更新。但是，随着建房成本的提高，住房协会和地方政府基本是按照"卖五套建一套"的比例新建社会住房。在这种卖多建少的情况下，必然出现社会住房存量不断减少的趋势。英国地方政府协会（Local Government Association）④ 对英国社会住房存量不断减少的趋势发出警告。该协会以牛津社会住房存量的变化为例，指出自 2012 年以来，在"购买权计划"框架下，牛津已售社会住房数量为 54 581 套，而新建社会住房数

---

① 大伦敦是英格兰下属的一级行政区划,包含伦敦城(City of London,伦敦城是一个拥有特殊地位的城市,在行政上与大伦敦同等级,并不是伦敦自治市)和 32 个伦敦自治市,共 33 个次级行政区,靠内的 12 个自治市加上伦敦城统称内伦敦,靠外的 20 个自治市统称外伦敦。大伦敦地区面积为 1579 平方千米,人口约 877.8 万(2016 年)。

② 纽汉区是英国英格兰大伦敦的自治市,位于伦敦市以东约 5 千米(3 英里),是内伦敦的一部分,人口约 24.8 万,面积 36.22 平方千米。

③ "More than 1m Families Waiting for Social Housing in England", https://www.theguardian.com/society/2018/jun/09/more-than-1m-families-waiting-for-social-housing-in-england.

④ 地方政府协会是一个由英格兰和威尔士地方政府组成的组织。地方政府协会以促进地方政府善治为宗旨,不同地方官员在协会内密切沟通以优化政策决策。地方政府协会代表地方政府与中央政府沟通协调,表达地方政府的利益诉求。截至 2016 年,此类政府协会共包括各级地方政府和机构 435 个,其中英格兰地区的市郡 349 个、威尔士地区的市郡 22 个、消防局和国家公园等小型机构 64 个,地方政府协会的总部设在伦敦。

量仅为 12 472 套，二者相差 42 109 套。^① 2017 年，英格兰地区地方政府已完工新建社会住房仅为 1840 套，而地方政府在"购买权计划"框架下出售社会住房 13 416 套。^②

英国社会住房存量的减少除与推行"购买权计划"密切相关外，还与英国政府倡导加大建设可支付性住房的理念有关。英国倡导建设的可支付性住房包括可支付性租赁住房（房租比社会住房房租高30%）和共有产权住房^③。

二、住房市场房价持续上升且地区差距明显

在 1980—2015 年的 36 年中，英国只有 7 个年度的住房价格指数出现下降，分别为 1990—1993 年的 4 年、2008 年、2009 年和 2011 年。受全球金融危机冲击，2009 年英国住房价格指数出现自 1980 年以来的最大跌幅，下降幅度为 7.6%。2012 年以后，英国的住房价格指数持续攀升，2015 年英国住房价格指数为 214.4，比 2014 年上升 6.6%。

如表 5-3 所示，英国房价水平和增幅在不同地区表现出较大差异，2016 年 4 月，英国全国平均每套房屋价格约为 20.9 万英镑，与 2015 年同期相比增长 8.2%。经济发达的英格兰地区住房均价增幅明显高于其他地区。英格兰地区平均每套房屋价格约为 22.5 万英镑，房价年度增幅为 9.1%。住房均价最低的地区是北爱尔兰，平均每套房屋价格约

---

① Benjamin Kentis, " Council Housing Numbers Hit Lowest Point Since Records Began ", https://www. independent. co. uk/news/uk/politics/council – housing – uk – lowest – level – records – began–a8059371. html.

② "Council Homes Sold Through Right To Buy", http://england. shelter. org. uk/professional_ resources/housing_ databank/results? area _ selection = 64&data _ selection = C12&selected _ min = 1997&selected_max = 2017.

③ Benjamin Kentis, " Fewer Social Homes Being Built than at Any Time Since Second World War, Official Figures Reveal ", https://www. independent. co. uk/news/uk/politics/fewer – social – homes– second – world – war – local – authorites – councils – housing – tenants – right – to – buy – a8047011. html.

为 11.8 万英镑，住房价格涨幅最小的地区为威尔士，房价年度涨幅仅为 1.7%。伦敦的房价和涨幅领跑全国，成为英国购房难度最大的城市。2016 年 4 月，伦敦平均每套房屋的价格约为 47 万英镑，房价比 2015 年 4 月上涨了 14.5%。

表 5-3　2016 年 4 月英国不同地区房价均屋及变化幅度比较

（单位：英镑，%）

	每套住房均价	月度变化幅度	年度变化幅度
北爱尔兰	117 524	−1.0	5.9
苏格兰	138 445	1.5	3.3
威尔士	139 385	−1.9	1.7
英格兰	224 731	0.7	9.1
伦敦	470 025	0.6	14.5
英国	209 054	0.6	8.2

资料来源：UK House Price Index summary：April 2016。

注：北爱尔兰数据为 2016 年第一季度数据，其他为 2016 年 4 月数据。

英国房价上涨的主要原因是住房供给难以满足不断增长的住房需求。根据英国政府对住房市场的中期需求评估，当时英国住房市场每年新增商品房供给约 15 万套，2012—2021 年平均每年新组建家庭约为 22 万个，住房市场需求与供给之间存在明显的缺口。在 1979—1980 至 1989—1990 财政年度的 11 年中，英国每年新建各类住房（商品房和社会住房）的数量均在 20 万套以上，1979—1980 财政年度新建住房总数最高，达到 25.2 万套。1990—1991 至 2002—2003 财政年度，英国每年新建住房的数量均在 20 万套以下。2012—2013 财政年度英国新建住房数量降至 13.3 万套，为 20 世纪 20 年代以来的最低值。2014—2015 财政年度，英国新建住宅数量虽然回升至 15.2 万套，但与 1980 年相比，下降了 40%。①

二、英国住房市场出现新特点

房价的持续上涨使得英国住房市场出现房价收入比上升、住房自有率下降、租房人群比重上升、"回巢"青年比重增加等特点。

（一）特点一：房价收入比上升，购房者压力增大

房价持续上涨与实际收入的下降导致购房者房价收入比上升。② 1972—2002 年，英国首次购房者的房价收入比在 2—3 之间波动，处于合理的房价收入比区间。③ 从 2003 年开始，英国首次购房者的房价收入比超过 4，此后虽有波动，但都高于 4 这个数值。2015 年，英国首次购房者的房价收入比达到 4.5，而 22—29 岁首次购房者的房价收入比为 9，说明年轻人的购房难度和压力更大。

（二）特点二：住房自有率下降

二战以来，英国的住房自有率不断提高，逐渐形成了一个"住房自有社会"。2003 年，英国家庭住房自有率达到 70.9%。2008 年以后，受美国次贷危机和欧债危机的双重冲击，英国金融机构对住房贷款发放大幅收紧，加上房价持续上涨，英国整体住房自有率出现下滑趋势。2014—2015 财政年度，英国的住房自有率下降至 63.6%，比峰值最高年份的 2003 年下降了 7.3 个百分点。④

---

① "UK Perspectives 2016: Housing and Home Ownership in the UK", https://www. ons. gov. uk/peoplepopulationandcommunity/housing/articles/ukperspectives2016housingandhomeownershipintheuk/2016-05-25.

② 国际上通用的房价收入比的计算方式，是以住宅套价的中值，除以家庭年收入的中值。

③ 一般认为，合理的房价收入比的取值范围为 4—6，若计算出的房价收入比高于这一范围，则认为其房价偏高，房地产可能存在泡沫，高出越多，则存在泡沫的可能性越大。

④ "English Housing Survey Headline Report 2014-15", https://www. gov. uk/government/statistics/english-housing-survey-2014-to-2015-headline-report.

（三）特点三：租房人群比重上升

随着房价的持续攀升，购房压力越来越大，许多人不得不选择租住私人租赁住房。2000 年，租住私人租赁住房的比重为 10%，2014—2015 财政年度，这一比重上升至 19%。受经济状况和工作的限制，年轻人租房的比重更高。2015 年，30—34 岁独立居住年轻人中，租房居住的占 54.3%。对于年龄在 20—24 岁之间独立居住的年轻人来说，租房人群的比重高达 91%，只有 9% 的人拥有自己的住房。

（四）特点四："回巢"成为当前英国青年住房路径的无奈选择

全球金融危机爆发后，住房信贷收紧、房价持续攀升、青年就业形势严峻，越来越多的英国年轻人选择与父母同住，成为"回巢"一族。1996 年，选择与父母同住的英国年轻人（20—34 岁）总数为 270 万，2015 年，这一数量上升至 330 万，平均每 4 个年轻人中就约有 1 人与父母同住。

三、英国政府加大住房市场调节力度，促进住房市场供需平衡

为了缓解住房市场的供需矛盾，英国政府一方面积极扩大商品房和社会住房供给，另一方面加大对购房者的支持力度，增加自有住房比重，促进住房市场供需恢复平衡。

（一）为开发商提供融资支持，稳定商品房市场供应

2014 年 5 月，英国政府设立总额为 5.25 亿英镑的住房建设融资基金（Builders Finance Fund），为因资金困难而被迫停工或延迟开工的住房建设项目提供低息贷款支持。申请融资支持的住房建设项目的规模须在 15—250 套住宅。2015 年 7 月，英国政府宣布延长住房建设融资基金支持计划至 2020—2021 财政年度，并同时向建设规模在 5—14 套住宅的中小开发商开放申请。

（二）实施"首次购房者支持计划"（Starter Homes Scheme），为青年购房者提供更多房源

"首次购房支持计划"是英国政府增加住房供给、提高住房自有率的代表性政策之一。2016年5月，英国议会通过《2016年住房与规划法》（*The Housing and Planning Act 2016*），该法对"首次购房者支持计划"做了详细规定，将其纳入正式的法律框架。根据该计划，23—40岁以下的英国年轻人购买25万英镑（伦敦为45万英镑）以下的住房，可以获得20%的购房折扣，但要求所购房屋5年内不得上市交易和出租。到2020年，英国将为"首次购房支持计划"建造20万套住房，为青年购房者提供稳定房源，提高青年人的住房自有率。

（三）降低购房门槛，支持消费者购买自有住房

为支持购房者购房，促进住房市场供需平衡。2013年3月20日，时任英国财政大臣奥斯本在2013—2014年度的财政预算案中正式提出了"购房援助计划"（Help to Buy Scheme）。根据首付比例、购买房产价值、贷款形式、申请者收入等标准的不同，"购房援助计划"可以划分为"股本贷款计划"（Equity Loan）、"住房抵押贷款担保计划"（Mortgage Guarantee）、"共有产权计划"（Shared Ownership）和"个人储蓄账户计划"（Individual Savings Account）4种形式。

1. "股本贷款计划"

从2013年4月1日起，购买价值在60万英镑以下新房的购房者自己只需首付房款的5%，政府将最多提供房产总值20%的股本贷款，剩余75%的房款可办理商业按揭贷款。申请股本贷款的购房者可以是首次购房也可以卖旧房买新房，所购房屋必须自住，不得用于出租。"股本贷款计划"大大降低了购房者的购房门槛，促进了住房市场需求的增长。2015年11月，英国财政部秋季财政报告中提到政府将"购房援助计划"中的"股本贷款计划"延长至2021年。伦敦地区的房价远高于其他地区，为了有效保证伦敦地区消费者的住房需求得到支持，2016 年 2 月，英国政府宣布了专门针对伦敦地区的"股本贷款计划"，规定伦敦购房者首付购房款的 5%，购房款的 40% 可申请政府贷款，其余 55% 房款可申请商业按揭贷款。"股本贷款计划"中的政府贷款，5 年内免息，只需每月支付 1 英镑的管理费。如 5 年未为还清政府贷款部分，第 6 年起购房者需支付 1.75% 的管理费，且费率随通胀率水平调整。

2. "住房抵押贷款担保计划"

该计划从 2014 年 1 月 1 日开始实行，到 2016 年 12 月 31 日结束。与"股本贷款计划"不同的是，住房抵押贷款申请者购买的房屋可以是新建房屋也可以是二手房，购买房屋价值仍然要求不超过 60 万英镑。根据该计划，申请者只需至少首付房款的 5% 即可，房款的 95% 可以申请商业银行抵押贷款，但抵押贷款总额不能超过申请人年收入的 4.5 倍。

3. "共有产权计划"对于收入较低

该计划无力承担每月按揭贷款的购房者而言，可为其提供有效的住房支持。申请者支付房款的 25%—75%，剩余房款由住房协会支付，购房者与住房协会共同享有房屋产权，房屋住户每月向住房协会支付房租，等到财力允许时可以完全购买该房屋。与前面两个支持计划不同，"共有产权计划"申请者必须满足家庭年收入不超过 8 万英镑（伦敦不超过 9 万英镑）的收入限制条件。2015 年 11 月，英国财政部秋季财政报告公布，到 2021 年英国政府将支持建设共有产权住房 13.5 万套。

4. "个人储蓄账户计划"

英国政府秋季财政报告中还明确公布了进一步推进"购房援助计划"的扩展性政策——"个人储蓄账户计划"，该项政策的主要目的是鼓励购房者为购买新房积攒首付款。其主要内容是：购房者可以在银行开立购买首套新建住房专门储蓄账户，专门储蓄账户上的存款利息免税，当购房者动用该账户存款购买价格不超过 25 万英镑（伦敦不超过 45 万英镑）的住房时，政府将为购房者提供相当于账户金额 25% 的购房补贴，但最高补贴金额为每人 3000 英镑。为了避免储蓄者不得不在购房储蓄和养老储蓄之间做出选择的问题，英国政府在 2016 年的新预算案中提出了"终生个人储蓄账户计划"（Lifetime ISA），按照该计划，从 2017 年 4 月起，凡是年龄在 40 岁以下的成年人均可开立终生个人储蓄账户，每年向该账户存入至少 4000 英镑便可得到政府给予的 25% 的存款补贴，即每年存 4000 英镑得到政府 1000 英镑的补贴。终生个人储蓄账户开立满 12 个月后，账户持有者就可以在买房时提取账户资金支付房款。个人储蓄账户最多可存至 50 岁，60 岁以后账户中的余额可以一次性提取出来。

（四）增加社会保障性住房供给，保障低收入人群的住房需求

1. "从租到买计划"（Affordable Rent to Buy）

按照该计划，政府为住房协会提供总额为 4 亿英镑的低息贷款，由各级住房协会通过竞标获得贷款，中标的住房协会将获得贷款用于建设一居室和两居室的公寓，并且保证在 7 年内以低于市场价格的租金出租给符合条件的租户，7 年后房屋租户有优先购买租住住房的权利。该计划的主要目的是让租户就有足够的时间积攒购买住房所需要的首付款，从而连通从租房到买房的住房路径。

2. "付租居住计划"（Pay to Stay）

为了有效推行社会住房退出机制，英国政府制定了"付租居住计划"。2016 年 5 月，英国议会通过《2016 年住房与规划法》对该计划做了明确规定，从 2017 年 4 月起，年收入超过 3 万英镑（伦敦地区为 4 万英镑）的社会住房租住家庭，如果想继续租住社会住房，必须向提供社会住房的地方政府或住房协会支付与市场水平相当的租金。"付租居住"政策不但保证了社会住房退出机制的有效实施，还保证了社会住房的人性化管理，同时也为社会住房的融资开拓了新的渠道。

3. 继续推行"购买权计划"，释放社会住房房源供应

《2016 年住房与规划法》规定，住房协会有权以折扣方式将社会

住房出售给租住达到一定年限的租户，鼓励租住家庭购买社会住房，住房协会也可从政府获得一定数额的折扣补贴。英格兰地区社会住房购买者最高可享受的折扣额由先前的 16 000 英镑提高到 77 900 英镑（伦敦为 103 900 英镑），同时放宽了租期年限的限制，将租期达到 5 年才有资格购买改为租期达到 3 年即可购买。住房协会售房所得资金必须用于建设新的社会住房，以此促进社会住房的更新和保证房源的稳定与充足。

（五）增加住房建设用地的供应，提高土地利用效率

英国政府计划提高现有公共部门土地使用效率，释放更多土地用于住宅建设。同时，英国政府还加大对棕地的开发利用，计划投入 12 亿英镑治理原有的商业和工业用地，折价销售 3 万套住房。为了缓解大城市用地紧张的问题，英国政府积极完善大城市周边交通，用便捷的交通网将大城市周边与大城市连接起来，在大城市工作的人可以选择在周边中小城市居住，这样可以在一定程度上缓解大城市住房用地紧张、房价趋高的问题。

第三节　英国的住房补贴政策

一、英国住房补贴申请的资格条件

家庭储蓄在 16 000 英镑以下的租住房屋的英国公民均可申请（全日制学生、来自欧洲经济区的求职者、难民、移民除外）。夫妻或同居者中仅有一方可申请住房补贴。35 岁以下的单身申请者仅可租住插间房，不能租住独立住房。英国住房补贴要求申请者最低收入应在 6000 英镑以上，收入水平的高低影响可获得住房补贴的多少。住房补贴主要是为了减轻低收入人群的居住成本负担，虽然没有最高收入水平的限制，但收入过高的人群不会获得住房补贴。关于是否有资格获得住

房补贴、可以获得多少住房补贴，申请者可在提出申请前在政府网站上（https://www.entitledto.co.uk）输入相关信息进行自我评估。

二、英国住房补贴的金额水平

对于租住政府和住房协会社会住房的租户，其获得住房补贴金额高低取决于以下因素：房租水平（房租包括公共电梯维护费等小区公摊费用，但不包括水电和取暖等费用）、是否有空置卧室①、家庭收入水平（除工资外还包括各种福利补贴和养老金等）、租户的其他情况（如租户年龄、家庭成员是否有残疾人等）。租住私人租赁住房的租户可获得地方住房津贴（Local Housing Allowance）地方住房津贴取决于以下因素：租户的居住地址、家庭人口状况（决定租住房屋卧室的数量）、家庭收入水平、租户的其他情况。租住房屋卧室越多意味着面积越大，房租越高，申请者获得的住房补贴金额也越高。英国政府对卧室数量不同的房屋的住房补贴规定了最高限额②：一居室（或插间房）住房最高可获得 268.46 英镑租房补贴；两居室住房最高可获得 311.4

---

① 为了提高社会住房的使用效率，节省政府开支，英国从 2013 年 4 月起开始对空置卧室征收"卧室税"。如有空置卧室，将扣除一定比例的住房补贴：如有一间空置卧室，扣除房租的 14%；如有两间空置卧室，则扣除房租的 25%。例如，某社会住房租户每周的房租为 100 英镑，如果没有空置卧室，政府房租补贴为 50 英镑，自付 50 英镑。如果租户现有一间空置卧室，住房补贴要扣减 14 英镑（100 英镑×14% = 14 英镑），只能获得住房补贴 36 英镑。英国政府对于一个家庭中哪些人必须共居一室、哪些人可以拥有独立卧室、什么情况可以拥有空置卧室等做出了详细规定。一个家庭中，夫妻二人、两个年龄在 16 岁以下的同性别孩子、两个在 10 岁以下无论性别的孩子必须居住一间卧室。16 岁及以上的未婚成年人、由于身体残疾或其他医学原因不能与配偶同居一室的成年人或不能与兄弟姐妹同居一室的孩子都可以拥有独立卧室；如果一个家庭有三个孩子，已有两个孩子共居一室，第三个孩子也可拥有独立卧室；生活不能自理的残障人士，可以因其需要全职护理人员而多一间卧室。

② 英国社会福利制度相对完善，有失业补贴、最低收入补贴、求职者补贴、住房补贴等各种福利补贴，但各类福利补贴的总和不能超过一定限度。在大伦敦区以外：夫妻（不管是否有同居子女）获得各类福利补贴的总额每周最高不超过 384.2 英镑（每年最高不超过 2 万英镑）；单身人士且有同居子女每周获得各类福利补贴的最高限额与前一种情况相同；无子女或子女不在身边的单身人士每周获得各类福利补贴总额最高不超过 257.69 英镑（每年最高不超过 1.34 万英镑）。在大伦敦区各类福利总额的最高限额略高，上述三种情况的最高限额依次是：每周 442.31 英镑（每年 2.3 万英镑）、每周 442.31 英镑（每年 2.3 万英镑）、每周 296.35 英镑（每年 1.54 万英镑）。

英镑租房补贴；三居室住房最高可获得 365.09 英镑租房补贴；四居室住房最高可获得 429.53 英镑租房补贴。各个城市的补贴水平不同。一个家庭可以租住几居室住房由家庭人口及子女年龄、子女多少等因素确定。向社会住房租户发放的租房补贴直接打入房租账户，不发放现金，向私人租赁住房租户发放的住房补贴直接打入个人账户。

三、英国住房补贴申请者住房保有形式要求

住房补贴仅租房者可申请，租住政府或住房协会社会住房的租户或租住私人租赁住房符合条件的租户均可申请房租补贴。

英国除了向符合条件的租房家庭发放房租补贴外，还有专门针对购买自有住房者的住房补贴计划，即"抵押贷款利息支持计划"（Support for Mortgage Interest）。始于 1948 年的"抵押贷款利息支持计划"在改革前属于一种社会福利补贴，即政府向符合条件的低收入购房者发放补贴，帮助其偿还住房抵押贷款利息，以减轻其购房负担。2015 年 7 月，英国财政部宣布将对英国"抵押贷款利息支持计划"进行改革，拟将现行的"抵押贷款利息支持计划"下抵押贷款补贴转变成政府低息贷款。自 2018 年 4 月 6 日起，该改革计划正式生效。

专题 4

英国的"抵押贷款利息支持计划"

为减轻因失业或生病而陷入贫困人群的购买住房的负担，1948 年，英国引入"抵押贷款利息支持计划"，向符合条件的失业和低收入人群发放住房抵押贷款利息补贴，以帮助其支付住房抵押贷款利息。可见，"抵押贷款利息支持计划"是一种社会福利形式，申请者为符合条件的低收入人群。

如图 5-3 所示，2009—2010 财政年度约有 23.5 万个家庭申领抵押贷款利息补贴，申领补贴家庭数量比上一财政年度增加 2.8 万个，

增长了 13.5%。2010—2011 财政年度，申请家庭的数量达到一个峰值，约有 24.1 万个家庭申领住房抵押贷款利息补贴。2009—2010 财政年度英国财政共发放 5.33 亿英镑的住房抵押贷款利息补贴，为各个财政年度中最高，2010—2011 财政年度发放住房抵押贷款利息补贴总额比上一财政年度略有下降，约为 4.99 亿英镑。在上述两个财政年度，不管是申领抵押贷款利息补贴的家庭数量还是政府发放的利息补贴总额都处于各财政年度的最高值。这与全球金融危机和欧债危机给宏观经济和就业形势带来的负面影响密切相关。在金融危机的冲击下，经济下滑，失业率上升，按揭贷款购房者的本息还款压力上升，符合"抵押贷款利息支持计划"的家庭数量增加。为了应对金融危机给失业人群和低收入人群带来的冲击，避免个人按揭贷款违约风险，自 2009 年 1 月起，英国政府对"抵押贷款利息支持计划"进行了一系列的调整，加大了抵押贷款利息补贴发放的力度。具体措施包括：缩短抵押贷

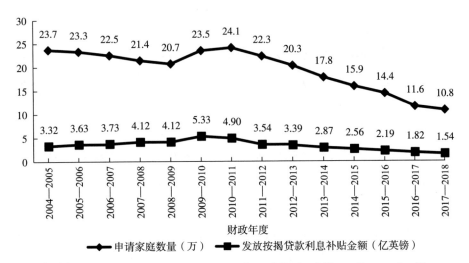

资料来源：Wendy Wilson，Steven Kennedy and Richard Keen，*Support for Mortgage Interest（SMI）Scheme*，House of Commons Briefing Paper Number 06618，2018，p. 30。

图 5-3　2004—2005 财政年度至 2017—2018 财政年度英国"抵押贷款利息支持计划"申请家庭数量及发放补贴金额变化趋势

款利息补贴申请审核和等待的时间，将最高等待时间由 39 周调低至 13 周；将可获得利息补贴的抵押贷款最高限额由 10 万英镑提高至 20 万英镑；计算提供利息补贴的标准利率（Standard Interest Rate）被冻结在 2008 年 11 月的 6.08%。

2010 年 10 月，英国政府宣布将英格兰银行抵押贷款平均利率作为设定为利息补贴标准利率的基础，同时调低了利息补贴的标准利率，由原来的 6.08% 调至 3.63%（此为 2010 年 8 月英格兰银行抵押贷款平均利率）。2015 年 7 月 6 日，英国政府继续调低利息补贴的标准利率至 3.12%。2017 年 6 月 18 日，住房补贴标准利率进一步调低至 2.61%。标准利率的降低意味着申请者可获得抵押贷款利息补贴的减少。举例来讲，布鲁克先生居住在伦敦，2008 年以按揭贷款的方式购买了自有住房，按揭贷款总额为 12 万英镑。受金融危机冲击，布鲁克先生因公司裁员失业，他自 2009 年 5 月开始申领住房利息补贴，按照 6.08% 的利息补贴标准利率，布鲁克先生每年可获得住房利息补贴 729.6 英镑（120 000 英镑×6.08% = 729.6 英镑）。2015 年 8 月，布鲁克先生按揭贷款总额还剩 8 万英镑，按照当时 3.12% 的利息补贴的标准利率，布鲁克先生每年可获得住房利息补贴 249.6 英镑（80 000 英镑×3.12% = 249.6 英镑）。

自 1948 年实行以来，"抵押贷款利息支持计划"虽然经过了几次调整，但都是在利息补贴标准利率、审核等待时间、获得利息补贴的抵押贷款限额等指标上进行调整，始终没有改变其社会福利补贴的性质。2015 年 7 月，英国财政部在夏季预算案中宣布将对"抵押贷款利息支持计划"进行根本性改革，改革的主要内容包括：第一，自 2016 年 4 月 1 日起，申请者的审核等待期由原来的 13 周延长至 39 周；第二，申请者住房抵押贷款最高限额保持不变，仍为 20 万英镑；第三，自 2018 年 4 月 6 日起，"抵押贷款利息支持计划"下的住房抵押贷款利息补贴转变为支付利息贷款。也就是说，改革后符合条件的申请者仍然可以从政府获得住房抵押贷款的支持，但支持的形式由原来无需偿还的"福利"形式转变成需要还本付息的"贷款"形式。原来的住房利息补贴领取者如想继续获得政府支持，需在2018年4月6日前向英国工作与养老金部（Department of Work and Pensions）申请，申请者从政府获得的贷款可以用于支付住房抵押贷款的利息。贷款申请人在转卖房产、将房产转到他人名下或房主死亡的情况下，需连本带息地还清这笔贷款。可见，2018年4月改革后的"抵押贷款利息支持计划"下申请者从政府获得的贷款利息支持类似于"二次贷款"。

事实上，"抵押贷款利息支持计划"由福利转变成贷款的改革计划在正式实施前就引发了广泛的社会争论。支持改革者认为，原有的住房贷款利息支持以福利的形式发放给申请者，是在拿纳税人的辛苦钱帮助某些他们不认识的人买房，是不符合公众利益的。反对改革者认为，将福利转变成贷款是变相取消了对低收入者的购买住房支持，对于需要帮助的家庭来说，多出的房贷利息支出将挤占他们的购买生活必需品的支出，其生活将更加窘迫。面对社会争论与质疑，英国工作与养老金部发表声明力挺改革计划，声明表示：随着时间的推移，申请人的房产价值必然会上升，当卖掉升值的房子获得资金的时候，拿出一小部分偿还政府给予其的贷款是合理的。改革将使英国的"抵押贷款利息支持计划"更加公平，在给予需要帮助的申请人补助的同时，也给其他纳税人一个交代。2018年4月6日，英国"抵押贷款利息支持计划"改革措施已正式实施，新版"抵押贷款利息支持计划"的具体规定和详细情况见表5-4。

表5-4 新版"抵押贷款利息支持计划"的具体规定和详细情况

申请资格	申请人必须无工作或处于退休年龄，并且正在领取下列福利中的一种： ①低收入补贴（Income Support） ②求职者补贴（Income-Based Jobseeker's Allowance） ③就业支持补贴（Income-Related Employment and Support Allowance） ④统一福利金（Universal Credit） ⑤养老金补贴（Pension Credit）

支持形式	政府向符合条件申请者发放的支持贷款的相关细节如下： ①贷款用途：支付房贷利息；支付为修缮或改造房屋而贷款的利息；离异申请者支付对方应得房屋份额 ②贷款限额：根据申请者持有的抵押贷款最高限额和标准利率计算而得。抵押贷款最高限额一般为 20 万英镑（养老金补贴领取者的最高限额为 10 万英镑），标准利率为 2.61%；如果申请者当年房贷 15 万英镑，则当年可从政府获得的最高贷款额为 3915 英镑 ③贷款利率：随通胀和市场利率水平上下波动，但一年内最多调整次数不超过 2 次 ④贷款偿还方式：与一般贷款不同，申请者不必定期还本付息；当申请者转卖房屋、变更房屋所有人或死亡时，贷款者需还清所有贷款和利息；如果申请者房屋出售后获得的房款在偿还房贷后剩余金额无法抵补贷款，英国工作与养老金部将注销该申请者的贷款本金和利息；除卖房时的"强制性还款"外，申请者在不转售房屋时还可以选择"自愿还款"，但"自愿还款"的最低金额不少于 100 英镑（贷款余额少于 100 英镑的除外）
等待时间	从提交申请到正式获得贷款最长 39 周（如果是养老金补贴领取者，无需等待可立即获得贷款支持）
支持时间	如果申请者为求职者补贴领取者，则获得支持的时间最多不超多两年；如果申请者为低收入补贴领取者、就业支持补贴领取者、统一福利金领取者或养老金补贴领取者支持的时间长度没有限制
发放形式	贷款通常直接通过转账的形式转到向申请者发放按揭贷款的银行，用于支付按揭贷款的利息

资料来源：作者自制。

第四节　英国青年住房路径的演变、特点与原因

在福里斯特等人的住房群体碎片化理论的影响下[1]，青年住房问题

---

[1]　Ray Forrest, Alan Murie and Peter William, *Home Ownership: Differentiation and Fragmentation*, London: Unwin Hyman, 1990, pp. 1–10.

研究在西方发达国家逐渐受到人们的重视。对青年住房问题研究的重视是多种经济社会因素合力作用的结果：青年群体处于经济社会变革的前沿，但相对较低的收入和储蓄，使他们在住房市场上处于劣势地位；青年群体作为未来的住房购买者，其潜在的商业价值和经济利益值得挖掘；拥有住房除了代表着青年群体的财富、安全感、社会地位及个人身份外，也标志着完成由青年向成年转变（Transition to Adulthood）的过程①。从这个意义上讲，青年住房问题不仅是一个经济问题，也是一个社会问题和人口问题。

作为较早进行大规模住房市场化改革的欧洲国家，英国的青年住房问题具有较强的代表性。本节将对英国青年住房路径的演变轨迹、特点及原因进行详细论述。同时，本文还将进一步分析英国政府根据青年群体住房路径变化而出台的缓解青年住房困境的住房支持政策。在此基础上，结合中国住房改革实践，借鉴英国青年住房支持政策经验，提出完善中国青年住房政策的建议。

在正式分析之前，需要从年龄上对青年的范围进行界定。在西方学术界关于青年住房问题研究中，基于研究目的的不同，对青年的界定范围也存在着一定的差别。概括起来，对青年范围的界定主要有以下三种。第一，约瑟夫·朗特里基金会（Joseph Rowntree Foundation）在其相关住房报告中将青年界定为16—30岁之间的年轻人。该基金会认为，16—30岁之间的年轻人经济和社会地位都较为脆弱，在青年中更具代表性，能够更好地评估社会政策效果②。第二，欧盟统计局在欧盟年度收入和居住情况普查中，将青年群体统一界定为18—34岁，以

---

① Julie Rugg, ed. *Young People*, *Housing and Social Policy*, London: Routledge, 1999, p. 17.

② David Clapham, Peter Mackie and Scott Orford, et. al. "Housing Options and Solutions for Young People in 2020", https://www.jrf.org.uk/report/housing-options-and-solutions-young-people-2020.

对不同成员国的青年住房状况进行比较①。第三，英国社区和地方政府部（Department for Communities and Local Government）将青年群体细分为 16—24 岁和 25—34 岁两个年龄段，以便于进行更细致的住房调查和青年群体内部住房状况的比较。本节主要考察英国青年住房情况的变迁和启示，所以采用英国社区和地方政府部对青年的界定。25—34 岁之间青年群体开始步入社会，经济上逐渐独立，对这一年龄段青年住房问题的研究更具代表性。基于此，本节主要探究英国 25—34 岁之间青年群体住房问题和青年住房政策的治理框架。

一、英国青年住房路径变迁轨迹

在全球金融危机和欧债危机的双重冲击下，英国青年"离开父母—上学—工作—租房—拥有自己的房屋"的传统线性住房路径开始瓦解。而"在社会保障住房的门槛前遥望、长期滞留在父母家中或终生租住私人租赁住房"，成为英国年轻人未来住房路径的新常态化选择。

二战后，在一系列政策支持下英国的住房自有率迅速增长，从一个大部分人租住私人租赁住房的国家成为一个多数人拥有自己住房的国家②，也因此形成了一个"住房自有社会"。这期间，住房自有逐渐成为英国人政治、经济和社会生活中的重要议题，正如英国谚语所描述的那样，"英国人的家就是他的城堡"。对这一时期英国人为什么如此热衷于住房自有，不同的学者有不同的解释。有的学者认为这是战后英国执行支持自建自有住房政策的结果③，有的学者认为这是"一种

---

① C. Lennartz, R. Arundel and R. Ronald, "Young People and Home Ownership in Europe through the Global Financial Crisis", https://www. semanticscholar. org/paper/Young - people - and - homeownership - in - Europe - through - Lennartz - Arundel/adc1559d6285814a72ddc90de02920efd0bdd565 #: ~ : text = In% 20context% 20of% 20poorly% 20performing% 20national% 20economies% 20and, owner-occupied% 20housing% 20in% 20particular% 2C% 20has% 20been% 20in% 20decline.

② 1953 年,英格兰住房保有结构中,有一半居民居住在私人租赁住房中,仅有 32%拥有自己的住房。而到 1971 年,住房保有结构中,已经有超过一半居民(51%)拥有自己的住房,私人租赁的比例下降到 20%。

③ "2006 / 07 Survey of English Housing", http://eudat7 - ingest. dkrz. de/dataset/c5768ae5 - 1081 - 5e9b - 9054 - 3375f3da66f5.

人类天然的需求，这为所有者带来了物质和精神上的享受"①。

　　撒切尔推行私有化改革期间，出售了大量的社会住房，进一步提高了自有住房比重。在1981—1991年撒切尔改革的10年间，英国自有住房比重呈现不断上升趋势。1981年，英国自有住房比重为57.5%，到1991年，这一比重提高至67.6%，提高了近10个百分点。这期间，对于英国青年群体而言，逐渐形成了16—24岁之间以居住在保障房和私人租赁房中为主，而到了25—34岁之间则以买房并成为住房自有者为主的线性发展趋势。如表5-5所示，1991年，英国25—34岁之间的青年群体中，大部分的青年（66.5%）居住在自己拥有的住房中，20.6%的青年群体居住在社会保障房中，12.9%的青年群体选择租住私人租赁住房，其住房保有形式结构与英国整体住房保有形式结构十分接近。这意味着英国25—34岁之间的年轻人跟随英国主流住房路径融入了"住房自有社会"，即三分之二的英国人拥有自己房屋，而剩下的三分之一租住保障房和私人租赁房。

表5-5　英国青年（16—34岁）住房保有形式结构的变化情况

（单位：%）

年份	年龄段	住房自有	社会保障房	私人租赁
1953	所有年龄段	32.0	18.0	50.0
1961	所有年龄段	43.0	23.0	34.0
1971	所有年龄段	51.0	29.0	20.0
	16—24岁	32.2	35.9	31.9
1981	25—34岁	62.4	25.5	12.1
	所有年龄段	57.5	31.5	11.0

---

① "2008-2009 English Housing Survey", https://www. gov. uk/government/statistics/english-housing-survey-2021-to-2022-headline-report.

续表

年份	年龄段	住房自有	社会保障房	私人租赁
1991	16—24 岁	36.1	28.4	35.5
	25—34 岁	66.5	20.6	12.9
	所有年龄段	67.6	23.0	9.4
2001	16—24 岁	22.4	31.3	46.3
	25—34 岁	61.0	19.7	19.3
	所有年龄段	70.4	19.5	10.1
2008—2009	16—24 岁	14.4	27.5	58.1
	25—34 岁	51.5	17.5	31.0
	所有年龄段	67.9	17.8	14.2

资料来源："2006 / 07 Survey of English Housing", http://eudat7-ingest. dkrz. de/dataset/c5768ae5-1081-5e9b-9054-3375f3da66f5;"2008-2009 English Housing Survey", https://www. gov. uk/government/statistics/english-housing-survey-2021-to-2022-headline-report。

注:1953 年、1961 年、1971 年、1981 年、1991 年、2001 年为年度数据,2008—2009 年为财政年度数据;在 1981 年之前,英国的住房普查报告没有包括分年龄段的调查数据。

受美国次贷危机的冲击,英国金融机构对住房贷款发放大幅收紧,加上房价持续上涨,英国整体住房自有率出现下滑,由 2001 年 70%的峰值下滑到了 2008—2009 财政年度的 67.9%。与此同时,英国的住房自有社会也出现了明显的代际分化,可以拥有自己住房的年轻人比重越来越低。2008—2009 财年,尽管有超过一半(51.5%)的英国年轻人(25—34 岁)拥有自己的住房,但是与 2001 年相比,这一比重下降了近 10%。同时,这一年龄段的年轻人租住社会保障房的比例在下降,而租住私人租赁租房的比例却大幅上升(上升幅度接近 15%)。25—34 岁英国年轻人的自有住房比重比英国整体自有住房比重低6.4%,租住私人租赁住房的比重比全国整体水平高出 16.8%,这说明英国青年住房路径已经开始与英国主流住房路径发生偏离。

欧债危机爆发后，英国青年住房路径继续与主流住房路径偏离，社会保障住房在青年住房结构中比重下降，而传统上处于住房保有结构中次要地位的私人租赁住房的比重开始逐年上升。2013—2014财政年度，英国25—34岁年龄段的青年群体中，只有35.8%拥有自己的住房，15.9%居住于社会保障住房之中，而有接近一半（48.2%）的青年人租住私人租赁住房。从前面的分析可以看到，在2008—2009财政年度的统计中，仍然有超过半数（51.5%）的英国青年人拥有自有住房，而到了2013—2014财政年度，私人租赁住房已经取代住房自有成为英国青年群体最主要的居住方式。与私人租赁住房比重上升相伴而生的另一个趋势是，传统上被视为边缘化的住房路径（回归父母家中居住）的重要性开始迅速增长，并逐渐成为英国青年群体的住房新路径之一。如图5-4所示，从2008年开始，在25—34岁群体中，有99万青年居住在父母家，而到了2015年，这一年龄段中已经有124万回到父母家中居住，7年间增长了约25%。

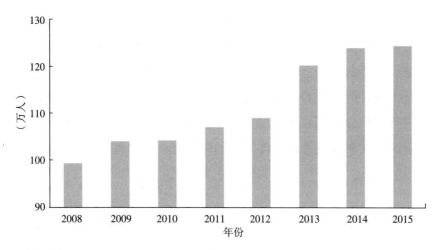

资料来源："Labour Force Survey"，https://www. gov. uk/government/statistics/labour-force-survey-local-area-database-2015。

图5-4　2008—2015年英国25—34岁青年在父母家中居住人数的变化趋势

二、当前英国青年住房路径特点

从上述英国青年住房路径的演变轨迹可以看出，英国青年住房路径已与传统住房路径发生偏离，自有住房已不再是青年住房的主要保有形式。当前，英国青年住房路径呈现以下特点。

（一）英国住房自有社会出现明显的代际分化

从 2008 年开始，英国的"住房自有社会出"现了明显的代际分化。这主要表现在以下三个方面。第一，英国年轻人拥有自己住房的年龄逐渐上升。20 世纪 70 年代，英国年轻人获得自有住房的平均年龄为 27 岁，21 世纪初，这一平均年龄增加至 31 岁。而到了 2011 年，英国年轻人期望拥有自己住房的年龄上升到 35 岁[①]。第二，拥有自有住房的年轻人数量锐减。2006 年，能够在 30 岁获得自有住房的英国年轻人数量约为 21 万人，到了 2009 年，这一数量下降至约 10 万人，下降幅度为 50%以上[②]。第三，年轻人难以依靠自身在劳动力市场上的收入和职位获得自有住房，父母的经济支持对年轻人拥有自有住房越来越重要。数据显示，2009 年，英国 80%的青年置业者在购房首付中获得父母的经济支持。[③] 父母在青年购房中提供经济支持产生的一个消极后果是经济上的不平等在代际间传递。持续上涨的房价让那些父母为其支付了首付的青年群体能够享受到住房资产升值带来的红利，而那些通过贷款购房的年轻人则需背负沉重的利息支出负担，资产增值给他们带来的红利大打折扣，这样代际间的财富差距被进一步放大。

（二）租房成为英国青年主要的住房保有形式

与年轻人拥有自有住房数量的下降趋势相反，选择租住私人租赁

---

① Becky Barrow, "First-Time Buyer Age 'Will Increase to 35' ... While for Their Parents It Was 23", *Dailymail*, August 20, 2011.

② Stuart Lowe, *The Housing Debates*, Bristol: Policy Press, 2011, p. 238.

③ 同②。

住房青年人的数量迅速上升，与自有住房以及保障住房相比，私人租赁住房成为英国青年群体最为主要的住房路径。2003—2013 年，英国居住在私人租赁住房中的人数从 220 万上升到近 390 万，其中约一半是 34 岁以下的年轻人[1]。根据帕蒂森关于私人租赁住房的预测报告，到 2020 年，将有五分之一的英国家庭居住在私人出租住房之中[2]。具体来说，2008—2009 财政年度，25—34 岁的英国青年群体中，有 31%选择租住私人租赁住房，2012—2013 财政年度，这一比重增长到45%[3]。可见，租住私人租赁住房不再被视为获得自有住房之前的一种短期或过渡性的居住方式，而成为英国青年群体最主要的住房保有形式。应该看到，支付房租增加了英国年轻人的经济负担。与欧洲大陆国家相比，英国的私人租房市场更少受到政府管制，租金主要由"自由化"的市场供给和需求变化决定。随着英国有租房需求的人数增加，房租开始持续上涨。英国政府的住房统计数据显示，2012—2013 财政年度内，英国租房平均每周的租金是 163 英镑，占租房者每周平均收入的 40%[4]。但是，随着房价的持续上涨，房价和租金之间差距越来越大，年轻人只能选择租房居住。

（三）"回巢"成为当前英国青年住房路径的无奈选择

面对持续上涨的房价，在缺乏父母经济支持的情况下，越来越多的英国年轻人选择继续留在或者返回父母家中居住。根据英国国家统

---

① Steven Swinford, "Rise of Generation Rent as Home Ownership Hits 25 - Year Low", *Telegraph*, February 16, 2014.

② Ben Pattison, Diane Diacon and Jim Vine, "Tenure Trends in the UK Housing System: Will the Private Rented Sector Continue to Grow", https://world-habitat.org/publications/tenure-trends-in-the-uk-housing-system/.

③ "English Housing Survey: Household, 2012/13", https://www.gov.uk/government/statistics/english-housing-survey-2012-to-2013-household-report.

④ Hilary Osborne, "'Rent Trap' Keeping England's Young People off the Housing Ladder", *The Guardian*, July, 2014.

计局的数据，2013 年，英国有 330 万[1] 20—34 岁之间的年轻人选择居住在父母的家中，占这一年龄段年轻人总数的 26%，在伦敦和英格兰东南部的经济发达的高房价地区，选择住在父母家中年轻人的比重高达 37%[2]。英国年轻人的"回巢"现象的另外一个特点是年轻人"滞留"在父母家中的时间越来越长。约瑟夫·朗特里基金会的研究报告显示，在大批"回巢族"中，有接近一半的年轻人在父母家居住的时间超过了 10 年[3]。在父母家居住，尽管为年轻人节省了日常花费，但是也对他们的生活和工作产生了诸多限制，衍生出其他一些社会问题。首先，在家居住虽然节省了生活成本，但面对持续上涨的房价和动荡的劳动力市场，对于大多数年轻人来说积攒出首次置业的首付款仍然比较困难。其次，与父母同住进一步导致青年结婚年龄的推迟。再次，父母住宅的地理位置限制了居家青年选择工作的范围。居住在父母家的年轻人的社会流动性受到了严重的制约，不利于其未来职业发展。如果年轻人选择留在位于小城市或乡村的父母家中，那么他们拥有的工作机会更少。这种代际经济地位的差距将通过居住地理位置的差异被传递或放大。

三、英国青年住房路径变迁的原因分析

福里斯特等人通过批评将所有住房所有者视为同一利益共同体的理论，提出了住房群体碎片化的理论。该理论认为，随着越来越多的人拥有住房，住房群体内部必然出现分化，不同的群体拥有住房的成本和收益因为各群体社会经济地位的不同而不同。就青年群体而言，

---

[1] 2013 年，居住在父母家中的年轻人人数比 1996 年增长了 25%，创下了有记录以来的最高值。

[2] H. Osborne, "Record Levels of Young Adults Living at Home, Says ONS", *The Guardian*, January 21, 2014.

[3] D. Clapham, P. Mackie, S. Orford, et al. "Housing Options and Solutions for Young People in 2020", http://www. tenantadvisor. net/wp - content/uploads/2012/06/young - people - housingoptions-full_0. pdf.

他们的住房选择受到收入、政府政策、自身经验等因素的限制。同时，面临房价和利率的波动，青年人所拥有的住房也最容易成为负资产。但这一对青年群体自身特点的探讨，只能解释相对于住房市场上的年长群体，青年群体为什么普遍处于弱势地位。随着住房市场在全球经济发展中的地位变得日益重要，对于英国当代青年住房路径变迁原因的分析，需要将其置于更为广泛的经济、社会和政策背景中进行。

　　本章第一节和第二节已对金融危机和欧债危机以来的英国宏观经济和房地产市场的变化作出详细论述，英国青年住房路径的变迁不可避免地受到了这些宏观层面因素的影响。但除此之外，英国青年群体自身发生的一些变化，也导致了其住房路径的改变。

（一）青年人求学及结婚年龄推迟是英国青年住房路径变化的社会原因

　　结婚年龄的推迟和受教育年限的延长是英国"回巢"青年增多的重要社会原因。2012年，英格兰和威尔士男性的平均结婚年龄为32岁，比1996年的平均结婚年龄提高了3岁。女性的平均结婚年龄虽然低于男性，但也呈上升趋势，由1996年的27岁提高至2012年的30岁。教育年限的延长是社会发展的必然结果，也是世界普遍现象。1996年，仍然在接受全日制教育的18—24岁的英国年轻人数量为110万人，2015年这一数量增加了79.1万人，增长幅度高达72%。对于正在求学的年轻人来说，住在父母家中可以大大节省生活费用，将更多的精力用于学习。2014年，有24%的大学本科生选择居住在家中，而不是外出租房，这一比重比1996年提高了12个百分点。

（二）以市场为导向的社会福利制度改革导致英国年轻人申请社会住房的难度增大

　　作为社会住房政策的发源地，英国的社会住房发展在20世纪70年代达到顶峰，社会住房覆盖了近三分之一的英国人口，曾经是青年群体重要的住房选择。20世纪80年代，撒切尔政府大规模地推行私有化改革，将市场原则引入公共服务和社会保障领域，对社会住房制度、国民医疗保健制度、养老金制度、失业救济制度进行具有市场化倾向的改革。此后，英国的社会住房比重呈现出下降趋势。1980年，在英国家庭住房的保有结构中，社会住房占31.4%，到了2014—2015财政年度，这一比重下降至17.4%，下降了14个百分点。[1] 2010年5月，保守党领袖卡梅伦接替布朗成为英国首相时，欧债危机冲击下的英国正经历着严重的经济衰退和巨大的财政赤字压力，卡梅伦政府继承了撒切尔福利制度改革的市场化原则，大幅度削减社会福利支付，减轻政府的财政负担。社会住房支出的减少直接导致新建社会住房数量的减少，而在金融危机背景下，申请社会住房的人数不断增加，这导致青年人获得社会住房的等待时间延长，难度增大。根据英国2014—2015财政年度公布的数据，2003—2004财政年度，25—34岁的青年家庭为63万户，2007—2008财政年度这一数字下降至45.4万户，下降了38.8%。[2] 随着福利住房制度市场化改革的推进、社会福利住房支出的削减和社会住房建设数量的减少，英国青年获取社会住房的难度不断增大，社会住房逐渐成为英国青年群体住房选择的边缘路径。

第五节　英国青年住房支持政策

面对英国青年群体出现的多元化住房路径，英国政府出台了一系列的青年住房支持政策。英国青年住房支持政策从增加住房有效供给，增强青年群体住房购买力两大维度出发，对处于相对弱势地位的青年群体提供层层推进、相互衔接的综合性住房支持。概括而言，英国青年住房支持政策覆盖商品房市场、社会住房部门、私人住房租赁市场三大领域。

---

① "English Housing Survey: Household, 2014/15", https://www. gov. uk/government/collections/english-housing-survey.

② 同①。

在本章第二节中，已经讨论了英国政府出台的一系列促进房地产市场供需平衡的政策措施，这些措施同样也为英国青年解决住房问题提供了机会。同时针对青年群体以租赁私人住房为主的住房保有形式，英国政府也出台了相应的针对性政策。

自 2013 年以来，受宏观经济政策和经济回暖等因素的影响，英国房价持续走高，使得许多年轻人不得不租房居住。在私人租赁房户中，有一半以上是 35 岁以下的年轻人。在私人租赁日益成为年轻人最主要的住房保有形式的情况下，英国政府出台了一些增加私人租赁住房供给、保持私人租赁房租稳定的措施。一是"建房出租计划"。为了增加私人租赁住房房源供应，从 2012 年开始，英国开始实施"建房出租计划"。按照该计划要求，通过投标方式获得融资支持的开发商建成的住房需用于私人租赁。英国政府在 2013 年预算案中将"建房出租计划"基金总额提高到 10 亿英镑，预计该计划将为私人租赁住房市场增加 1 万套新房源。二是"私人租赁部门担保计划"。该支持计划始于 2013 年，计划投入 35 亿英镑为购买新住宅后出租的投资者提供贷款担保。根据该计划，社会投资者可以向政府申请贷款担保，所获贷款必须用于购买新建住宅，购买的新建住宅需投入到租赁市场。三是为了减轻青年人的租房负担，2015 年，英国出台了"帮助租房计划"。该计划主要针对人群是 18—30 岁，没有自有住房，也没有申请到保障房，但拥有稳定收入的年轻人。根据"帮助租房计划"，满足条件的年轻人可以获得政府提供的最高金额为 1500 英镑（伦敦地区为 2000 英镑）的低息贷款，以支付私人租赁住房必需的押金和最初几个月的房租。

第六节 英国青年住房支持政策的经验借鉴

经过始于 20 世纪 80 年代的住房改革，中国的住房体系呈现出两个主要特点：一是社会保障性住房的供给不足，社会保障住房管理制度不够完善；二是商品房价格不断上涨，租房市场的规范和管理不足。

中国的青年群体，尤其是在一线城市工作的年轻人，面临着买不起房、租房风险大、申请不到保障房的三重尴尬。为了避免年轻人陷入长期甚至终生租住私人租赁住房，或者被迫"回巢"的路径，特别是为了避免不同住房路径导致的代际间财富和地理位置等社会不平等在青年群体中的传递和放大，中国可以借鉴英国青年住房支持政策的一些做法，制定符合中国国情的青年住房政策，让中国的青年人也能够住有所居。为此，提出以下几点关于如何完善中国青年住房政策的建议。

第一，合理规划公共租赁住房的空间布局，为年轻人提供舒适、可支付的城市住房。在许多地方，目前的公共租赁住房的供给不是最突出的问题，公共租赁住房的最大问题是闲置。其主要原因是中国的公租房大多建在远离城市中心、远离工作地、地价低廉的郊区和远郊，这大大增加了租住者的出行和生活成本。青年群体大多在城市中心地区工作，远离城市中心的公租房对他们的吸引力并不大。这种供给与需求脱节的公租房建设模式导致一些城市公租房大量闲置，造成社会资源的严重浪费。为此，可以借鉴英国青年住房支持政策，采取发放租房补贴的方式抵消住在远郊的青年群体的出行成本。同时，不断完善已建成的远郊地区公共租赁住房周边的交通基础设施。在今后的公共租赁住房的选址上要进行充分的论证，广泛听取青年申请者的意见，了解他们的现实需求。

第二，拓展青年保障性住房建设的融资渠道，确保保障房的可持续供给。目前，中国保障性住房的资金来源主要有两个渠道：一是政府的直接财政投入；二是政府在出让地块时通过降低土地价格而给予开发商的间接补贴，为此开发商要按政府要求完成相关保障房项目的建设。从根本上看，这两种融资的最终承担者都是政府。社会住房的建设具有长期性、资金投入量大、非营利性的特点，单靠政府的资金投入难以持续。中国在保障房建设融资方面，可借鉴英国经验，从多个渠道筹集保障房建设资金。一是吸引社会资本进入保障房建设，给予社会资本一定的政策支持和盈利空间；二是加强公共租赁住房的租金管理和使用，使其成为保障房建设资金的一个来源；三是对于在公租房内居住到一定期限而又有购买意向的租户，可以允许其按市场价格优先购买租住房屋，使其拥有自有住房，将售房收入作为新的保障房建设的又一个资金来源。①

第三，完善和细化青年住房支持政策，以实现精准扶持。青年群体是劳动力市场中最具活力和最具创新潜能的优质劳动力，只有使青年群体从基本住房需求中解放出来，解决他们的后顾之忧，才能使他们更好地投入到工作中去。从这个意义上讲，青年群体的安居乐业有利于社会的稳定和经济的发展。英国政府在住房保障制度的整体框架下形成了一套针对青年群体的支持政策。英国政府根据收入、年龄、地域的不同，对青年住房支持政策做出了细致明确的规定。例如，对于收入低而难以负担公共租赁住房房租的青年群体，政府通过提供房租补贴的方式予以支持。"帮助租房计划"的支持对象为18—30岁的青年群体，目标十分明确。此外，"帮助租房计划"还根据各地区的不同的经济发展水平和房租差距设计了差别化的租金贷款上限。与英国相比，目前中国还没有专门针对青年群体的住房政策，在整体住房保障政策的框架下也没有明确的针对青年的支持政策，过于宏观的政策设计无法对青年群体进行精准扶持。

第四，在住房保障政策的设计和实施中应该注意政策的衔接性与连贯性。英国的各项青年住房支持政策相互衔接，相互配合，共同实现青年住房的目标。以英国政府的"帮助购房计划"为例，为了配合该计划的推进与实施，出台了一些相关配套措施。"帮助购房计划"推行的核心是购房者要首先支付5%的购房首付款，为此英国政府出台了青年群体购房首付账户利息免税和发放补贴的配套措施，以此激励青

---

① 出售公共租赁住房以增加保障房建设资金来源的做法至少有三个好处。第一,增加公共租赁住房吸引力。租住者具有一定经济实力后,可以优先购买其租住房,不仅不会对其生活造成其他影响,还实现了他们拥有自有住房的愿望,这将大大增加公共租赁住房的吸引力。第二,加快保障性住房的更新和设施改善。第三,为保障房建设提供稳定的资金来源。

年人积攒购房首付和购买新房。而中国的住房支持政策在一定程度上缺乏连续性和衔接性。

第五，加强对私人租赁住房市场的监管和租金管理，降低青年租房群体的风险。对于大多数刚刚在城市落脚的年轻人来说，住房路径的最初选择就是租住私人租赁住房。目前中国私人租赁住房市场的管理比较薄弱，对租金涨幅也没有最高限制，租房者面临房东涨租和毁约的风险，处于相对不利的地位。为此，一方面要优化私人租赁住房市场的环境，保证租房者的正当利益；另一方面，政府可以在私人租赁住房供给方面引入社会资本，进行青年公寓的建造和管理。

第六，目前，中国商品房市场出现的一个现象是，开发商巨大的商品房库存压力与青年购房者无力购房并存。在房价居高不下的现实情况下，中国不宜采取类似于英国"购房援助计划"那样的购房支持计划，因为刺激商品房需求只会进一步推高房价。在供给量巨大、有支付能力的需求不足的情况下，政府可以引导开发商或社会资本将商品房转化为青年公寓，以私人租赁住房的形式进行出租，从而增加优质私人租赁住房的有效供给。

第六章　保守主义福利模式典型国家法国的
　　　社会住房政策实践

本章首先从住房存量、住宅条件、保有结构等方面对法国住房基本情况进行详细介绍。法国社会住房的现状、社会住房保有结构、社会住房的分类和准入标准是本章研究的重点。

第一节　法国社会住房的基本情况与现状

一、法国住房存量基本情况与变化趋势

随着人口的增长、经济的发展以及城市化的推进，人们对住房的需求不断增长，住房开发建设也不断增加。从表 6-1 可以看出，1982—2017 年，法国住宅总量呈直线上升趋势。2017 年，法国住宅总量约为 3503.8 万套，比 1982 年增加了 1286.1 万套，增长了 57.9%。根据法国国家统计与经济研究所（L'institut national de la statistique et des études économiques）的预测，2018 年，法国住宅总量将继续增长，达到 3540.7 万套。2017 年，法国的住宅总存量中，主要住宅（Main Residence）的数量为 2874.8 万套，占住宅总量的 82%；第二住宅（Second Homes）和偶尔居住住宅（Occasional Dwellings）数量为 341.9

万套，占住宅总量的 9.8%；空置住宅（Vacant Dwellings）数量为 287 万套，占住宅总量的 8.2%。从绝对数量上来看，主要住宅、第二住宅和偶尔居住住宅、空置住宅的数量均呈现出不断增长的趋势。2017 年，三类住宅的数量与 1982 年相比，分别增加了 820.6 万套、201.6 万套、269.4 万套，增长幅度分别为 40%、138% 和 153%，空置住宅增长幅度最大。增长幅度的差异导致三类住宅数量占住宅总量的比重发生不同趋势的变化，主要住宅在住宅总量中的比重呈现不断下降的趋势，由 1982 年的 92.6% 下降到 2017 年的 82%，下降了近 10 个百分点；第二住宅和偶尔居住住宅在住宅总量中的比重呈缓慢上升趋势，上升幅度不大，由 1982 年的 6.6% 上升到 2017 年的 9.8%，30 多年中仅上升了 3.2 个百分点；空置住宅比重上升最为明显，由 1982 年的不足 1% 上升到 2017 年的 8.3%，上升了 7.5 个百分点。

表 6-1　1982—2018 年法国住宅总量情况

（单位：万套，%）

年份	住宅总量	主要住宅		第二住宅和偶尔居住住宅		空置住宅	
		数量	比重	数量	比重	数量	比重
1982	2217.7	2054.2	92.6	146.0	6.6	17.6	0.8
1983	2254.4	2077.6	92.2	151.6	6.7	25.3	1.1
1984	2291.2	2101.1	91.7	157.2	6.9	33.0	1.4
1985	2327.9	2124.5	91.3	162.8	7.0	40.7	1.7
1986	2364.7	2148.0	90.8	168.4	7.1	48.4	2.0
1987	2401.4	2171.4	90.4	174.0	7.2	56.1	2.3
1988	2438.2	2194.9	90.0	179.6	7.4	63.8	2.6
1989	2474.9	2218.3	89.6	185.2	7.5	71.5	2.9
1990	2511.7	2241.8	89.3	190.8	7.6	79.2	3.2
1991	2548.4	2265.2	88.9	196.4	7.7	86.9	3.4

续表

年份	住宅总量	主要住宅		第二住宅和偶尔居住住宅		空置住宅	
		数量	比重	数量	比重	数量	比重
1992	2585.2	2288.7	88.5	202.0	7.8	94.6	3.7
1993	2621.9	2312.1	88.2	207.6	7.9	102.3	3.9
1994	2658.7	2335.6	87.8	213.2	8.0	110.0	4.1
1995	2695.4	2359.0	87.5	218.8	8.1	117.7	4.4
1996	2732.2	2382.5	87.2	224.4	8.2	125.4	4.6
1997	2768.9	2405.9	86.9	230.0	8.3	133.1	4.8
1998	2805.7	2429.4	86.6	235.6	8.4	140.8	5.0
1999	2842.4	2452.8	86.3	241.2	8.5	148.5	5.2
2000	2879.2	2476.3	86.0	246.8	8.6	156.2	5.4
2001	2915.9	2499.7	85.7	252.4	8.7	163.9	5.6
2002	2952.7	2523.2	85.5	258.0	8.7	171.6	5.8
2003	2989.4	2546.6	85.2	263.6	8.8	179.3	6.0
2004	3026.2	2570.1	84.9	269.2	8.9	187.0	6.2
2005	3062.9	2593.5	84.7	274.8	9.0	194.7	6.4
2006	3099.7	2617.0	84.4	280.4	9.0	202.4	6.5
2007	3136.4	2640.4	84.2	286.0	9.1	210.1	6.7
2008	3173.2	2663.9	83.9	291.6	9.2	217.8	6.9
2009	3209.9	2687.3	83.7	297.2	9.3	225.5	7.0
2010	3246.7	2710.8	83.5	302.8	9.3	233.2	7.2
2011	3283.4	2734.2	83.3	308.4	9.4	240.9	7.3
2012	3320.2	2757.7	83.1	314.0	9.5	248.6	7.5
2013	3356.9	2781.1	82.8	319.6	9.5	256.3	7.6
2014	3393.7	2804.6	82.6	325.2	9.6	264.0	7.8

续表

年份	住宅总量	主要住宅		第二住宅和偶尔居住住宅		空置住宅	
		数量	比重	数量	比重	数量	比重
2015	3430.4	2828.0	82.4	330.8	9.6	271.7	7.9
2016	3467.2	2851.5	82.2	336.4	9.7	279.4	8.1
2017	3503.8	2874.8	82.0	341.9	9.8	287.0	8.2
2018	3540.7	2898.4	81.9	347.6	9.8	294.8	8.3

资料来源：根据法国国家统计与经济研究所数据整理绘制。

注：1. 表中数据为法国本土住宅数据，不包括法国海外大区和领土的住宅数据。

2. 2018 年为预测数据。

3. 住宅总量＝主要住宅数量+第二住宅和偶尔居住住宅数量+空置住宅数量。

按照建造形式，可以将住宅分为公寓住宅、别墅住宅和其他类型住宅。从图 6-1 可以看出，别墅类住宅是法国最常见的住宅类型，约占住宅存量的 55.7%；公寓类住宅占全部住宅数量的 43.3%，所占比重比别墅类住宅低 12.4 个百分点。

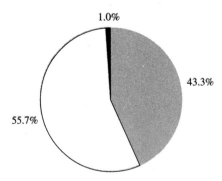

资料来源：法国国家统计与经济研究所。

图 6-1　法国不同建筑类型住宅比重

从建造年代来看，法国约有 16.5% 的住宅是 1919 年之前建造的百年老宅。二战后至 20 世纪 90 年代是法国住房建设的高潮期，在这 45 年中建造的住房约占法国当前住房存量的一半。受两次世界大战的影响和破坏，1919—1945 年期间建设的住宅仅占当前住宅总量的 10%。

如表 6-2 所示，2006 年以来的新建住房占住房存量的总比重为 8.3%。在公寓住宅中，建造于 1919 年以前的百年老屋占当前公寓住宅总量的 12%，建于 1946—1990 年间的公寓住宅占当前公寓住宅总量的将近 60%。在别墅住宅中，建于 1919 年以前的百年老宅占当前别墅住宅存量的约 20%。随着战后经济的发展，经济发展水平和收入收入水平的提高，20 世纪 70 年代后，法国别墅住宅的建设迅速增长。1971—2005 年建造的别墅住宅占当前别墅住宅存量的 43.7%。

表 6-2　2013 年法国不同建设类型住宅存量及建造年代情况

（单位：套，%）

建造年代	公寓住宅		别墅住宅		其他类型住宅		住宅存量总计	
	数量	比重	数量	比重	数量	比重	数量	比重
1919 年以前	1 750 029	12.0	3 763 263	20.1	39 146	11.7	5 552 438	16.5
1919—1945 年	1 263 229	8.7	2 059 021	11.0	23 054	6.9	3 345 304	10.0
1946—1970 年	4 047 239	27.8	3 166 331	16.9	55 514	16.6	7 269 084	21.6
1971—1990 年	4 260 384	29.3	5 258 788	28.1	102 375	30.6	9 621 547	28.7
1991—2005 年	2 010 771	13.8	2 921 854	15.6	71 564	21.4	5 004 188	14.9
2006—2012 年	1 202 504	8.3	1 544 144	8.3	43 238	12.9	2 789 886	8.3
总计	14 534 155	100.0	18 713 402	100.0	334 889	100.0	33 582 447	100.0

资料来源：法国国家统计与经济研究所，"Logements Construits Avant 2013 Par Type, catégorie et époque d´achèvement de la construction en 2015 (France métropolitaine)"，https://www. insee. fr/fr/statistiques/3569228? sommaire = 3569247&geo = METRO-1。

注：住宅存量包括主要住宅、偶尔居住住宅、第二住宅和其他住宅；只包括法国本土住宅数据，不包括海外大区住宅数据。

建造和居住什么类型的住宅与土地稀缺程度、经济发展水平、居民收入水平、政府住房支持政策等多种因素相关。不同历史时期住宅类型的差异也反映出当时经济社会发展水平和历史条件的差异。从图6-2可以看出，在1919年以前建造的现存百年老宅中，有67.8%都属于别墅住宅。在1919—1945年间建造的现存的住宅中别墅住宅比重也超过60%。二战的战火使欧洲国家遭受到严重的破坏，特别是城市建筑遭到战争破坏，战后欧洲城市普遍面临住房短缺的问题。战争结束，很多常年征战的士兵返回家园组建家庭，很多国家也迎来了战后人口增长的高峰，对住房的需求急剧增长。二战造成了法国2000多个市镇被破坏，60万套住宅被毁，130万套住宅严重受损，政府面临战后重

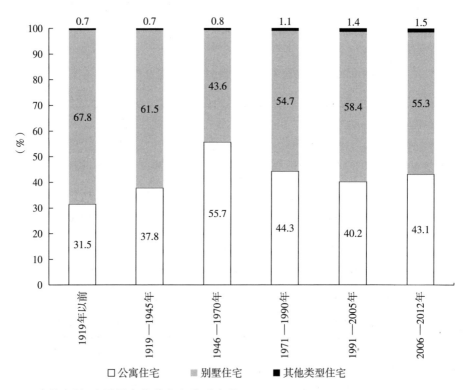

资料来源：法国国家统计与经济研究所，"Logements construits avant 2013 par type, catégorie et époque d'achèvement de la construction en 2015（France métropolitaine）"，https://www.insee.fr/fr/statistiques/3569228？sommaire=3569247&geo=METRO-1。

图6-2　法国现存不同时期住宅的建筑类型结构

建的艰巨任务。[①] 为了快速解决住房供需失衡、住房严重短缺的问题，战后欧洲各国政府均直接参与和主导了大规模的住宅开发建设。公寓楼包含多套住宅，一套大型公寓楼甚至包含 500 套住宅。公寓楼住宅建设可以在短时期内快速增加住房供给，满足战后庞大的住房需求。在二战后至 1970 年这段历史时期中，法国建造的住宅中公寓住宅比重（55.7%）超过别墅住宅比重（43.6%）。在此之前和之后的各段历史中，法国建造的别墅住宅比重均超过公寓住宅比重。

二、法国主要住宅情况及其保有结构

从住宅存量的绝对数量来看，法国主要住宅总量、自有住房、私人租赁住房、社会住房均呈现出不断上升的趋势，但上升速度和幅度存在差异。2017 年，法国主要住宅总量为 2874.8 万套，比 1982 年增加了 820.6 万套，增长了 40%。家庭自有住房数量由 1982 年的 1037.3 万套增加到 2017 年的 1661.6 万套，增长了 60.2%。私人租赁住房呈现出比较平缓的增长趋势。1982 年法国私人租赁住房总量为 546.4 万套，2017 年增加到 652.6 万套，30 多年中仅增加了 106.2 万套，年均增加不到 4 万套。与私人租赁住房相比，社会住房数量的增长趋势比较明显。1982 年，法国社会住房数量为 295.8 万套，1993 年突破 400 万套，2017 年达到 491.6 万套，比 1982 年增加了将近 200 万套，增长幅度为 66.2%。与上述三类保有形式的住房不同，其他保有类型的住房数量呈现下降趋势。1982 年，其他保有类型的住房数量为 176.7 万套，2017 年下降到 69 万套，下降幅度达 61%。

从法国主要住宅的保有结构来看，2017 年，家庭自有住房、私人租赁住房、社会住房、其他保有类型住房占主要住宅总量的比重分别为 57.8%、22.7%、17.1% 和 2.4%。从表 6-3 中数据可以看出，在 1982—2017 年的 36 年中，法国主要住宅的保有结构比较稳定，不同

---

① 杨辰：《政策、社会、空间——法国大型居住社区的建设与治理（1850—2010 年）》，载《国际城市规划》，2017 年第 4 期，第 113 页。

保有形式的住房比重呈现出平缓的变化趋势。家庭自有住房比重呈现出整体上升趋势，由 1982 年的 50.5% 上升到 2017 年的 57.8%，上升了 7.3 个百分点。私人租赁住房比重略有下降，2017 年，私人租赁住房比重比 1982 年下降 3.8 个百分点。社会住房比重呈现出缓慢上升的趋势，2017 年，法国社会住房比重为 17.1%，比 1982 年上升了 2.7 个百分点。其他保有类型的住房比重下降趋势较为明显，由 1982 年的 8.6% 下降到 2017 年 2.4%，下降了 6.2 个百分点。

表 6-3 1982—2018 年法国主要住宅总量及不同保有类型住房存量情况

（单位：万套，%）

年份	主要住宅总量	自有住房		私人租赁住房		社会住房		其他类型住房	
		数量	比重	数量	比重	数量	比重	数量	比重
1982	2054.2	1037.3	50.5	546.4	26.6	295.8	14.4	176.7	8.6
1983	2077.6	1061.7	51.1	542.3	26.1	303.3	14.6	170.4	8.2
1984	2101.1	1088.3	51.8	535.8	25.5	311.0	14.8	166.0	7.9
1985	2124.5	1113.2	52.4	531.1	25.0	318.7	15.0	161.5	7.6
1986	2148.0	1140.6	53.1	526.2	24.5	326.5	15.2	154.7	7.2
1987	2171.4	1166.0	53.7	519.0	23.9	334.4	15.4	149.8	6.9
1988	2194.9	1191.8	54.3	515.8	23.5	344.6	15.7	144.9	6.6
1989	2218.3	1217.8	54.9	510.2	23.0	354.9	16.0	137.5	6.2
1990	2241.8	1230.7	54.9	508.9	22.7	365.4	16.3	136.7	6.1
1991	2265.2	1241.3	54.8	509.7	22.5	376.0	16.6	135.9	6.0
1992	2288.7	1254.2	54.8	508.1	22.2	389.1	17.0	137.3	6.0
1993	2312.1	1267.0	54.8	508.7	22.0	400.0	17.3	136.4	5.9
1994	2335.6	1279.9	54.8	513.8	22.0	411.1	17.6	133.1	5.7
1995	2359.0	1295.1	54.9	516.6	21.9	419.9	17.8	127.4	5.4
1996	2382.5	1308.0	54.9	519.4	21.8	431.2	18.1	123.9	5.2
1997	2405.9	1323.2	55.0	524.5	21.8	440.3	18.3	120.3	5.0
1998	2429.4	1341.0	55.2	529.6	21.8	442.1	18.2	116.6	4.8

年份	主要住宅总量	自有住房		私人租赁住房		社会住房		其他类型住房	
		数量	比重	数量	比重	数量	比重	数量	比重
1999	2452.8	1358.9	55.4	534.7	21.8	444.0	18.1	115.3	4.7
2000	2476.3	1379.3	55.7	542.3	21.9	445.7	18.0	111.4	4.5
2001	2499.7	1397.3	55.9	547.4	21.9	444.9	17.8	110.0	4.4
2002	2523.2	1415.5	56.1	552.6	21.9	446.6	17.7	108.5	4.3
2003	2546.6	1436.3	56.4	557.7	21.9	450.7	17.7	104.4	4.1
2004	2570.1	1454.6	56.6	560.3	21.8	452.3	17.6	100.2	3.9
2005	2593.5	1475.7	56.9	565.4	21.8	453.9	17.5	98.6	3.8
2006	2617.0	1494.3	57.1	570.5	21.8	458.0	17.5	94.2	3.6
2007	2640.4	1512.9	57.3	575.6	21.8	459.4	17.4	92.4	3.5
2008	2663.9	1529.0	57.4	583.4	21.9	463.5	17.4	90.6	3.4
2009	2687.3	1545.2	57.5	591.2	22.0	464.9	17.3	86.0	3.2
2010	2710.8	1561.4	57.6	599.1	22.1	469.0	17.3	84.0	3.1
2011	2734.2	1577.6	57.7	604.3	22.1	470.3	17.2	82.0	3.0
2012	2757.7	1593.9	57.8	612.2	22.2	474.3	17.2	77.2	2.8
2013	2781.1	1607.5	57.8	620.2	22.3	478.3	17.2	75.1	2.7
2014	2804.6	1623.8	57.9	628.2	22.4	479.6	17.1	72.9	2.6
2015	2828.0	1637.4	57.9	636.3	22.5	483.6	17.1	70.7	2.5
2016	2851.5	1648.2	57.8	644.4	22.6	487.6	17.1	71.3	2.5
2017	2874.8	1661.6	57.8	652.6	22.7	491.6	17.1	69.0	2.4
2018	2898.4	1675.3	57.8	660.8	22.8	492.7	17.0	69.6	2.4

资料来源:法国国家统计与经济研究所。

注:1. 表中数据为法国本土住宅数据,不含法国海外大区和领土的住宅数据。2018 年为预测数据。

2. 表中数据为主要住宅数据,不包括第二住宅、偶尔居住住宅和空置住宅数据。

3. 主要住宅总量＝自有住房数量＋私人租赁住房数量＋社会住房数量＋其他类型住房数量。

从住房大小来看，如图6-3所示，面积在60—99平方米之间的中等面积住宅是法国住宅的主流户型，此类大小住宅约占全部主要住宅存量的44.8%。面积在100平方米以上的大面积住宅约占主要住宅存量的30%，仅低于中等面积住宅所占比重。40—59平方米的小面积住宅占主要住宅存量的14.7%。40平方米以下的超小型住宅在住宅存量中所占比重为10.5%。

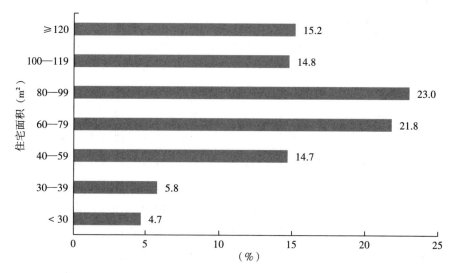

注：图中不同面积住宅比重根据2015年法国本土主要住宅数据计算，不含海外大区数据。2015年法国本土主要住宅存量为2828万套。

资料来源：法国国家统计与经济研究所，https://www.insee.fr/fr/statistiques/3569234? sommaire=3569247&geo=METRO-1。

图6-3　法国主要住宅中不同面积住宅比重

如图6-4所示，法国主要住宅中，拥有4个房间的住宅所占比重最高，约为25.1%，其次是拥有3个房间的住宅，所占比重为21.1%。拥有5个房间的住宅比重接近20%。拥有6个及以上房间的多房间户型住宅所占比重高于仅有2个房间的住宅所占比重。仅有1个房间的住宅属于边缘性住宅，仅占住宅存量的5.7%。

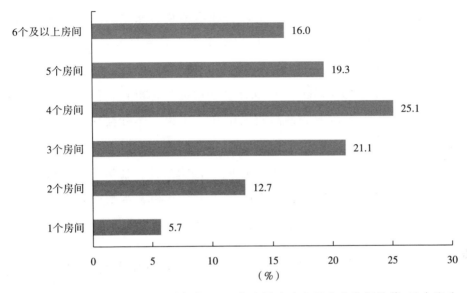

注：图中不同面积住宅比重根据2015年法国本土主要住宅数据计算，不含海外大区数据。2015年法国本土主要住宅存量为2828万套。

资料来源：法国国家统计与经济研究所，https：//www. insee. fr/fr/statistiques/3569234？sommaire＝3569247&geo＝METRO-1。

图6-4　法国主要住宅中拥有不同房间数住宅的比重

三、法国社会住房现状

在法国，社会住房被称为"低租金住房"。法国低租金住房由地方政府所属的公共机构、社会住房公司、混合经济公司和其他私营公司开发建设和管理。中央政府和地方政府通过多种方式为社会住房的开发建设提供支持，如政府拨款、贷款担保、税收优惠、工程建设补贴、土地使用费优惠等。政府为社会住房开发建设公司或机构提供的支持和补贴降低了住房开发建设成本，使得这些机构可以以低于市场价格的租金将住房租给符合政府规定条件的低收入人群，实现政府的社会住房政策目标。如表6-4所示，按照目标群体和政府支持力度的不同，法国社会住房主要分为三大类：第一类是超低租金社会住房（Prêt locatif aidé d'intégration）。超低租金社会住房的目标群体是收入极低、面临极度经济困难的家庭，该类社会住房的租金水平为每月每平方米5.44—9.23欧元，住房租金的具体水平根据住房所在的城市、地段、房屋状况、申请者收入的不同而不同。第二类是标准租金社会住房（Prêt locatif à usage social）。标准社会住房的目标群体仍然是社会中的低收入人群，但申请者的最高收入限额高于第一类社会住房，其租金水平为每月每平方米7—11.86欧元，高于超低租金社会住房。第三类是高租金社会住房（Prêt locatif social）。高租金社会住房的目标群体依然是低收入家庭，但申请者的最高收入限额和租金水平均高于前两类社会住房，其租金水平为每月每平方米7.78—13.18欧元。

表6-4　2018年法国三类社会住房在不同分区的最高月租限额

（单位：欧元每平方米）

	A+区	A区	B1区	B2区	C区
超低租金社会租房	9.23	7.10	6.12	5.86	5.44
标准租金社会租房	11.86	9.13	7.86	7.55	7.00
高租金社会租房	13.18	10.15	8.74	8.38	7.78

资料来源：超低租金社会租房和标准租金社会租房的住房租金最高限额数据来自法国公共服务网，https://www.service-public.fr/particuliers/vosdroits/F2541；高租金社会租房的住房租金最高限额数据来自 http://leparticulier.lefigaro.fr/jcms/p1_1528652/pret-locatif-social-pls-plafonds-de-loyers-2014。

2018年，法国共有各类低租金住房开发建设机构或公司755家，共有低租金住房490多万套，占全国住房总量的17%，占全国租赁住房存量的44%。在法国，约有1200多万人租住社会住房，租住社会住房的人口占法国总人口的比重约为18%。表6-5对法国18个大区社会住房的详细情况进行了统计分析。从表中可以看出，上法兰西、法兰西岛、诺曼底是法国本土大区中社会住房比重最高的3个大区，社会住房比重在20%—25%之间，高于本土大区社会住房比重17.1%的平均水平。在海外大区中，瓜德罗普、法属圭亚那、留尼旺3个大区社会住房的比重最高，在 20%—25% 之间。在本土大区中，社会住房比重最低的大区是布列塔尼、科西嘉、新阿基坦、奥克西塔尼，上述 4 个本土大区社会住房比重在 10%—12% 之间。在海外大区中，马约特社会住房比重最低，社会住房所占比重不足 10%。从社会住房的总数量来看，法兰西岛大区社会住房总量约为 126.4 万套，占法国全部本土大区社会住房总量的 26.6%，法兰西岛社会住房存量在 18 个大区中位于首位。

表 6-5　法国 18 个大区社会住房基本情况与比较（截至 2017 年 1 月 1 日）

（单位：万套,%）

	社会住房存量	社会住房存量同比变化率	社会住房占住房总量的比重	城市政策优先区[①]中社会住房的比重	社会住房中公寓住宅比重	社会住房中独栋住宅比重
本土大区	475.8	+1.5	17.1	31.0	84.1	15.9
上法兰西	56.8	+0.8	20—24.91	36.4	61.4	38.6
法兰西岛	126.4	+1.5	20—24.91	32.9	97.1	2.9
诺曼底	29.9	+1.3	20—24.91	26.8	75.3	24.7
中央卢瓦尔河谷	19.1	+0.9	16—19.17	32.7	74.8	25.2
大东部	42.1	+0.6	16—19.17	32.6	86.5	13.5
奥弗涅-罗纳-阿尔卑斯	54.6	+1.8	12—15.92	24.9	90.6	9.4
布根地-法兰奇-康堤	19.0	+0.6	12—15.92	32.1	86.1	13.9
卢瓦尔河地区	22.5	+1.8	12—15.92	27.9	72.8	27.2
普洛斯旺-阿尔卑斯-蔚蓝海岸	29.9	+2.1	12—15.92	36.6	92.7	7.3
布列塔尼	17.1	+2.0	9.99—11.64	21.3	77.2	22.8
科西嘉	1.4	+4.2	9.99—11.64	33.1	90.8	9.2

续表

	社会住房存量	社会住房存量同比变化率	社会住房占住房总量的比重	城市政策优先区①中社会住房的比重	社会住房中公寓住宅比重	社会住房中独栋住宅比重
新阿基坦	28.9	+1.8	9.99—11.64	26.2	75.4	24.6
奥克西塔尼	28.1	+2.8	9.99—11.64	30.7	82.5	17.5
海外大区	15.5	+3.5	17.0	37.8	86.1	13.9
瓜德罗普	3.6	+2.0	20—24.91	27.3	77.6	22.4
法属圭亚那	1.7	+4.4	20—24.91	54.1	81.0	19.0
留尼旺	7.0	+4.0	20—24.91	52.0	85.4	14.6
马提尼克	3.2	+3.1	16—19.17	9.5	99.6	0.4
马约特	0.02	—	<9.99	36.9	100.0	0
全国	491.3	+1.6	17.0	34.4	84.2	15.8

资料来源:"Le parc locatif social au 1er janvier 2017, November 2017", https://www. statistiques. developpement. durable. gouv. fr/media/831/download? inline;法国生态、可持续发展和能源部,http://www. statistiques. developpement-durable. gouv. fr/logement-construction/ r/logement - social - parc - social. html? tx _ ttnews% 5Btt _ news% 5D = 22137&cHash =e2ce6ab17b7e154408295e3373810dc8。

①2003 年,法国的《波尔罗法》(*La loi Borloo*)(也称为《城市更新计划与指导法》)将社会问题和治安问题突出的社会住宅区划定为城市敏感区(Zones Urbaines Sensibles)。城市敏感区的普遍特点是社会住房比重较高,低收入和失业家庭比重高,社会治安问题突出。2015 年,法国城市规划与融合法使用"城市政策优先区"(Quartier prioritaire de la politique de la ville)取代城市敏感区的叫法。

从图 6-5 可以看出,法国新建社会住房数量虽有波动,但基本上呈现出上升的趋势。2000—2007 年,法国每年新建社会住房数量在 4 万套以下,2008 年突破 4 万套,达到 45 212 套,此后两年持续增长,2011 年,法国新建社会住房达到 66 668 套,此后几年法国新建社会住房虽然略有下降,但仍维持在 6 万套左右,2015 年,法国新建社会住房突破 7 万套，为 2000 年以来新建社会住房最多的年份。

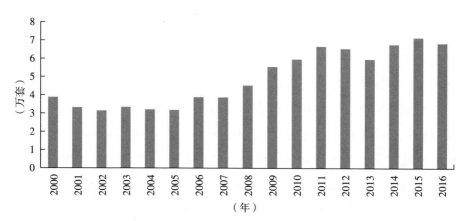

资料来源："Nombre de logements sociaux construits par année", http://www. statistiques. developpement - durable. gouv. fr/logement - construction/r/logement - social - parc - social. html? tx _ ttnews% 5Btt _ news% 5D = 22137&cHash = e2ce6ab17b7e154408295e 3373810dc8。

图 6-5　2000—2016 年各年度法国新建社会住房数量比较

第二节　法国社会住房的治理框架

法国社会住房的建设和管理机构可以划分为以下四类：地方政府所属的住房机构、社会住房公司、混合经济公司和其他私营公司。地方政府所属的住房机构属于公共性质的机构，其管理者由地方政府选派，代表政府维护和管理地方政府所保有的社会住房，并向符合资格条件的租户提供社会住房。社会住房公司属于有限责任公司，但与一般的有限责任公司不同，社会住房公司的主要经营活动为社会住房的开发建设、管理维护和提供社会住房，其经营活动以履行社会责任为主要目的，不以营利为目的。混合经济公司属于公共有限责任公司，是法国地方公共企业①的一种组织形式，由地方政府和私人经营者共同出资，且地方政府持股比重需在50%—85%之间。混合经济公司的经营领域包括公共服务、地方经济开发、住房开发建设等。社会住房建设和管理是混合经济公司的重要经营领域。地方政府和混合经济公司就某项社会住房项目达成协议后，双方签订"公共项目合同"，一方面明确规定住房建设项目的具体指标要求和完工时间，另一方面明确政府对该社会住房项目给予补贴的金额。为了吸引社会资金参与社会住房的开发建设、增加社会住房供给、缓解社会住房供需缺口增大的问题，法国政府积极鼓励私营机构或公司投资社会住房开发建设项目。参与社会住房开发建设的私营企业与政府所属住房机构、社会住房公司、混合经济公司一样，可以获得政府发放的建房补贴，租金越低的社会住房项目，政府补贴的标准就越高。进行社会住房开发建设并获得建设补贴的私营企业需与地方政府签订合同，明确住宅建成后纳入地方政府的社会住宅体系，在锁定期内（如30年）由地方政府以较低的租金配租给符合资格条件的申请家庭。锁定期结束后，项目住宅归该私人机构或公司所有，可按市场价格出租或出售。虽然私营公司可以自由参加社会住房建设项目的竞标，中标后可以获得政府补贴并进行社会住房的开发和建设。但住房开发建设需要投入大量的资金，政府补贴仅占项目成本的一小部分，社会住房建成后的维护和管理也需要投入大量资金，而社会住房租金受限，回报率低。因此，有实力和意愿进行社会住房建设的私营企业还是少数，私营公司保有社会住房

---

① 按照公私投资双方的出资比例不同,法国地方公共企业可分为三种形式:混合经济公司(Sociétés d'économie mixte)、地方公共企业(Sociétés publiques locales)和单一目标混合经济公司(Sociétés d'économie mixte à opération unique)。混合经济公司地方政府的股权比例必须超过50%但不能高于85%。地方公共企业是地方政府间的一种经济合作模式,该种类型的企业必须由至少两个地方政府共同出资建立,且不能包括任何私人股东。地方公共企业完全由地方政府控制,不受市场竞争规则的限制,因此这类企业只能在相关地方政府的行政管辖范围内从事经营活动。单一目标混合经济公司是2014年法国实行的一种公私合营模式,为地方政府在某一项目中寻求私人投资者提供了便利。私人投资方可以是一家也可多家共同参与,但私人投资方的股权比重需在15%—66%之间。单一目标混合经济公司是为完成某项具体项目而建立,因此项目完成后该合资公司即解散。

的数量很有限。如表6-6所示，2017年，法国各类社会住房存量约为491.5万套，私营公司保有15.7万套，仅占社会住房存量的3.2%。在2012—2017年的6年中，法国私营公司保有的社会住房比重基本没有变化，维持在3%上下。相比之下，地方政府所属的住房机构和社会住房公司保有的社会住房比重均高于40%。2017年，两类机构保有社会住房442.3万套，占全国社会住房存量的90%。纵向来看，地方政府所属住房机构保有社会住房的比重有所下降，由2012年的48.2%下降到2017年46.3%，下降了近2个百分点。而社会住房公司保有社会住房的比重略有上升，由2012的43%上升到2017年43.7%，上升了0.7个百分点。混合经济公司保有社会住房的比重也呈现不断上升的趋势，由2012年的5.8%上升到2017年6.9%，上升了1.1个百分点。2017年，混合经济公司保有社会住房33.9万套。

表6-6　2012—2017年法国社会住房提供者保有社会住房比重比较

（单位：套,%）

年份	社会住房存量	地方政府所属住房机构保有社会住房的比重	社会住房公司保有社会住房的比重	混合经济公司保有社会住房的比重	其他私营机构或公司保有社会住房的比重
2012	4 557 605	48.2	43.0	5.8	2.9
2013	4 636 494	47.9	43.1	6.0	3.0
2014	4 685 816	47.6	43.1	6.1	3.1
2015	4 760 458	47.5	43.2	6.2	3.1
2016	4 839 631	46.8	43.4	6.7	3.1
2017	4 914 514	46.3	43.7	6.9	3.2

资料来源：法国生态、可持续发展和能源部，http://www. statistiques. developpement-durable. gouv. fr/logement-construction/r/logement-social-parc-social. html?tx_ttnews%5Btt_news%5D=2213 7&cHash=e2ce6ab17b7e154408295e3373810dc8。

建设和管理社会住房的各类机构和公司是住宅的所有者和管理者，

但它们没有分配社会住房的权力，社会住房由地方政府社会住房管理机构按照社会住房的准入标准统筹分配给符合条件的申请者。值得一提的是，凡是交纳占工资额 0.45% 住房福利税的企业，可获得地方政府社会住房管理处分配的社会住房，然后企业可将社会住房再分配给符合条件的员工。通过企业向政府缴纳住房福利税获得社会住房比直接向地方政府递交申请获得住房的速度快。

为了获得更广泛的社会住房建设资金来源，增加社会住房供给，1953 年法国政府开始推行 "1% 住房福利税" 政策，规定雇员在 10 人以上的企业员工需每月缴纳工资额的 1% 作为住房福利税，住房福利税用于社会住房的开发建设，缴纳住房福利税的企业可从地方政府获得社会住房，分配给符合条件和有住房需求的企业员工。住房福利税将企业责任与社会福利有机结合起来。住房福利税政策自 1953 年开始推行以来，在拓宽社会住房资金来源、解决职工住房问题方面发挥着重要作用。目前，雇员在 20 人以上的非农业私营企业和所有雇员在 50 人以上的农业企业都需缴纳住房福利税，缴纳比例由工资的 1% 调整为 0.45%，但仍沿用了 "1% 住房福利税" 的名称，住房福利税也被称为 "年度雇主建设"（Participation des employeurs à l'effort de construction）。

第三节　法国社会住房的准入标准与分配制度

如前所述，法国社会住房共分为超低租金社会住房、标准社会住房、较高租金社会住房三种类型。三种类型的社会住房面向不同的目标人群，对申请者的收入限制和准入标准也不尽相同。同一类型的社会住房，在不同地区对申请者的收入限额也有不同规定，以体现不同地区经济发展水平和收入水平的差异。

一、超低租金社会住房准入标准

如表 6-7 所示，不同类型家庭申请超低租金社会住房的收入限额不同，家庭人口越多，申请该类社会住房的收入限额也随之升高。例如，在巴黎，一个单身家庭如果想申请超低租金社会住房，其年收入不得超过 12 848 欧元。而对于一个生活在巴黎的六口之家来说，其家庭年收入不得超过 40 227 欧元，才有资格申请超低租金社会住房。如果这个六口之家再增加一人，收入限制标准相应提高 4482 欧元。其他大区申请超低租金社会住房的家庭年收入限额低于巴黎地区和法兰西岛大区的其他城市，这一方面体现出巴黎和法兰西岛大区经济发展水平和房价房租水平较高，另一方面体现出巴黎和法兰西岛大区住房需求高于其他地区。

表 6-7　法国不同地区超低租金社会住房申请家庭的
税前年收入最高限额

（单位：欧元）

	巴黎及其周边城市	法兰西岛其他城市①	其他大区
单身家庭	12 848	12 848	11 167
两人家庭（两人均不属于需要被赡养人员②）	20 943	20 943	16 270
三人家庭或两人家庭（有一人是需被赡养人员）或年轻夫妇家庭③	27 452④	25 174	19 565
四人家庭或其中两人属于需被赡养人员的三人家庭	30 049	27 641	21 769
五人家庭或其中三人属于需被赡养人员的四人家庭	35 746	32 724	25 470
六人家庭或其中四人需要被赡养的五人家庭	40 227	36 823	28 704
每增加一人	+4482	+4102	+3202

资料来源：法国公共服务网，https://www.service-public.fr/particuliers/vosdroits/F869。

①巴黎及其周边城市属于法兰西岛大区的一部分，这一栏是指除巴黎及其周边

城市外法兰西岛大区其他城市。

②需被赡养人员是指没有收入的非成年人(以有无纳税记录为准)和65岁以上的老人。

③年轻夫妇家庭是指已婚夫妇或共同签署租约的同住伴侣,两人年龄之和不超过55岁。

④与没有需要被赡养人员的两人家庭相比有需赡养人员的两人家庭和年轻夫妇家庭获得的社会福利收入要多,因此申请社会住房的收入最高限额也高于普通的两人家庭。

二、标准租金社会住房的准入标准

标准租金社会住房主要面向中等收入家庭,申请该类住房的最高收入限额高于超低租金社会住房。从表6-8可以看出,在巴黎,年收入低于23 354欧元的单身家庭才有资格申请标准租金社会住房。对于一个三口之家,年收入低于45 755欧元才有资格申请该类社会住房。其他大区申请标准租金社会住房的收入限额低于巴黎地区和法兰西岛大区其他城市。以拥有两个孩子的四口之家为例,在巴黎,年收入低于54 628欧元的家庭有资格申请标准租金社会住房,在法兰西岛大区其他城市同样一个四口之家该类社会住房的准入标准是年收入不超过50 257欧元,略低于巴黎地区的收入限额。在其他大区,申请该类社会住房的家庭收入限额为39 364欧元,比巴黎的最高收入限额低12 825欧元。

表6-8 法国不同地区标准租金社会住房申请家庭的
税前年收入最高限额

(单位:欧元)

	巴黎及其周边城市	法兰西岛其他城市	其他大区
单身家庭	23 354	23 354	20 304
两人家庭(两人均不属于需要被赡养人员)	34 904	34 904	27 114

	巴黎及其 周边城市	法兰西岛 其他城市	其他大区
三人家庭或有一人属于需被赡养人员 的两人家庭或年轻夫妇家庭	45 755	41 957	32 607
四人家庭或其中两人属于需被赡养人 员的三人家庭	54 628	50 257	39 364
五人家庭或其中三人属于需被赡养人 员的四人家庭	64 997	59 495	46 308
六人家庭或其中四人需要被赡养的五 人家庭	73 138	66 950	52 189
每增加一人	+8150	+7460	+5821

资料来源：法国公共服务网，https：//www. service-public. fr/particuliers/vosdroits/F869。

三、较高租金社会住房的准入标准

较高租金社会住房主要面向收入较高家庭，申请该类社会住房的家庭收入限额高于前两类社会住房。如表 6-9 所示，在巴黎，一个申请较高租金社会住房的单身家庭，其年收入不得超过 30 360 欧元。随着家庭人口的增加，收入最高限额随之增加，两口之家、三口之家、四口之家、五口之家和六口之家申请较高租金社会住房家庭收入的最高限额分别为 45 375 欧元、59 481 欧元、71 016 欧元、84 496 欧元和 95 079 欧元。其他大区申请较高租金社会住房的最高收入限额低于巴黎和法兰西岛大区其他城市。

表6-9　法国不同地区较高租金社会住房申请家庭的
税前年收入最高限额

（单位：欧元）

	巴黎及其周边城市	法兰西岛其他城市	其他大区
单身家庭	30 360	30 360	26 395
两人家庭（两人均不属于需要被赡养人员）	45 375	45 375	35 248
三人家庭或有一人属于需被赡养人员的两人家庭或年轻夫妇家庭	59 481	54 544	42 389
四人家庭或其中两人属于需被赡养人员的三人家庭	71 016	65 334	51 173
五人家庭或其中三人属于需被赡养人员的四人家庭	84 496	77 343	60 200
六人家庭或其中四人需要被赡养的五人家庭	95 079	87 035	67 845
每增加一人	+10 595	+9698	+7567

资料来源：法国公共服务网，https://www. service – public. fr/particuliers/vosdroits/F869。

第四节　法国的住房补贴政策

法国住房补贴（Les aides au logement）是社会住房政策的重要工具，属于"需求方补贴"。本节对法国住房补贴制度的具体规定和措施进行分析。

一、法国申请住房补贴资格条件

法国政府对符合条件的低收入家庭和个人的租房和房贷实行补助制度，以实现低收入人群的住房需求。法国的住房补贴有三种，分别是个人住房补贴（L'aide personnalisée au logement）、家庭住房补贴（L'allocation de logement à caractère familial）和社会住房补贴（L'allocation de logement à caractère social）。三种补贴只能申请其中一种，不能重复获得。三种住房补贴面向不同的目标群体：个人住房补贴始于1977年，面向所有租房者（租住私人或公共新旧房的租户）和已购买自有住房的人群。家庭住房补贴始于1948年，顾名思义，家庭住房补贴申请条件与申请者的家庭成员和婚姻情况相关。该补贴面向租住未与国家签订协议的私人住房且有需赡养子女或无能力独立生活成员的家庭或结婚5年（在40岁以前登记结婚）的家庭发放。符合条件的外国留学生也可以申请家庭住房补贴。社会住房补贴始于1971年，面向租住未与国家签订协议的私人住房且没有抚养子女的人群发放。虽然三种住房补贴的目标群体不同，但需要满足的一些共同条件包括：第一，申请者已与房东签订了租房合同（私人租赁住房、社会住房、大学生公寓均可）或按揭贷款购买了自有住房；第二，申请补贴的住宅须为申请人的主要住所，且申请人本人或配偶已在该住宅中居住至少8个月；第三，申请者本人及家庭成员的收入总额不能超过住房补贴申请规定的最高限额；第四，申请者租住或购买的房屋满足健康、安全和舒适标准，具体为单人居住房屋面积不能低于9平方米，两人居住房屋面积不能低于16平方米（每增加一个人面积相应增加9平方米），居住人口8人以上时，房屋面积不能低于70平方米。

二、法国住房补贴的补贴标准

申请人获得住房补贴金额的水平由申请家庭和个人的收入状况、家庭未成年人人数、住房所处的街区位置、住房自身状况（面积、年代、是否带家具等）、房租或偿还房贷的数目等多种因素决定。住房补贴金额根据国家计算表计算得出，申请人也可在法国家庭补助管理署网站上输入家庭、收入、房租等详细信息模拟计算和大致评估可获得的住房补贴金额。住房补贴的水平一般为房屋租金的20%左右，最高可达60%。目前，法国共有650万户家庭申领个人住房补贴，其中约80万为大学生。租房者和自有住房者均可申请住房补贴。

第七章　保守主义福利模式典型国家德国的社会住房政策实践①

德国的住房市场价格长期稳定，住房具有较强的可支付性。这与德国的住房政策紧密相关。本章主要探讨德国的住房政策如何保障住房的可支付性。首先介绍德国的住房市场现状，其次介绍德国的住房政策基石，即二战后开始实行的社会市场经济制度。然后着重介绍德国的社会住房政策，分析德国社会住房的政策执行和发展趋势。之后分别就德国的住房补贴政策、租房管理等相关政策进行梳理和归纳。最后，探讨德国住房价格长期稳定的原因。

第一节　德国的住房市场现状及特点

一、德国房地产价格长期保持稳定

德国经济总量约占欧盟经济总量的三分之一，是欧洲第一大经济体。2016 年德国人均国内生产总值达到 38 000 欧元，位居欧盟国家前列。② 尽管德国经济高度发达，但是德国的房地产价格却低于欧洲其他

---

① 本章作者为秦爱华、李罡。
② 欧盟统计局，http://ec.europa.eu/eurostat。

国家。2012 年，德国商品房均价为每平方米 3094 欧元，远低于英国每平方米 19 100 欧元和法国每平方米 14 696 欧元。[①] 总体看来，德国的房价在欧盟国家中处于中低水平。从房价波动上来看，德国房地产价格比较稳定，较长时期内没有出现较大幅度波动。2014 年，德国房产价格指数比 2005 年增长 13.9%，略低于欧盟 14.6% 的平均涨幅。德国既没有出现北欧国家那样的房产价格高涨，也没有出现危机国家那样的房产价格大跌。[②]

二、金融危机后德国住房价格逆势增长

德国住房价格的走势与欧洲的整体走势差异较大。2009 年之前，德国的房价持续负增长，2008 年的国际金融危机爆发后，德国的房价不降反升，持续呈现正增长的态势。2016 年，德国房价增长率达到 6%，[③] 德国 85% 的城市住房价格出现不同程度上涨，公寓每平方米售价比 2004 年上涨 36%。然而，欧元区的房价与德国相比呈现出相反的趋势。全球金融危机爆发后，欧元区国家房价急转直下，从 2008 年开始处于负增长状态，直到 2014 年住房市场开始出现复苏迹象，住房价格降幅收窄。

受金融危机影响，欧洲部分国家的房地产市场受到严重冲击，房地产泡沫破裂，特别是西班牙、希腊、意大利等南欧国家房价波动幅度更大，价格稳定、风险更低的德国房地产市场成为了国际投资的避风港，部分欧洲国家的房地产投资方将资金转向了德国，从而推高了德国的房地产价格。这是德国与其他欧元区国家房产价格出现相反走势的一个重要原因。另外，英国脱欧也推升了德国房价，特别是法兰克福的房价。从 2016 年年初开始德国房价持续上升，德国政府已经开

---

① 陈洪波、蔡喜洋:《德国住房价格影响因素研究》,载《金融评论》,2013 年第 1 期,第 32—48 页。

② 2014 年,挪威和瑞典的住房价格指数比 2005 年分别上涨 72.5%、70.2%。2014 年, 爱尔兰的住房价格指数比 2005 年下跌 28.3%。

③ 欧盟统计局,http://ec.europa.eu/eurostat。

始制定控制房价过快上涨的法律。

三、德国住房自有率较低

根据德国 2011 年全国社会经济普查数据，如图 7-1 所示，2010
年德国住房总存量为 4050 万套，其中住房机构（住房合作社、市政住
房机构、公共住房公司、私营住房公司、教会等非营利组织）持有的各

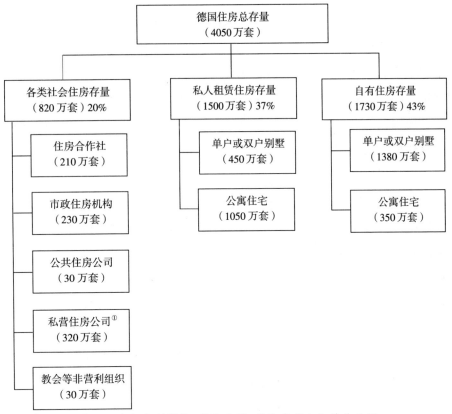

①私营住房公司包括信用机构、保险公司、房地产基金和其他公司。

资料来源：Zensus 2011 Sonderauswertung-Wohnungen in Gebäuden mit Wohnraum
inkl. Wohnheime und sonst. Gebäude mit Wohnraum；Datenbasis Zensusenddatenstand von
Mai 2014，ohne Diplomatenwohnungen Anbieterstruktur auf dem deutschen Wohnungsmarkt
nach Zensus 2011。

图 7-1　德国住房总存量及保有结构

类社会住房共计 820 万套，占全国住房总存量的 20%；私人租赁社会住房 1500 万套，占全国住房总存量的 37%；自有住房存量为 1730 万套，占全国住房总存量的 43%。住房合作社和市政住房机构等专业住房机构是社会住房的主要提供者，两类机构持有住房总计 440 万套，占专业机构持有住房存量的 53%。在私人租赁住房中，绝大多数为公寓型住宅（占 70%），少数为别墅类住宅（30%）。自有住房则多数为单户或双户别墅住宅（占 79.8%），公寓类住宅仅占两成左右。

近年来，德国的住房自有率水平有所提高，但上升幅度不大。目前，约 50.4% 的德国家庭居住在自有住房中（低于欧盟 60% 的住房自有率水平），49.6% 的家庭租房居住，其中 45.4% 的家庭租住私人租赁住房，4.2% 租住政府或社会住房管理机构提供的社会租赁房。总体看来，德国购房和租房的家庭大约各占一半。2012 年，德国共有 4055 万套住房，人口总数为 8043 万人，平均每个家庭拥有一套住房，基本能够满足居民的住房需求。[①]

很多国家购房率低的原因是购房者的支付能力不足，但是德国的购房经济压力不是家庭购房率低的主要原因。德国家庭的住房消费支出占家庭消费支出的比重处于合理范围之内，并呈现下降趋势。2013 年，德国家庭支出中用于住房的支出约占家庭总支出的 35%，平均每月 845 欧元用于住房支出。[②] 也就是说，房价并不是阻碍德国家庭购买住房的主要原因。稳定的私人租房市场和完善的社会住房制度满足了不同收入人群的住房需求，这可以看作是德国住房自有率较低的一个原因。2015 年，仅有 14% 的德国人将住房支出视为经济负担，这一数据比 2008 年的 27% 明显下降。[③]

---

① Alice Pittini, Laurent Ghekière and Julien Dijol, et al. " The State of Housing in the EU 2015", https://www. researchgate. net/publication/282849203_The_State_of_Housing_in_the_EU_ 2015#: ~: text = The% 20first% 20part% 20of% the% 202015% 20edition% 20of, Member% 20States% 20to% 20address% 20housing% 20shortages% 20and% 20homelessness.

② 德国联邦统计局, https://www. destatis. de。

③ 德国联邦统计局, https://www. destatis. de/EN/FactsFigures。

通过分析住房市场可以发现，发达国家的居民住房的自有率一般不会特别高，住房面积不大，而且住房自有率与城市发达程度负相关，也就是越发达的城市住房自有率越低。例如，21 世纪初，法国、英国、希腊和西班牙的住房自有率分别为 57%、70%、80% 和 85%，住宅使用面积一般在 60—70 平方米。

尽管德国居民的收入不断提高，对于住房购买的支付能力也大大提高，但是德国的住房自有率一直低于欧盟的平均水平。德国家庭不愿意购买住房的主要原因不是买房的经济负担过重，而是租房也可以很好地满足居住要求。德国住房自有率低的原因主要包括：第一，德国拥有庞大而规范的租房市场，承租者的权益受到法律的保护，租金长期保持稳定，相对于买房来说，租房更加经济实惠；第二，相对于买房来说，租房能够更加灵活地适应工作地点的变换，所以很多德国家庭更喜欢租房居住；第三，德国的住宅金融政策制约了居民购房的积极性，德国居民购房的首付款至少需占总房款的 20%，而且信贷审查比较严格等，导致了德国居民对于购买住房的热情不高。

总之，德国房地产市场具有鲜明的特点，德国的房价长期稳定，具有较强的可支付性。在金融危机时期，德国的房地产市场逆势而上，吸引了众多的国际投资。德国房价长期稳定不仅是德国房地产政策有效规制的结果，也是德国社会市场经济制度的必然产物。德国的房地产市场与本国的经济政策和社会发展都具有紧密的联系。德国的社会市场经济制度是其制定房地产政策的主要依据，所以下面首先对德国的社会市场经济制度及其与房地产政策的关系进行阐述。

第二节　社会市场经济制度是德国住房政策的基石

二战后，德国一直以社会市场经济的理念指导经济发展，社会市场经济的要义是强调经济自由和社会公正与平衡的兼容，德国的住房领域的政策和法规都体现了这一点。[①] 德国房地产业的核心目标是向国民提供符合需求并有能力支付的住房。德国政府的房地产政策已成为德国社会市场经济模式的重要组成部分。[②]

德国在社会市场经济制度下的房地产政策是向中低收入阶层倾斜的。房屋作为商品，既可以作为消费品，也可以作为投资品。德国政府将房地产界定为消费品，而不是投资品，将住房作为"满足居住要求的商品"。通过规范住房市场的建筑、融资、买卖、租赁等市场秩序，形成市场竞争，规避垄断集团对自由竞争的阻断；同时又通过住房保障政策为中低收入阶层提供廉价住房、租房补贴等，保障国民的基本居住权。政府通过规范市场竞争，维持供需平衡，保障了房价长期稳定。德国住房政策是社会市场经济政策的重要组成部分，社会市场经济模式又是德国住房政策的理论支撑和思想根源。

一、社会市场经济制度

社会市场经济是以德国弗赖堡学派的理论为基础，二战后在联邦德国实行的经济政策。弗赖堡学派的理论核心是建立依靠国家保障的、竞争的市场经济，国家为市场经济确立竞争秩序。二战后德国将弗赖堡学派的竞争秩序论付诸实践，形成了社会市场经济政策和理论。社会市场经济的基本原则是，实行市场竞争和生产资料私有制，国家负责维护竞争的秩序和框架，强调国家干预、公平、合理和正义。

社会市场经济具有哪些政策理念？1947 年，德国经济学家米勒－阿尔马克·阿尔弗雷德首先提出社会市场经济的概念，指出"社会市场经济是按市场经济规律行事，但辅之以社会保障的经济制度，它的意义是将市场自由的原则同社会公平结合在一起"。[③] 将社会市场经济

---

① 朱玲：《德国住房市场中的社会均衡和经济稳定因素》，载《经济学动态》,2015 年第 2 期,第 98—107 页。

② 许兵、孟学礼、孔炜：《德国房地产市场保持平稳的经验》，载《中国货币市场》,2011 年第 4 期,第 13—17 页。

③ 顾俊礼：《德国社会市场经济的运行机制》,武汉：武汉出版社,1994 年版,第 18 页。

首先付诸实践的联邦德国总理路德维希·威廉·艾哈德认为可将其归结为"自由+秩序"，即政府通过制定经济宪法为经济运行提供良好的经济秩序，在国家和法律保障下实现竞争。另一方面，社会市场经济还要提供社会保障，实现社会公正和进步。总之，社会市场经济是市场效率与高水平的社会保障的结合。[①]

德国房地产市场稳定健康发展，得益于相关政策和法律的支撑。德国政府在社会市场经济理念的指导下制定了相关法律、经济和社会政策，通过经济宪法规范住房市场的经济秩序，实现住房市场的竞争。同时，对于低收入者，德国政府通过社会保障制度，以建立社会住房、发放住房津贴等方式，满足了低收入阶层的住房需求，使得居者有其屋。总体来看，德国住房模式的特征是社会市场经济体制的具体体现。[②]

在社会市场经济模式下，德国的住房市场不是完全自由竞争的市场，政府进行了必要的干预，以满足德国居民最基本的居住需求。德国的住房市场受政府政策的影响较大，从住房供给来看，政府建设社会住房，为无法在住房市场找到合适住房的低收入群体提供低成本的住房。德国对住房的财政支出一直比较高，20世纪五六十年代，政府对住房的支出约占财政支出的50%，之后逐渐下降，目前约占8%。从住房需求来看，经济条件较好的德国居民可以在住房市场自由购买或租赁住房，经济条件较差的居民则可以从政府获得住房补助，提升自己的住房支付能力，从而租赁到适合自己的住房。德国社会市场经济模式下的住房市场是在经济效率和社会公平之间寻求平衡。

二、德国的住房政策及其发展

二战之后，德国的住房政策经历了几个阶段，逐渐实现了从住房

①　秦爱华：《〈里斯本条约〉与社会市场经济》，载《欧洲研究》，2010年第3期，第37—46页。

②　余南平：《金融危机下德国住房模式反思》，载《德国研究》，2010年第3期，第11—18、77页。

政策到住房市场政策的转变。基本经历了从住房统制经济、国家大规模供给、市场需求调节到市场行为规范几个阶段。下面简要介绍一下德国的住房政策。

第一，1945年，颁布《住房统制经济法》。根据该法律，政府规定房屋的租金，由国家机构给贫困者分配住房，也就是实行住房管制。随着住房缺口的缓解，该法于1960年废止，之后德国开始实行住房市场经济。

第二，1950年，颁布《住房建设法》，1956年进行修订。该法规定，国家通过给予财政优惠或者对大型住房企业进行补贴，促进住房建设。社会保障房20年或30年合约期满之后，房租可以转为市场化定价。该法于2001年废止，由《住房支持法》替代，受资助的社会保障房到期后转为市场房。

第三，1965年，颁布《住房补贴法》，1970年、2001年、2009年修订。对于无市场能力的家庭，也就是不能独立支付适合自己家庭住房的家庭，政府给予一定金额的住房补贴，以保障他们在支付房租以外可以维持基本生活。这一政策在德国执行得比较好。2001年该法再次修订，根据房租和消费价格的上涨，相应地上调了住房补助金额。2009年，德国21%的家庭领取了住房补贴，补贴金额的83%发放给了失业家庭。

第四，1971年，颁布《住房租赁法》，1974年、2001年、2012年修订。由于二战后的婴儿潮导致人口增长，住房需求也随之上升。因此，德国政府出台了这部法律，倾向于保护承租人的权益。2001年该法再次修订，修改后的法律对于出租人权益的保护有一定的提升，有利于出租人和承租人享有平等的权益。

第五，1995年，颁布《私有住房补贴法》。这部法律规定，取消原先通过税收扣减对私有住房进行补贴的方式，从1997年开始，采用直接补贴的方式，由私有住房承建人向政府直接申请退税或补贴。该法修改后，政府用于住房补贴的支出比重有所上升。这部法律引起广泛争议，于 2006 年被废止。

第六，2001 年，颁布《住房支持法》，替代被废止的《住房建设法》。该法目标是通过租房补贴和政府购买住房分配权，来直接解决两个有关住房的社会问题，也就是弱势群体的支付问题和准入问题。政府在供给紧缺的情况下，依然愿意投入资金进行社会保障住房建设。该法在一开始就指出"社会福利住房的扶持是承担社会责任的住房政策的重要组成部分"，这表明，尽管社会福利住房的传统政策受到越来越多的质疑，社会福利住房建设在新建房中的比重逐渐下降，但是出于政治和社会因素的考虑，德国政府的住房政策仍然尽可能维持其社会福利住房政策的导向。

二战后，德国的经济发展建立在社会市场经济理论上，创造了经济奇迹，实现了高速发展。包括住房政策在内的德国经济政策体现了社会市场经济的精髓。德国的市场经济不同于其他国家的市场经济，德国在发展市场经济的同时，强调经济只是社会发展的一部分，经济发展最终是为社会发展而服务的。所以，德国的经济发展是完善市场经济，不干扰市场经济，但是政府要救助那些需要帮助的贫困人群，并激励他们通过自身努力走出贫困，这是德国经济发展和社会稳定的基础。① 一个良好的社会既要寻求经济发展，同时也要对弱势群体提供切实有效的帮助。

德国的住房政策体现了社会市场经济的本质。德国住房政策的宗旨是，为公民提供合适的可支配住房。大部分人的住房需求通过市场经济得到解决，对于不能获得合适住房的贫困人群，由政府提供资助。德国有关住房的法律体现了社会市场经济的社会责任原则，政府一方面制定市场规则，让住房通过市场机制的作用合理配置资源，另一方面政府通过政策调节为低收入人群提供必要的住房保障。

---

① 艾克豪夫著,毕宇珠、丁宇译:《德国住房政策》,北京:中国建筑工业出版社,2012 年版。

第三节　德国社会住房政策

在防止商品房市场价格过快过高增长的同时，德国还通过兴建社会住房来满足低收入人群的住房需求。德国低收入家庭很难在市场上购买或租到适合自己的住房，社会住房主要就是为了满足这些家庭的住房需求。社会住房，也就是福利性公共住房，主要由国家出资，为多子女家庭、残疾人、老年人和低收入公民建造。社会住房政策的核心是为在住房市场上无法获得住房的家庭提供租得起的住房。社会住房一般是由公共建筑公司从国家取得优惠贷款后建造的公寓楼，因此房租必须给予优惠。在二战后联邦德国政府大力推行社会住房，有效缓解了住房短缺的困境。本节主要介绍德国的社会住房政策，之后对德国的住房补贴和租房市场管理等政策分别进行介绍。

一、德国社会住房政策的由来

德国于 1847 年开始建立住房保障制度，经过多年的发展，形成了一套独特的住房保障体系，主要包括福利性公共住房、住房补贴、租赁管理、自有住房促进等方面。

二战后，德国面临非常严重的住房短缺问题。1945 年下半年，联邦德国共有近 2100 万人没有住房，主要包括难民、被驱逐者和迁居者等。为解决居民的居住问题，联邦德国各级政府将兴建住房作为首要任务。联邦德国于 1950 年颁布《住房建设法》，之后政府开始投入大量资金，大规模建设社会福利住房。1956 年对《住房建设法》进行了部分修订。到 1959 年年底，也就是在《住房建设法》颁布的最初 10 年间，联邦德国政府给予资金支持建成了 330 万套住房，另外在没有政府资助下建成了 270 万套住房，解决了战后初期住房紧缺的问题。从 60 年代初开始，联邦德国政府资助建设的社会住房逐渐减少。

1945 年和 1990 年是德国的社会住房建设高峰时期，1945 年后，联邦德国政府通过社会住房建设解决了二战后住房极度短缺的问题。

1990 年，两德统一，大量东德人流动到西德，在西德需要大量的住房，这一时期也兴建了大量的社会住房。

二、德国社会住房政策内容

社会住房是政府通过财政投入、低息或无息贷款、基础设施配套建设等方式提供支持，由个人、非营利住宅公司和自治团体组织建造，向多子女家庭、残疾人、老年人和低收入居民出售或出租的住宅，其中包括大型企业出资建设并享受国家优惠的职工住宅。

在德国，低收入群体和弱势群体向政府提出申请，通过政府审核后得到社会住房。承租家庭每年需要向政府住房局申报家庭年收入，如果家庭年收入超过社会住房的租住标准，则承租人需要搬离社会住房，或者按照市场价格支付房租才能继续租住。社会住房的房租标准由政府制定，一般为市场租金的一半。德国约有 14% 租住社会住房的家庭不再是社会住房的受益对象，他们按照市场租金缴纳房租。

德国政府对社会住房的申请者作了详细规定，申请租住者须向政府提交家庭收入、人口数量、现有住房状况、房租、在本城市工作或居住时间等情况。申请者一般是收入低于国家制定标准，没有自有住房，在本城市工作或居住一定年限的居民，经审核符合条件的家庭可以通过排队等候适合自己租住的社会住房。德国接受社会救助的低收入人群约占总人口的 9%，大约有 12%—13% 的家庭处于贫困状态。另外，根据德国联邦法律，因经济收入低，或者某一民族、信仰某一宗教，或者因为孩子太多等原因找不到合适的住房，政府有义务为其提供可以租住的公共住宅。

社会住房的建设主要有两种方式。第一，德国的联邦、州和行政区政府用住房建设基金直接建造，这是二战后住房极度短缺时期的主要做法，现在已经比较少用。第二，由房屋投资商、私人或住房合作社等组织建造，当房屋投资商或私人的自由资金达到项目资金的 15% 以上时，可以向政府申请无息贷款或低息贷款（利率低至 0.5%）以建造社会住房，这种方式也包括一些在商品房中配套建设的社会住房项目。政府为社会住房建设提供资金支持、低息贷款和税收减免等优惠政策，这是德国社会住房建设的主要方式。1949—1979 年，联邦德国在 30 年间共建造了约 780 万套社会住房，占同期建造住房总数的 49%。截至 2005 年，德国共建造社会住房约 1000 万套。

社会住房的面积一般比较小，人均使用面积低于 45 平方米，政府负担水、电等费用。如果低收入家庭的收入提高，不符合居住社会住房的条件，可以搬离社会住房，也可以继续居住，但是按照市场价格缴纳租金。增加的租金收入转入住房储蓄银行账户中，用于社会住房的建设和维护，政府和开发商都不能从中获益。另外，在社会住房的布局上，政府也在规划中分散建设，以免形成低收入家庭集中的贫民区。

三、德国社会住房政策的发展和趋势

二战后的 70 多年，随着经济条件的改善，一些欧洲国家的社会住房占比逐渐下降。1990 年，德国社会住房的比例为 20%，1997 年，社会住房占新住房的比重为 15%。德国社会住房的比重在欧盟国家中处于中等水平，丹麦的社会住房比重较高，高达 38%，比利时的社会住房比重较低，仅为 2%。

欧盟国家的社会住房具有多样性，但是在社会住房的资金支持和有效管理等方面都面临不同程度的挑战。[1] 目前，德国不像二战后面临大量的住房短缺，而且新建房屋的价格较高，较难提供低成本的住房或者像以前那样为建房者提供大量的补贴。而且，为了应对金融危机而采取的财政紧缩政策，使得为公共住房提供的资金支持大量减少。同时，德国学者认为，德国需要对传统的金融管理方式进行反思，他

---

[1] K. Gibb, "Trends and Change in Social Housing Finance and Provision Within the European Union", *Housing Studies*, Vol. 17, No. 2, 2002, pp. 325–336.

们认为传统的金融管理方式是有利于投资者，而不是有利于居住者。[1]

德国的社会福利住房在实践中存在一些弊端。例如，由于价值越高的福利住房国家补贴越高，大都市的社会福利住房租户优先申请并且不愿意搬离位置好的福利住房，导致福利住房不能得到有效分配。另外，如果一个人找到了新工作，但是在新工作地点附近找不到合适的福利住房，可能因此而放弃新工作，也就是说，福利住房在一定程度上阻碍了人员的自由流动，不利于经济发展。总之，社会福利住房的主要问题是，政府出资建设福利住房，带来了高支出、低效率、少收益等问题。

德国社会住房的目标是缓解住房短缺，随着这一目标的实现，德国政府于 2001 年对社会住房进行改革，废止于 1950 年颁布的《住房建设法》，由《住房支持法》替代。[2]新的法案的改革集中在支付问题和准入问题上，这也是德国福利住房的主要改革方向。随着住房短缺现象的减少，德国政府新建社会住房的数量逐渐减少，目前德国政府更多的是通过住房补贴等方式提高低收入阶层的住房支付能力，以帮助他们在市场上租到合适的住房。

第四节　德国的住房补贴政策

一、德国住房补贴制度概览

根据德国联邦统计局的数据，2015 年，德国约有 20% 的人口即约 1610 万人面临贫困和被社会排斥的风险，这一比例从 2008 年以来基

---

① Katheleen Scanlon, Christine Whitehead and Melissa F. Arrigoitia eds. *Social Housing in Europe*, Oxford: John Wiley & Sons, 2014.

② B. Egner, "Housing Policy in Germany-A Best Practice Model?", *Briefing paper of Friedrich Ebert Stiftung*, January 26, 2011.

本没有改变。①德国政府为了满足贫困阶层的住房需求，采取了住房补贴等政策，保证这些人能有合适的住房居住。德国的住房在相关政策的作用下，空置率比较低，而且呈下降趋势，2010 年住房空置率为8.6%，2014 年降至 8%，表明德国的住房基本能够得到有效利用。

由于社会住房建设和管理存在一些问题，例如高投入、低效率和配置不当等，德国政府为了保障低收入人群的住房需求，制定了相关住房补贴政策，通过政府补贴低收入家庭的方式，为其提供一定标准的住房条件。目前，住房补贴成为德国住房政策中的核心内容。②

住房补贴是德国政府为无法满足住房标准的个人和家庭的房租和自有住房的部分支出直接提供资金支持。住房补贴的法律依据主要是1965 年颁布的《住房补贴法》，该法于 1970 年和 2001 年进行修订。住房补贴的资金来源于联邦政府，由各地方的社会福利局负责具体管理。

根据《住房补贴法》，住房补贴包括两部分，即针对租房者的租房补贴和针对自由住房者的住房支出负担补贴。《住房补贴法》还包括一般性补贴和特殊性补贴。2004 年，德国政府对于一般性住房补贴和特殊性住房补贴进行了界定。一般性补贴是指给租住的房屋租金进行补贴，以及给自有住房的花费进行补贴。特殊性补贴是指对社会救助者和战争受害者的补贴。2001 年开始，自有住房拥有者不能申请特殊性补贴，但是可以申请一般性补贴，两种补贴不能同时申请。2005 年，特殊性补贴被取消，适用于特殊补贴的人群的住房补贴在相应的社会福利体系内给予补助。

2009 年，德国政府对《住房补贴法》再次进行修订，主要修改内容包括，第一，由于能源价格上涨，供暖费第一次被包括在住房补贴

---

① 德国联邦统计局，https://www.destatis.de/EN/PressServices/Press/pr/2016/11/PE16_391_634.html。

② 艾克豪夫著，毕宇珠、丁宇译：《德国住房政策》，北京：中国建筑工业出版社，2012 年版。

中。第二，提高最高补贴额。所有租住或者自有住宅不再区分建造时间，而是统一以新建住宅，也就是 1949 年之后建造房屋的标准发放补贴，最高补贴额上升 10%。这些措施有助于进一步改善低收入家庭的居住条件。

目前，德国有 48% 的家庭拥有自有住房，52% 的家庭租房居住，约有 11% 的家庭依靠政府的租房补贴来支付房租。根据《住房补贴法》，如果德国公民的家庭收入不足以租赁到合适的住房，就有权享受住房补贴，家庭的实际缴纳租金与可承受缴纳租金的差额由政府支付。居民可以承受租金一般为家庭收入的 25%，房租补贴的资金由联邦政府和州政府分担，各承担 50%。房租补贴期限为 15 年，15 年后随着家庭收入的增加，政府的租房补贴逐渐减少。

如表 7-1 所示，2015 年年底，约有 46 万个德国家庭接受政府的住房补贴，约占德国家庭总数的 1.1%，这一比例比 2014 年下降了19%。2014 年，约有 56.5 万个家庭接受政府的住房补贴，约占德国家庭总数的 1.4%。[①] 接受住房补贴的家庭数量与经济增长和失业率紧密相关。受 2008 年金融危机的影响，德国需要领取政府住房补贴的家庭数量增加，2008 年开始住房补贴支出显著上升，并于 2010 年达到顶峰，之后开始逐渐回落。2015 年，德国政府用于住房补贴的支出回落至 2008 年的水平。

表 7-1　2005—2015 年德国接受政府补贴的家庭数量及占比

（单位：户,%）

年份	接受住房补贴家庭	占全国家庭数量比重
2005	810 864	2.1
2006	691 119	1.7

① 德国联邦统计局，https://www.destatis.de/EN/PressServices/Press/pr/2016/12/PE16_452_223.html。

年份	接受住房补贴家庭	占全国家庭数量比重
2007	606 424	1.5
2008	639 115	1.6
2009	1 007 334	2.5
2010	1 061 487	2.6
2011	902 870	2.2
2012	782 824	1.9
2013	664 724	1.7
2014	564 983	1.4
2015	460 080	1.1

资料来源：德国联邦统计局。

二、德国申请住房补贴的资格条件

（一）申请者租住房屋或自有房产需满足的条件

租住房屋的申请者应该持有有效的与房主或房屋所有机构签订的租房合同，租住的房屋可以是私人租赁房屋，也可以是社会住房或合作社住房。拥有自有住房或房产的业主在申请住房补贴时必须出示有效的房产产权证件。房产业主申请住房支出负担补贴的前提条件是申请人必须在该房产处居住且本人承担相关的费用。符合条件的学生和学徒也可申请住房补贴。

（二）申请者家庭总收入需满足的条件

申请住房补贴时除了房屋或房产满足相应条件外，申请人的收入水平必须低于政府规定的最高收入限额。家庭收入低于最高限额是申请住房补贴的重要资格条件。德国《住房补贴法》对如何计算家庭收入总额以及收入的扣除项目作出了详细规定。在计算申请者本人及家庭收入水平时，以过去 12 个月的收入作为评估标准，住房补贴申请人需向当地政府住房补贴管理局出具工资条、所得税纳税证明等证明收入的文件。申请者本人及其他家庭成员的收入都要统计在内，包括申请家庭的工资收入、个体经营收入、租金收入、利息收入、企业经营收入、从事农业和林业经营获得的收入、一些社会福利收入等。但育儿补贴（每个孩子每月 50 欧元）、残疾人补贴（每月 100—125 欧元）、16—24 岁家庭成员每年不超过 600 欧元的收入不计入家庭收入中。衡量申请住房补贴家庭收入是否低于最高限额时，不是看申请家庭的毛收入，而是看扣除所得税、医疗保险、养老保险缴费、与工作相关费用支出（如交通通勤费）后的净收入。

最高收入限额与申请者家庭人口数量和房屋租金高低相关。一般来说，其他条件相同的情况下，家庭人口越多，租金水平越高，则家庭最高收入限额也越高。如表 7—2 所示，德国根据各地物价和房租水平，将不同城市和地区的租金水平划分为 6 个等级，等级越高代表租金水平越高（关于租金等级划分下文有详细论述）。例如，一个居住在房租等级为 5 级的四口之家，其家庭月收入在扣除所得税、社会保障缴款后不超过 1850 欧元才有资格申请住房补贴。对于居住在房租等级同为 5 级地区单身家庭来说，申请人月收入总额不超过 840 欧元即有资格申请住房补贴。可见，家庭人口对最高收入限额的影响很大。

表 7—2 不同收入等级及不同人口数量家庭相对应的最高月收入限额
（2016 年 1 月 1 日生效）

家庭人口数（人）	不同房租等级下的最高月收入限额（欧元）					
	1	2	3	4	5	6
1	780	790	800	820	840	860
2	1050	1070	1100	1120	1140	1170
3	1310	1340	1350	1380	1410	1430
4	1710	1750	1780	1810	1850	1880

续表

家庭人口数（人）	不同房租等级下的最高月收入限额（欧元）					
	1	2	3	4	5	6
5	1980	2010	2040	2080	2110	2150
6	2240	2280	2310	2350	2380	2410
7	2520	2550	2580	2620	2650	2680
8 及以上	2790	2830	2850	2880	2910	2940

资料来源："Höchstbeträge für Miete und Belastung"，https：//www. wohngeld. org/mietstufe. html。

注：表中最高收入限额为扣除所得税、医疗和养老保险缴款后的月收入。

　　符合上述条件后，申请者就可以向当地的住房补贴管理局提交相关材料，从提交申请到正式批准一般需要 3—6 周，如果是第二次申请审查时间会短一些。审批时间如果超过 8 周，那么管理机构会加快住房补贴金发放的速度。住房补贴周期一般为 12 个月，补贴金额不会发生变化，但在领取住房补贴期间，申请者家庭情况和收入如果出现变化，则有义务及时向住房补贴管理机构报告相关情况，以便管理机构对其资格条件、补贴领取金额作出相应的调整。需要报告的家庭情况变化包括：搬家、家庭成员的增加（孩子出生）或减少（离异或死亡）、家庭收入发生变化、房租或住房成本支出发生变化等。在家庭人口增加、房租或住房成本支出增加 15%、家庭收入下降 15% 等情况出现时，申领人可提交证明材料申请提高住房补贴金额。如申领者仍然符合住房补贴申请条件且有意继续申请，需在到期前 2 个月向当地政府住房补贴管理机构提交申请材料。

三、德国关于申请住房补贴的房租水平限制

　　房租租金水平是计算应得住房补贴的一个重要因素。一般来说，在其他条件相同的情况下，房租越高申请者获得的住房补贴也会越高。但各地区和城市间的居住成本差异很大，德国政府根据各地区的房价、

房租和物价水平等因素将不同城市的租金划分为 6 个等级，等级越高表示房租租金越高。每个城市属于哪个租金等级，德国政府都有明确规定，同时每年根据物价和通胀情况调整不同城市所属的租金等级。例如，2016 年 1 月 1 日起，勃兰登堡州贝西格海姆市的房租等级由之前的 3 级调至 4 级，比蒂格海姆–比辛根的房租等级由之前的 6 级调至 5 级。下面举一个例子来说明住房补贴申请者如何确定自身的最高房租限额。迪策先生一家生活在柏林，家中有妻子、2 个孩子共 4 口人。根据德国政府的规定，柏林市的房租等级为第 4 等级。迪策先生就可以根据表 7-3 确定申请住房补贴的最高房租限额为 730 欧元。

表 7-3　申请住房补贴每月的最高房租或住房成本支出负担限额
（2017 年 1 月 1 日生效）

（单位：欧元）

家庭人口数量	房租等级	最高房租或住房成本支出限额	家庭人口数量	房租等级	最高房租或住房成本支出限额
1	1	312	4	1	525
	2	351		2	591
	3	390		3	656
	4	434		4	730
	5	482		5	811
	6	522		6	879
2	1	378	5	1	600
	2	425		2	675
	3	473		3	750
	4	526		4	834
	5	584		5	927
	6	633		6	1004

家庭人口数量	房租等级	最高房租或住房成本支出限额	家庭人口数量	房租等级	最高房租或住房成本支出限额
3	1	450	家庭成员每增加1人房租最高限额增加的金额	1	71
	2	506		2	81
	3	563		3	91
	4	626		4	101
	5	695		5	111
	6	753		6	126

资料来源："Höchstbeträge für Miete und Belastung", https://www. wohngeld. org/mietstufe. html。

正在领取某种社会福利补助如失业金 2（"哈茨 4"）① 的家庭不能再申请住房补贴，因为失业金 2 已经将住房成本支出支持计算在内。当失业金 2 领取者找到工作不能再领取该项救济金时，如果仍符合住房补贴申请条件，可提交住房补贴申请。对于既符合"哈茨 4"救济金申请条件也符合住房补贴申请条件的申请者来说，如果住房补贴金

① 2002 年 2 月，为了应对德国经济萧条、失业率攀升、福利支付负担过重等问题，施罗德政府决定对德国的社会福利和就业制度进行改革，并组建改革专案小组，由社会民主党党员、大众汽车董事彼得·哈茨任主席，因此这一改革方案也被称为"哈茨方案"。2003—2005 年先后推出四次改革方案，"哈茨 1"和"哈茨 2"方案均于 2003 年 1 月 1 日生效，"哈茨 3"方案于 2014 年 1 月 1 日生效，"哈茨 4"方案于 2005 年 1 月 1 日生效并沿用至今。"哈茨 4"方案改革的主要内容是将原先的失业救济金（Arbeitslosenhilfe）与社会救助金（Sozialhilfe）合并为基本安全津贴（Grundsicherung）。原来的的失业救济金改成失业金 2（Abeitslosengeld Ⅱ），德国民众和媒体将失业金 2 惯称为"哈茨 4"。"哈茨 4"经费来源于政府预算，金额以"补贴到可以度日"为标准，自 2018 年 1 月 1 日起，"哈茨 4"单个成年人基础补贴标准为 416 欧元，成年夫妻的补贴标准为每人 374 欧元，0—5 孩子补贴标准为 240 欧元，6—13 岁孩子补贴标准为 296 欧元，14—17 岁孩子补贴标准为 316 欧元。对于有需要抚养孩子的单亲家庭补贴按基础补贴标准增加补贴金额。有一个 7 岁以下或 2—3 个 16 岁以下孩子的单亲家庭可增加的补贴金额为基础补贴金额的 36%；有 4 个或 5 个孩子或一个 7 岁以下孩子的单亲家庭可增加 12%。例如，有一个 8 岁孩子的单亲妈妈，每月可领取的"哈茨 4"为 762 欧元（416 欧元 + 296 欧元 + 416 欧元 × 12% = 762 欧元）。领取"哈茨 4"的人员有接受工作邀约之义务，也有接受职业中心（Jobcenter）所安排职业培训的义务，无正当理由拒绝，其领取的救助金将减少。第一次拒绝减少 30%，第二次拒绝减少 60%，第三次拒绝将取消全部救助金，只剩下住房补贴。

足够支持住房成本支出，那么申请者应该优先申请住房补贴。对于正在领取失业金1[①]的申请者来说，如果符合住房补贴申请条件，仍然有资格同时申请住房补贴。

四、住房补贴金额水平

2016 年，德国对住房补贴政策进行了改革，这也是自 2009 年以来德国首次对住房补贴政策进行调整。此次住房补贴政策改革的核心内容是提高住房补贴金额、提高申请家庭收入上限（扩大符合条件的人群）、提高房租和住房成本支出最高限额。住房补贴金额平均水平上调了 38%，房租和住房成本支出限额上调了 7%—27%，约有 87 万人从中受益。[②] 例如，一位抚养 2 个孩子、月收入为 1400 欧元的单身母亲，房屋月租金（不含水电费）为 520 欧元，改革前其住房补贴金额为每月 71 欧元，改革后住房补贴金额增加到每月 187 欧元，增加了 116 欧元。从表 7-4 可以看出，2016 年，德国共有 63 万多个家庭申请住房补贴，其中申领租房补贴家庭数量约 59 万个（92.7%），申领住房成本支出负担补贴的家庭数量约 4.6 万个（7.3%）。2016 年，德国住房补贴金额的平均水平由每月 114 欧元提高到 157 欧元，是自 2011 年以来的首次提高。其中，租房补贴的平均水平由 2011 年的每月 112 欧元提高到 151 欧元，提高了 39 欧元。面向自有住房业主的住房成本支出负担补贴的平均水平由 2011 年的每月 142 欧元提高到 227 欧元，提高了 85 欧元。

---

① "哈茨 4"方案改革后，失业金 1(Abeitslosengeld I)仍属于劳保给付，即工作期间缴纳失业保险金的人，才能在失业后领取失业金 1，其金额为失业前工作月薪的 60%（有未成年子女者 67%），经费来源于就业人员缴纳的失业保险费。

② "Wohngeld 2018 nach dem Wohngeldgesetz"，https://www.wohngeld.org/.

表 7-4　2004—2016 年德国申领住房补贴家庭数量与住房补贴平均水平

(单位：个，欧元)

年份	申领住房补贴家庭总数量	申领租房补贴家庭数量	申领住房成本支出负担补贴家庭数量	住房补贴的平均水平	租房补贴的平均水平	住房成本支出负担补贴的平均水平
2004	3 500 000	2 100 000	100 000	110	110	121
2005	781 000	695 000	85 000	95	92	120
2006	666 000	591 000	75 000	91	87	119
2007	580 000	518 000	63 000	88	85	117
2008	569 000	512 000	57 000	88	85	113
2009	860 000	774 000	86 000	125	122	152
2010	852 300	774 000	78 300	126	123	156
2011	770 400	703 300	67 100	114	112	142
2012	783 000	631 000	59 100	114	111	145
2013	664 700	544 300	50 400	114	110	147
2014	565 000	467 800	42 900	114	111	151
2015	460 080	423 252	36 828	114	111	151
2016	631 481	585 302	46 179	157	151	227

资料来源："Wohngeld Statistik 2005 bis 2016"，https://www. wohngeld. org/statistik. html。

注：2004 年，德国申请住房补贴家庭为 350 万个，2005 年急剧下降至 78.1 万个，主要原因是 2005 年 1 月 1 日德国"哈茨 4"方案改革正式启动，而失业金 2 不仅包含对基本生活费用的补贴，也包含对住房成本支出和取暖费用的补贴，因此原来申请住房补贴的家庭转向了申请失业金 2。

在德国，住房补贴政策，特别是对低收入阶层提供的租房补贴，切实保障了经济状况较差的个人和家庭能够租住合适的住房。德国的住房补贴主要是以租房补贴的形式发放，超过 90% 的住房补贴发放给了租房者，在租房家庭中约有10%的家庭获得租房补贴，拥有自有住房的家庭中仅有1.2%的家庭获得补贴，住房补贴总额约占国内生产总值的1.2%。总体来看，租房补贴是一个既不影响市场机制，又能够帮助政府达到社会福利住房目标的政策。与建设社会福利住房相比，租房补贴具有以下几个优点。

第一，减少了社会福利资源乱用的现象。由于租房补贴对象群体比较明确，而且根据申请人的收入和家庭情况对租房补贴进行界定，在一定程度上避免了收入提高后仍然继续使用社会福利资源的现象。

第二，租房补贴不受区域限制。以往社会福利住房是实物分配，租房者变换居住地址十分不便。而且申请社会住房需要履行相关手续，有些社会住房的房源紧俏，需要排队等候，一段时间之后才能找到合适的住房。租房补贴则可以打破社会福利住房的局限，政府给予补贴，租房者在市场上自主寻找合适的住房，减少了等候时间，更加灵活快捷。

第三，租房补贴提高了低收入者在租房时的支付能力，并不影响住房市场的运行机制。这种政策对市场干预较小，让市场机制充分发挥作用，政府有针对性提高弱势群体的住房支付能力，减轻了他们的经济压力。

第四，房源更加广泛，不局限于社会福利住房。市场上的私有住宅和福利住房都可以供低收入个人和家庭选择租住，政府无需新建更多的社会福利住房，大大降低了政府建设社会福利住房的投入成本。而且，政府的行政成本也更低，通过明确的补助标准、透明的行政审批机制，更加高效率地实现福利住房的目的。

总之，德国政府的住房补贴，特别是对于租房者提供的补贴具有较好的政策效果，在一定程度上满足了低收入人群的基本住房需求，而且减轻了其购房压力，对于社会的稳定与和谐具有重要作用。目前，住房补贴，特别是租房补贴，是德国政府提高低收入阶层住房支付能力、满足住房需求的主要政策方式。

第五节　德国的住房租赁市场管理制度

　　德国的住房租赁市场管理比较规范。稳定的租房市场，保障了无法购房或暂时不愿购房家庭能够便捷地租房居住，可以在很大程度上分流购房需求。由于购买住房不是获得良好居住环境的最优选择，也就避免了人们对住房购买市场的追捧，从而避免了房屋买卖的频繁交易，以及住房价格的高涨。德国拥有欧洲最大的住房租赁市场，2010年，德国有超过55%的家庭租房居住，其中90%的德国家庭在市场上自由租房，其行为受《住房租赁法》的约束和保护，其余10%的家庭租住政府提供的社会住房，主要依据政策住房的法律。

　　德国的住房租赁市场主要依据《住房租赁法》进行规范管理，其对德国家庭的住房具有重要影响。1960年，联邦德国住房市场基本恢复，不再对住房实行统制经济，人们可以在住房市场上自由租赁。由于1960年出现的生育高峰，人口增长很快，住房需求也快速增长。因此，政府出台了保护承租者利益的《住房租赁法》。

　　《住房租赁法》被认为是德国租房市场良好运行的制度保障，为德国的租房市场制定了较为完善的规范，并一直都执行得比较好。德国于1971年颁布《住房租赁法》，之后分别于1974年、2001年和2012年进行了修订。2013年5月开始，对房租的涨幅进行了更加严格的限制。总之，《住房租赁法》是保障德国租房市场良好秩序的主要依据，德国政府通过对承租者有利的政策，使得德国家庭安心租房居住，而且德国租房市场供需平衡，秩序较好。

　　《住房租赁法》的规定更加倾向于保护承租者的权益。一般的租房合同是无限期的，承租者可以提前几个月提出退租，但是出租者不能主动收回房屋，除非承租者不缴纳房租，或者房屋所有者能够证明自己或者直系亲属需要使用房屋。出租者不能因为其他人能够支付更高的租金而和当前租户解除合同。

　　《住房租赁法》对房租的调整也有严格规定，这使得德国住房的租金长期以来都保持稳定。《住房租赁法》经过几次修订，其中对租金涨幅的规定愈加严格。1974 年的《住房租赁法》规定 3 年内房租累计涨幅不能超过 30%，2001 年修订后的法律规定 3 年内房租累计涨幅不得超过 20%，2013 年，这一规定修改为 3 年内房租累计涨幅不能超过 15%。① 对于已签约的住房，当地住房管理部门根据建筑年份和房屋的现代化标准，联合相关机构制定房租标准并定期更新，在 3 年内租金的涨幅累计不能超过 15%。如果已经高于房租标准的指导价格，则不能再涨价。对于新签约的住房，出租者可以与承租者协商，租金价格可以高于租金指导价格，但是 3 年内租金涨幅累计仍然不能超过 15%。实际上，租金连续上涨 3 年，涨幅超过 15% 的情况几乎没有。根据《住房租赁法》，房租连续 3 年上涨，且累计涨幅超过 20% 为违法，承租者有权向出租者提起诉讼。如果出租者有正当理由想提高租金，必须经过租房者的同意。如果承租者不同意，则必须经过诉讼程序，不能强行提高房租。例如，如果出租者想将房租上涨超过 50%，需征得承租者的同意，否则单方面上涨租金超过 50% 是牟取暴利，可判刑入狱。

德国的《住房租赁法》具有显著的保护承租者利益的特征。2001 年出台的《住房租赁法改革法案》虽然加强了对出租者权益的维护，但是仍然延续了对承租人的保护。因此，大多数的德国人并不愿意投资住房，例如买房用来出租，不仅因为房价长期稳定，投资收益预期不高，也因为另一方面，租金常年保持稳定，也不利于长期投资。由于《住房租赁法》对承租者的倾向性保护，如果承租者付不起房租，出租者也不能强行把租户赶走。也就是说，出租者如果没有做好信用调查，遇到了"钉子户"租客，将可能没有房租收入，又不能将房子租给他人。经过修改后的法律规定，如果承租者付不起房租，出租者可以将其移交给福利机构。

① 陈洪波、蔡喜洋:《全球房地产启示录之稳定的德国》,北京:经济管理出版社,2015 年版。

第六节 德国住房价格稳定的原因及启示

通过研究德国的经济结构可以发现，德国从未把房地产业作为国民经济的支柱产业。德国是世界第三大经济体，2015年，德国是世界第三大出口国，出口1.3万亿美元，占世界出口额的8%，也是第三大进口国，进口1.05万亿美元，占世界进口额的6%。[①] 在德国的出口中，高技术机械出口占总出口的比例一直在47%以上，其中最大的3个出口行业是汽车、汽车部件和药品。另外，德国的高技术化工产品是第二大出口类产品，占总出口的23%。欧盟的化工产品供应链主要集中在欧盟内部，其中化工产品增加值最高的3个国家是德国、法国和英国，这3个国家的化工产品分别占欧盟化工产品出口的22%、12%和11%。

由此可见，德国的主要经济支撑来自高科技工业的发展，德国住房建设与消费不以营利为主要目的，而是以社会平衡与和谐为目标。在经济周期的起伏波动中，德国政府没有出于短期的经济增长目标，而通过刺激住房市场的增长拉动经济增长。这也是德国住房价格稳定的主要原因之一。

德国遵循社会市场经济的发展原则，实行经济效率和社会公平并重的发展模式，在市场经济和社会和谐发展的平衡上，为世界各国提供了一个参照。德国住房支持政策实践对中国在如何完善住房保障制度和促进房地产市场的健康发展方面具有一定的启示作用。据此提出如下政策建议。

第一，调控住房市场价格，避免房价上涨预期导致的住房市场过热，从而对实体经济和社会稳定产生消极影响。德国的社会福利住房政策是为了解决二战后住房紧缺的困境而出台的，这一政策有效解决了二战后德国住房拥挤和短缺的问题。之后几年，随着住房紧缺状况

---

① "World trade statistical review 2016", https://www. wto. org/english/res_e/statis_e/wts2016_e/wts16_toc_e. htm.

改善，得到政府资助的社会福利住房逐渐下降。并且，部分社会福利住房转为私人或投资者所有，社会福利住房在住房市场的比例逐渐下降，但是仍然是低收入家庭住房的重要来源之一。

中国目前的住房问题主要是价格过快上涨而导致的房屋购买力不足。中国要解决中低收入家庭的住房问题，首先还是调控住房价格，使其稳定在一个合理的价格区间内，避免由于房价上涨导致的住房市场过热，以及对实体经济和社会发展的不利影响。

第二，完善住房保障体系，增加保障性住房供给，为低收入者提供可支付性住房。中国的住房保障制度起步晚，存在许多不完善的地方。德国在社会住房建设管理方面积累了丰富经验，值得借鉴。德国的社会住房保障制度弥补了市场的不足，满足了低收入阶层的基本住房需求。德国通过提供公共租赁住房和发放租房补贴等社会保障措施，为无力购买房屋和支付租金的低收入人群提供帮助，实现居者有其屋。只有经济效率和社会公正均衡发展，经济和社会的发展与进步才能持久和稳定。

第三，合理规划城市布局，促进大中小城市的均衡发展，避免"大城市病"导致的城市住房压力。中国受地理位置、经济条件和社会历史等因素影响，城市化发展不均衡现象突出，一些城市规模无限制扩大、人口过度聚集导致的房价高企、交通拥堵、空气污染等问题亟待解决。可通过合理的城市布局、基础设施建设等措施，促进大中小城市的均衡发展。

第八章　社会民主主义福利模式典型国家
荷兰的社会住房政策

荷兰是一个面积仅为 4 万多平方公里的欧洲国家，其中四分之一的土地位于海平面以下，几个世纪以来，荷兰人一直在与大海争夺土地。2012 年，荷兰人口约为 1600 万，人口密度约为每平方千米 496 人，世界排名第 24。狭小的国土面积和密集的人口分布成为荷兰住宅需求压力大的自然因素。20 世纪 50 年代的工业化和城市化、战争破坏、战后婴儿潮等成为荷兰住房短缺的经济社会因素。但是，荷兰通过制定和实行社会住房政策，较为成功地解决了住房问题，基本实现了住有所居的目标，使人们从基本生活需求的压力中解放出来。荷兰社会住房政策诞生 110 多年来，在社会住房开发建设、运营管理方面积累了丰富经验。

荷兰作为欧洲大陆社会民主主义福利模式国家的典型代表，其保障性住房政策与以英美为代表的市场主导型住房政策体系有着明显的不同。荷兰全国性的保障性住房政策始于 1901 年的《住房法》（*The Housing Act of 1901*），长期以来，荷兰住房政策与实践具有鲜明的社会民主主义福利国家的特色。但在不同的历史阶段，由于社会经济条件、住房状况、政党政治理念等因素变化，住房政策内容和法律制度也不断地发展和调整。本章通过对荷兰住房政策的百年发展史和相关的制度框架（组织管理制度、融资担保制度、住房分配制度）的分析，期望获得中国社会住房政策可资借鉴的有益经验。

第一节　荷兰社会住房政策概况

如表8-1所示，荷兰是欧洲社会住房千人拥有量和社会住房比重最高的国家。荷兰社会住房总量约为230万套，每千人拥有社会住房138套，比千人拥有社会住房总量较高的国家，如奥地利（100套）、丹麦（95套）、法国（86.5套）、芬兰（85套）、瑞典（84套）高出几十套。荷兰社会住房总数占全部住房总数的比重为33%，比社会住房比重也较高的奥地利（23%）、丹麦（19%）、英国（18%）、瑞典（18%）高出10多个百分点。除捷克（17%）和波兰（10%）外，中东欧国家社会住房比重都比较低。① 庞大的荷兰社会住房部门是受到严格的法律规范和约束的，这也是荷兰社会住房政策得以顺利执行的保障。荷兰宪法第22条规定，保证和促进住房供给充足是公共部门重要的责任目标。而荷兰1901年《住房法》则为社会住房政策奠定了法律基础，是荷兰社会住房政策的萌芽。《住房法》规定，经过注册的社会住房协会（公司）是从事社会住房建设的主要部门，是以为无法获得适宜住所的所有荷兰公民特别是低收入群体提供社会住房和服务为主要任务非营利私人组织。② 经过20世纪90年代的市场化改革，社会住房协会（公司）已成为既有自身经济利益又有社会责任的"社会企

① 在由计划经济向市场经济转轨过程中,中东欧国家住房也实行了产权改革,国家公有住房产权以低价转让给原住户,实行住房私有化改革政策。经过私有化改革,中东欧国家私人产权住房比重大大提高。保加利亚(98%)、匈牙利(97.7%)、立陶宛(97.6%)、罗马尼亚(97.5%)、爱沙尼亚(95%)私有产权住房比重达到95%以上,斯洛伐克(89%)、斯洛文尼亚(88%)、拉脱维亚(83%)私有住房比重达到80%以上。而捷克和波兰在住房产权改革中,地方政府保留和收购了大量公共产权住房,使得两国私有产权住房比重比其他中东欧转轨国家低很多,分别为47%和58.9%。从而,两国社会住房比重相应就比其他中东欧国家高。

② 根据欧盟委员会规定,从2011年开始,只有将住房存量的90%出租给年收入在33 614欧元以下家庭的社会住房协会(公司)才能获得中央住房基金、社会住房担保基金和政府提供的贷款担保、低于市场价格的建筑用地等国家支持。

业", 成为受国家法律框架约束和政府监督的具有独立经营权和财务权的社会组织。荷兰共有注册社会住房协会（公司）455家, 固定资产总值约为900亿—1000亿欧元（占国内生产总值总值的约六分之一）, 拥有社会住房约230万套, 占荷兰全国住房总量的33%, 租赁住房总量的75%。

表 8-1 欧盟国家社会住房存量及比重比较

（单位：套, %）

	社会租赁住房总数	社会租赁住房占住宅总量的比重	社会租赁住房占全部租赁住宅的比重	每千人拥有社会租赁住房数	社会租赁住房占新完工住房的比重
奥地利	840 000	23.0	56.0	100.0	27.5
比利时	337 400	7.0	24.0	32.0	6.0
保加利亚	109 853	3.1	—	—	—
塞浦路斯	879	0	—	—	—
捷克	867 200	17.0	—	—	—
丹麦	542 600	19.0	51.0	95.0	22.0
爱沙尼亚	25 000	1.0	25.0	5.0	—
芬兰	437 580	16.0	53.0	85.0	13.0
法国	4 300 000	17.0	44.0	86.5	12.0
德国	2 471 000	4.6	7.8	22.6	15.0
希腊	0	0	0	0	1.0
匈牙利	165 360	3.7	53.0	15.9	—
爱尔兰	125 509	8.7	41.0	—	7.0
意大利	1 061 040	5.3	28.0	29.0	—
拉脱维亚	1245	0.4	2.5	—	1.0
立陶宛	29 000	3.0	43.0	11.7	—
卢森堡	2250	2.0	7.0	7.8	—

续表

	社会租赁住房总数	社会租赁住房占住宅总量的比重	社会租赁住房占全部租赁住宅的比重	每千人拥有社会租赁住房数	社会租赁住房占新完工住房的比重
马耳他	7585	6.0	——	——	——
荷兰	2 300 000	33.0	75.0	138.0	19.0
波兰	1 520 000	10.0	64.0	34.9	5.0
葡萄牙	159 540	3.3	16.0	——	——
罗马尼亚	178 000	2.3	——	8.9	4.0
斯洛伐克	75 000	2.6	87.0	8.5	12.0
斯洛文尼亚	470 000	6.0	——	——	——
西班牙	141 000	2.0	15.0	10.9	16.0
瑞典	860 000	18.0	48.0	84.0	13.0
英国	5 123 000	18.0	54.0	80.0	——

资料来源：Darinka Czischke and Alice Pittini, "Housing Europe 2007：Review of Social, Cooperative and Public Housing in the 27 European States", https://world-habitat. org/publications/housing-europe-2007-review-of-social-cooperative-and-public-housing-in-the-27-european-states/; Alice Pittini and Elsa Laino, "Housing Europe Review 2012：The Nuts and Bolts of European Social Housing Systems", https://www. researchgate. net/publication/236144096_Housing_Europe_Review_2012_The_nuts_and_bolts_of_European_social_housing_systems。

注：社会租赁住房总套数为 2007 年数据，其他项目除荷兰为 2010 年数据外，其他为 2009 年数据。

从社会住房的分布来看，荷兰大城市社会租赁住房的比重要高于中小城市。由于大城市人口密度大，房屋价格较高，拥有自有住房比较困难，自由住房比重较低[①]，社会住房比重普遍较高。阿姆斯特丹

---

① 2010 年，荷兰四大城市阿姆斯特丹、鹿特丹、海牙、乌特勒支自有住房比重分别为 24%、32%、43%、48%，均低于全国 55% 的水平。

（48%）、鹿特丹（50%）、海牙（38%）、乌特勒支（35%）四大城市社会住房协会（公司）所有的社会租赁住房比重均高于全国33%的水平。荷兰四大城市社会住房协会（公司）拥有的社会住房占全国全部社会住房总量的20%。[①]荷兰共有1万个社区，其中有2000个社区全部为自有住房，没有社会租赁住房；有275个社区社会租赁住房分布集中，四分之三的住房属于社会住房协会（公司）的社会租赁住房；剩余7600多个社区自有住房和社会租赁住房混合分布。其中，大城市里社会租赁住房的分布较为集中。

全面覆盖的社会住房政策使得荷兰成为欧洲住房匮乏率[②]最低的国家。2009年，荷兰住房匮乏率仅为0.5%[③]，比北欧国家芬兰（0.7%）、挪威（0.9%）、瑞典（1.2%）还要低。荷兰和北欧国家的住房匮乏率远远低于欧洲6%的平均水平。相比之下，一些中东欧国家人口的住房条件比较差。罗马尼亚（28.6%）、拉脱维亚（22.7%）、保加利亚（22.7%）等国居住在过度拥挤和设施不全住房中的人口比重接近或超过20%。

第二节　荷兰社会住房政策的起源与发展

一、荷兰社会住房政策的诞生——1901年《住房法》

19世纪下半叶，工业化和城市化推动了荷兰人口从农村涌向城市，为工业发展提供大量廉价劳动力的同时也导致了荷兰城市住房的短缺。许多工人阶级家庭不得不居住在沿运河的船舱、内院搭建的篷子、阴

---

① "Housing Associations Own One in Three Dutch homes", http://www. cbs. nl/en - GB/menu/themas/bouwen-wonen/publicaties/artikelen/archief/2011/2011-3520-wm. htm.

② 该指数越小，说明该国住房条件良好，住房供应充足。反之，说明该国住房短缺，住房设施和条件较差。

③ 荷兰全部住房带有浴室、安装淋浴设施、有热水供应系统，94%的住房有中央供暖系统。

暗潮湿的地下室中，居住环境肮脏、拥挤。①工厂主和企业家为了获得稳定的劳动力供应，维持正常的生产，建立了一些非营利性质的社会住房协会（公司），由其为工人建造相应的住所。工人自己也组织了一些社会住房协会（公司）②来为会员建造住所。获得住所的工人对相应的房屋只有居住权，没有所有权。因为当时流行的观点是房屋所有权不利于劳动力的流动。这些具有社会性质的住房建造规模和数量虽然不大，且均为民间自发组织，却对后来荷兰社会住房政策的发展具有很大的影响，可以看作荷兰社会住房政策的最初的萌芽。

19世纪末，一些传染性疾病（如霍乱、肺炎）的暴发引起了荷兰政府对改善工人和低收入群体居住条件的重视，开始对社会住房建设进行干预，着手构建统一的住房保障体系。1901年荷兰政府制定了第一部《住房法》，标志着荷兰真正意义上的社会住房政策的诞生。该法规定：政府有责任使低收入群体获得居住条件较好、租金低廉的社会租赁住房；准许建立新的社会住房协会（公司）和地方政府所属建筑公司，给予它们在社会住房建设的合法地位；中央政府为致力于社会住房建设的社会住房协会（公司）和地方政府所属建筑公司提供补贴和低息贷款，地方政府对社会住房协会（公司）建造社会住房进行质量控制和质量监督。1902年荷兰《住房法》正式生效，推动了荷兰社会住房政策的法制化和规范化，初步形成了以中央政府、地方政府、社会住房协会（公司）和地方政府所属建筑公司为主体的社会住房政策的三层管理体制。

二、荷兰社会住房政策的早期发展

1904年，作为第一个官方正式批准成立的社会住房协会（公司），

---

① 景娟、钱云：《荷兰社会住房保障体系的发展对中国的启示》，载《现代城市研究》，2010年第10期，第28页。

② 这一时期工人自建的社会住房协会（公司）主要有1871年建立的全荷工人联合会（Algemeen Nederlands Werkieden Verbond）和1878年由新教工会建立的社会住房协会（公司）（Patrimonium Housing Association）。

工人住房建设促进协会在莱顿成立。由于地方政治力量观点差异、中央政府的财力有限，立法初期社会住房协会（公司）的数量和规模都不大。这一阶段社会住房政策的主要目标是消除贫民窟，为城市工人、失业者、贫困家庭、老年人等低收入群体改善居住条件，使他们获得舒适且租金低廉的社会租赁住房。第一次世界大战的爆发为荷兰社会住房建设带来了挑战也带来了机遇。战争导致建筑材料和资金极度短缺，原材料价格和贷款利率大幅上升。建筑成本的大幅上升导致一些私人建筑公司纷纷退出房产市场。为了弥补住房市场的供需缺口，解决低收入者的住房问题，中央政府加大了对社会住房部门的补贴和扶持。政府除以建房补贴的方式给社会住房协会（公司）以资助外，还加强了对社会住房协会（公司）的专业化指导。1913 年，荷兰政府成立了国家住房委员会（Nationale Woningraad），为社会住房协会（公司）提供专业化的指导并维护其权益。在政府的支持和鼓励下，社会住房协会（公司）的数量快速增加。1922 年，社会住房协会（公司）的数量由 1914 年 300 个猛增到 1350 个。社会住房协会（公司）和地方政府所属建筑公司在城市贫民窟清理、改善城市低收入群体住房条件方面发挥了重要作用。1902—1936 年间，荷兰社会住房部门兴建了大约 20 万套社会租赁住房。① 当时，荷兰社会住房建设的 90% 都由社会住房协会（公司）完成，10% 由地方政府所属建筑工司完成。当时社会住房协会（公司）数量虽多但规模并不很大，平均每个社会住房协会（公司）只有不到 60 套社会住房。为了避免社会住房协会（公司）的无序增加，中央政府采取了更加严格的准入政策。1934 年，荷兰政府对《住房法》进行了修改，规定社会住房协会（公司）将来需用其资金盈余来偿还政府的建房补贴，偿还补贴后的盈余将由地方政府建立基金，进行代管。这样，社会住房协会（公司）在资金上受到很大限制，很难独立开发项目。社会住房数量虽有增加，但仍然无法

---

① A. Kepper, "Housing in the Netherlands", *Annals of the American Academy of Political and Social Science*, Vol. 190, No. 1, 1937, p. 205.

满足数量庞大的城市工人的住房需求。

三、二战后荷兰社会住房政策的变革

二战后，荷兰社会住房政策经历了政府主导、社会住房协会（公司）向独立经营转变、社会住房市场化改革三个阶段。

（一）第一阶段（二战后至 20 世纪 50 年代末）：政府主导，大规模新建社会住房的阶段

受战争破坏、婴儿潮的出现、市场力量流向工商业、港口重建等多种因素的影响，二战后，荷兰出现了住房严重短缺的问题。1945年，官方公布的住房短缺量为 30 万套，许多家庭不得不几代人合住在一起。为了快速解决住房短缺问题，地方政府集中兴建了大量社会租赁住房。这一过程中，政府除了增加投入外，还积极参与到住房建设和管理中。中央政府负责制定具体的房屋建筑标准、限定房租水平；地方政府则决定建筑样式、招标方式，进行质量监督和参与房屋分配。1947 年，荷兰社会租赁住房的数量达到 26.5 万套，与 1920 年相比，增加了 3 倍多。1958 年，荷兰社会住房年增量为 8.9 万套，1967 年年增量上升到 12.5 万套。① 这一时期的新建社会住房以高层建筑为主，这主要是为了降低建筑成本，降低房租，为所有低收入者提供足量租金低廉的社会住房。在此期间，政府在社会住房开发建设中起主导作用，社会住房协会（公司）的独立开发机会很少。同时，社会上出现了对社会住房协会（公司）地位作用的争论：社会住房协会（公司）应该为最贫困阶层建造房屋还是为中产阶级建造房屋。这一阶段荷兰社会住房政策是以政府主导，社会住房协会（公司）从属，快速和大规模地兴建社会租赁住房为特点的。

---

① Tony Davis, "Comparing the Social Housing Sectors of the Netherlands and the United States", https://www.researchgate.net/publication/23729944_Comparing_the_Social_Housing_Sectors_of_The_Netherlands_and_the_United_States.

（二）第二阶段（20世纪60年代初至80年代末）：社会住房协会（公司）向独立经营转变，社会住房新建与更新并重的阶段

20世纪60年代，随着战后重建计划的完成，荷兰住房短缺问题有所缓解，一些政党呼吁政府减少对社会住房的直接干预，主张由社会住房协会（公司）进行租赁住房的建造和管理。1959年，荷兰住房与建设部建立专门顾问委员会。该委员会由社会住房协会（公司）、私人开发商、地方政府、地方政府代表组成。1964年该委员会向住房与建设部部长提出了增强社会住房协会（公司）独立性的五点建议：一是扩大社会住房协会（公司）职能范围，不仅可为低收入者建设廉租房，还可为中产阶级建设保障房；二是废止社会住房协会（公司）向中央政府的偿债责任；三是建立中央基金，为社会住房协会（公司）的融资提供担保；四是增强社会住房协会（公司）在管理上的独立性；五是，增强社会住房协会（公司）的专业性。

这些提议和原则在后来的立法中得到实现。1965年，荷兰在《住房法》中增加了社会租赁住房主要由社会住房协会（公司）进行建设和管理的规定，赋予社会住房协会（公司）在社会住房建设方面优先权，使其成为社会租赁住房建设和管理的主导力量。同时，荷兰政府还加大了对社会住房协会（公司）的资金支持。为了配合允许社会住房协会（公司）上调租金的政策，1974年，荷兰政府引入根据租房者收入对其进行直接补贴的做法，以确保在社会住房协会（公司）上调租金后，低收入者仍能租得起房子。就对社会住房协会（公司）的资产津贴而言，1975年，荷兰政府对社会住房协会（公司）的资产津贴和贷款合计为37.9亿荷兰盾，1987年，资助总额达到97.6亿荷兰盾。

在政府对社会住房部门的大力扶持下，20世纪70—80年代，荷兰住房短缺的状况得到缓解，社会住房供应持续增加。1971年，荷兰新

建社会住房达 66 349 套，占当年住房建设总量的 48.6%。① 1975 年，荷兰社会租赁住房占全部住房总量的 41%，这一比重比 1947 年提高了 29%。② 增加住房数量已不是此阶段的社会住房政策的首要任务，社会住房建设更注重生活品质的提高。这一阶段社会住房协会（公司）在兴建社会住房时，更加注重房屋质量、外观设计、社区及城市环境改善。在政府"为社区建设"原则的指导下，社会住房协会（公司）经与租户协商对战后初期修建的社会租赁住房进行修缮。一些战前的老旧私人建筑，如果房主不同意修缮，住房协会经协商可从私人房主手中购买这些房屋，然后进行修缮或者拆除重建。老旧建筑更新所需的大量费用，由政府对社会住房协会（公司）进行补贴。

20 世纪 80 年代末，荷兰住房短缺问题完全得到解决，政府决定将工作的重心由社会住房建设方面转移到提升经济活力上，开始削减在社会住房部门的支出。1989 年，主管住房建设的国务秘书 E. 赫尔玛发布了《90 年代住房白皮书》（*Housing in the 1990s*），决定进一步把社会租赁住房的建设和管理权下放给社会住房协会（公司），促使其向独立经营方向转变。为此，中央政府要削减对社会住房协会（公司）的补贴，促使社会住房协会（公司）运用自身经营资金盈余（售房和房租收入盈余）进行社会住房的建设。《90 年代住房白皮书》标志着荷兰住房市场化改革的启动。

（三）第三阶段（20 世纪 90 年代初至 90 年代末）：社会住房领域进行市场化改革，社会住房协会（公司）独立经营的阶段

为了满足不同文化背景、不同种族对社会租赁住房的多层次需求，同时也为了降低居高不下的社会住房公共支出，90 年代，荷兰政府加

---

① H. Priemus and J. Smith, "Social Housing Investment: Housing Policy and Finance in the UK and the Netherlands, 1970 – 1992", *Netherlands Journal of Housing and the Built Environment*, Vol. 11, No. 4, 1996, p. 405.

② H. Priemus, "Commercial Rented Housing: Two Sectors in the Netherlands", *Netherlands Journal of Housing and the Built Environment*, Vol. 13, No. 3, 1998, p. 256.

大了社会租赁住房建设和管理权力下放的力度，给予社会住房协会（公司）更大的权力，使其逐渐成为社会租赁住房的独立经营者，开始了社会住房部门的市场化改革。采取的主要措施包括，第一，地方政府不再直接参与社会租赁住房的建设。截至1990年，荷兰地方政府所属建筑公司有214家，拥有5%的社会租赁住房。[①] 到1997年，这些地方政府所属建筑公司要改制为独立经营社会住房协会（公司）。第二，中央政府取消对社会住房协会（公司）的绝大部分补贴，只保留对二战前房屋进行维修费用的补贴。第三，中央政府取消向社会住房协会（公司）提供资金救助和发放国家贷款，使社会住房部门实现融资独立。1987年，依据《住房法》建立中央住房基金（The Central Housing Fund），该基金由全国社会住房协会（公司）根据自身资产额强制出资组成，目的是向遇到困难的社会住房协会（公司）提供无息贷款。社会住房协会（公司）必须自己承担经济风险，不能因经营不善而向中央政府申请救助。1988年开始，荷兰政府取消了用于社会住房建设的国家贷款，由社会住房协会（公司）在资本市场进行融资，由社会住房担保基金（The Social-Building Guarantee Fund）对社会住房协会（公司）在金融市场的贷款进行担保，使其可在资本市场获得利率较低的贷款。中央住房基金和社会住房担保基金的建立标志着社会住房协会（公司）实现了资金独立。第四，1993年，《社会住房租赁部门管理通则》（*Decree on Management of Social Rented Sector*）生效，对社会住房协会（公司）的经营范围和职责进行了界定，标志着社会住房协会（公司）管理上的相对独立。该通则规定社会住房协会（公司）的职能主要是提供住房服务，优先安置低收入目标群体，并确保财务的延续性。社会住房协会（公司）在一定程度上可以自主决定租金水平、发布社会租赁住房房源、评估申请者资格，从而实现了管理上的相对独立。第五，1995年，《住宅关联性补贴办法》生效，荷兰政府取消

---

① H. Priemus, "How to Abolish Social Housing? The Dutch Case", *International Journey of Urban and Regional Research*, Vol. 19, No. 1, 1995, p. 147.

了依据新建住房数量向社会住房协会（公司）提供一般性财产补贴的做法，只保留了对二战前老房改造工程的补贴。从 1960 年开始，荷兰住房与建设部允诺向社会租赁住宅运营提供长期补助，这种做法增加了社会住房支出的压力。为此，荷兰政府决定，从 1995 年 1 月开始，实行《应付补贴与应付债务抵补操作办法》（Grossing and Balancing Operation）。即按现值计算政府未付给社会住房协会（公司）的补贴数额，同时计算社会住房协会（公司）欠政府的未还债务，未付补贴与应还债务的差额由政府一次性结清，拨付给社会住房协会（公司）。经核算政府最终付给社会住房协会（公司）的补贴总额为 370 亿荷兰盾。[1] 由此，彻底取消了对社会住房协会（公司）的新建住宅补贴和运营补贴，使社会住房协会（公司）成为真正相对独立的社会公益部门。

经过市场化改革，社会住房协会（公司）的独立性和专业性都得到加强，一些规模较小的社会住房协会（公司）被兼并，社会住房协会（公司）的合并重组激烈，数量减少，规模扩大。1990 年，荷兰社会住房协会（公司）的数量为 1037 个，2000 年则下降到 670 个，其中拥有住宅 500 套以下和拥有住房 501—1000 套之间的社会住房协会（公司）为 102 家（各占 15.2%），拥有住房在 1001—2000 套之间的有 135 家（占 20.1%），拥有住房 2001—5000 套之间的有 204 家（占 30.4%），拥有住房在 5001—10 000 套之间的有 73 家（占 10.9%），拥有住房在 10 000 家以上的大型社会住房协会（公司）有 54 家（占 8.1%）。一些规模较大的社会住房协会（公司）开始进行自有住房的开发建设，扩大了经营规模。

从上面的分析我们可以看出，90 年代荷兰社会住房政策市场化改革的特点可以概括为：权力下放、自由化、放松管制三个方面。所谓

---

① T. Davis, "Comparing the Social Housing Sectors of the Netherlands and the United States", https://www.researchgate.net/publication/23729944_Comparing_the_Social_Housing_Sectors_of_The_Netherlands_and_the_United_States.

"权力下放"，是指中央政府将制定住房政策的权力下放给地方政府，由地方政府自主制定本地区的住房政策。自由化是指改变社会住房协会（公司）与政府的从属关系，经过改制使其成为独立的实体。放松管制是指简化和取消对住房政策的过细规定。但需要明确的是，政府虽然下放了社会住房建设和管理权力，但并不是说放弃了对社会住房的干预。政府仍然在三个核心问题上对社会住房政策保持直接的干预，以防止社会住房协会（公司）蜕变为追逐商业利益的房地产经营者。这三个核心问题是：在恰当的地点保持足够数量的社会住房；保证低收入群体能够支付得起相应房租；确保社会住房的质量。

四、21世纪对荷兰社会住房政策讨论

经过市场化改革，荷兰社会住房协会（公司）成为拥有自身经济利益和社会责任双重任务的非营利公益性组织。社会住房协会（公司）拥有了自主开发项目的权力，有些规模较大的社会住房协会（公司）在建设和提供社会租赁住房的同时，还开始涉足商品房的开发。中央政府虽然不再直接参与社会住房协会（公司）的开发建设以及直接提供建房补贴和提供贷款，但是仍然通过提供贷款担保、以低于市场价格提供建房用地等方式对社会住房协会（公司）进行扶持。因此社会上，特别是私人建筑公司对社会住房协会（公司）的职能和地位提出质疑，要求政府只应对社会住房协会（公司）的社会住房项目进行扶持，社会住房协会（公司）的主要职责仍然是为低收入者提供与收入相适应的廉租房。2001年3月，荷兰议会通过了题为"民有所需，民有所居"的政策文件，对上述质疑予以回应。该政策文件指出，当时之后10年社会住房协会（公司）的职责不会变化，即建设和维修社会住房，解决低收入群体的住房问题，履行其社会责任。地方政府应加强社会政策的落实和完善。该政策文件概括出今后荷兰社会住房政策的五点核心任务，可以看作是21世纪头10年荷兰社会住房政策的纲领性文件。这五点核心任务是：在住房建设和设计中给予租或购房者

更多的参与决策权，建造真正符合消费者需求的房屋；为低收入者、失业者、存在语言障碍的外来移民等社会弱势群体提供租金低廉的社会租赁住房，满足弱势群体的住房需求；为老年人、残疾人、戒毒者、刑满释放者等社会特殊群体提供适合其特点和要求的社会住房；改善城市居住环境，提高城市生活质量；增加社区绿化面积，增加城市绿地面积。

经与欧盟委员会沟通协商，荷兰政府出台了关于社会住房政策的暂时条例，该条例于 2011 年 1 月 1 日正式生效。该条例规定荷兰社会住房协会（公司）应该履行向社会弱势群体提供租金合理的社会租赁住房。为保证社会住房协会（公司）切实履行相应的社会责任，该暂行条例作了如下具体规定：社会租赁住房的最高月租金水平为 652.52 欧元，有资格申请社会租赁住房者，即社会住房政策目标群体的年收入不得超过 33 614 欧元；社会住房协会（公司）必须把住房存量的 90% 分配给目标群体，否则无法获得下一年度项目开发的优惠政策和贷款担保。

第三节　荷兰社会住房政策的组织管理框架

一、荷兰社会住房政策的治理框架

荷兰的社会住房政策是建立在完备的法律框架基础之上的。1901 年的荷兰《住房法》为荷兰社会住房政策奠定了法律基础，规定了中央政府、地方政府（省市政府）和社会住房协会（公司）在社会住房建设中的权力和职责，建立了以中央政府、地方政府和社会住房协会（公司）为主体的三级管理体制。

中央政府在社会住房政策中负责制定住房政策的总体框架，协商制定相关规定，对社会住房协会（公司）进行职责履行、财务和物资方面的监管。在中央政府管理层面，社会住房政策主要是由荷兰国家住房、空间规划和环境部负责具体管理和政策执行的。社会住房协会

（公司）每年需向住房、空间规划和环境部提交年度报告，详细陈述本年度的项目情况。如果发现某个社会住房协会（公司）违规，中央政府将予以干预，先发出敦促其整改的警告指示，如果无效，中央政府将委派监督员直接干预其财务和投资计划。如果上述措施均无效，中央政府将采取更为严厉的措施，即取消社会住房协会（公司）的经营资格。

省级政府向地方政府公布全省范围的空间和住房规划，并负责所属市级政府间的政策协调。省级政府不与社会住房协会（公司）发生直接联系。市级政府根据本市的具体情况制定具体的住房建设规划和土地使用方案，同时对住房质量进行监控和管理。市级政府是与社会住房协会（公司）发生直接联系的行政管理机构，解决社会住房问题也是地方政府一项重要任务。市级政府的具体职责包括：与本市居民和社会住房协会（公司）共同协商制定城市住房任务计划；与社会住房协会（公司）签订绩效合同，合同中列明将要承担和完成的开发项目；制定不同类型住房的分配办法，其中包括廉租房的分配办法；制定土地使用开发计划，进行空间规划；是公用土地的所有者和责任人；审批建房许可证。

从上述对荷兰社会住房政策 100 多年发展历史的回顾与梳理中，我们可以看出，荷兰社会租赁住房建设主要是由非营利性的、以为低收入群体提供廉租房为社会责任的、经国家授权的、受相关法律约束和政府管理监督的社会住房协会（公司）完成的。① 因此，社会住房协会（公司）把自己称作"社会企业"。1993 年生效、2001 年进行修订的荷兰《社会住房租赁部门管理通则》对社会住房协会（公司）的责任义务作出了明确规定。包括六项职责：为无法获得合适住房的居

---

① 在德国，政府通过招标的方式由符合资质的私人建筑公司进行社会住房的建造，完工后，由政府按照合同，验收合格后收房付费。政府与建筑公司是建筑工程的投招标关系，建筑公司是追求利润最大化的私人企业，不承担建造社会租赁住房的社会责任。在瑞典和英国，市政府全权负责社会租赁住房的资金投入、人员雇佣和建设管理的事务。这是荷兰社会住房政策不同于其他国家住房政策的重要特征之一。

民提供社会租赁住房，保证目标群体特别是低收入家庭获得廉租房的优先权；负责社会住房的兴建、装修和维修，保证住房的质量；在住宅管理和政策制定上征询住户意见，保证公众参与；保证自身资金链的连续性；打造宜居社会住宅小区，提高人们的生活质量；在住房开发中体现对残疾人、老年人等特殊人群的关爱，把住房与服务结合起来。社会住房协会（公司）的组织结构一般如图8-1所示。

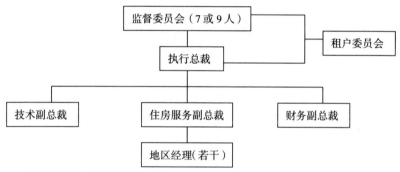

资料来源：作者自制。

图8-1　荷兰中等规模社会住房协会（公司）的组织管理模式

从图8-1可以看出，监督委员会是社会住房协会（公司）的最高权力机构，由7或9名委员组成，其中必须有两人由租户委员会提名。[1] 监督委员会的委员都是管理、财务、社会文化、技术领域的专业人士，都是某些企业或公司的在职人员，在社会住房协会（公司）兼职担任监督委员会委员。与社会住房协会（公司）有直接业务联系单位的工作人员不能担任监督委员会委员。比如某家与社会住房协会（公司）有业务往来的银行经理就不可以出任监督委员会委员，以防止其为了银行利益而损害社会住房协会（公司）和租户的利益。执行总裁由监督委员会批准任命，负责社会住房协会（公司）的日常经营管理事务，向监督委员会负责。执行总裁下设三个负责具体业务的副总裁，分别是技术副总裁、住房服务副总裁和财务副总裁。技术副总裁

---

① 租户委员会提名的两名监督委员会成员不能是租户委员会成员。

主要负责住房开发、维修、粉刷等事务。根据社会住房协会（公司）业务覆盖的区域，住房服务副总裁下设若干地区经理，负责出租和管理房产。

从社会住房协会（公司）的组织管理模式可以看出，租户委员会除了提名两名监督委员会委员外，还可以就社会住房协会（公司）的有关住房政策和规定与执行总裁协商。通过这种模式，租户的意见得到了体现，从而使广大租户享有社会住房政策方面的参与权和监督权。

二、荷兰社会住房建设的融资担保制度

2015 年，荷兰住房总存量为 758.8 万套，其中 424.4 万套为自有住房，占住房总量的 55.9%，私人租赁住房 104.5 万套，占住房总量的 13.8%，社会租赁住房 229.9 万套，占住房总量的 30.3%。① 与 1980 年（42%）相比，荷兰的自有住房率有了很大提高，但仍低于欧盟 68.9% 的平均水平。荷兰社会住房占住房总量的比重虽然略有下降②，但在欧洲国家中仍然名列前茅，是欧洲国家中社会住房比重最高的国家，约有三分之一家庭租住社会租赁住房。荷兰社会住房政策的一条重要原则是可支付性，面对如此庞大的社会住房需求群体，社会租赁住房部门是如何进行资金运作的呢？

住房建设需要大量资金，社会住房协会（公司）住房建设成本主要由建设材料费、土地使用费和人工费组成。大量的资金占用，使其自身的租金和售房收入无法满足建房资金需求，需要进行外部资金融通。下面通过分析 2011 年荷半社会住房协会（公司）的收入支出项目来透视其融资需求资金量。社会住房协会（公司）的主要收入项目有租金收入、住房销售收入和其他收入，2011 年，三项收入合计为 188 亿欧元。社会住房协会（公司）的主要支出项目是住房建设投资、应

---

① "Cijfers over Wonen en Bouwen 2016", https://www.rijksoverheid.nl/ministeries/ministerie-van-binnenlandse-zaken-en-koninkrijksrelaties.

② 2000 年，荷兰社会租赁住房占住房总量的比重约为 36%。

还贷款、利息支付等，支出项目合计为 313 亿欧元。2011 年社会住房协会（公司）的资金缺口为 125 亿欧元，需要通过外部融资来满足资金需求。

市场化改革之前，按照荷兰《住房法》的规定，经过授权的社会住房协会（公司）在兴建和提供社会住房时可以得到政府各种形式的经济支持，如建房补贴、低息贷款、贷款担保。这一阶段社会住房协会（公司）在财务和管理上受政府的直接干预，没有独立开发住房项目的自主权和能力，项目开发的经济风险较小。经过 90 年代的市场化改革，特别是 1995 年《应付补贴与应付债务抵补操作办法》生效后，社会住房协会（公司）成为管理和财务上完全独立于政府的非营利组织，政府主要通过低价出让土地和充当安全网的方式给予其间接支持。为适应市场竞争的要求，社会住房协会（公司）开始向专业化和高效化方向发展，同时加强了财务管理、风险管理和公司治理。经过一系列的改革，社会住房协会（公司）的融资担保制度框架发生了很大变化，图 8-2 展示了荷兰社会住房建设的融资担保体系。

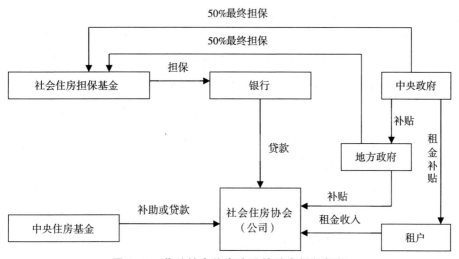

图 8-2　荷兰社会住房建设的融资担保框架

从图 8-2 中我们可以看出社会住房协会（公司）融资渠道主要分为内部融资和外部融资两个渠道。租户支付的租金是社会住房协会（公司）内部融资的主要渠道。为了保证低收入群体能够支付得起房租，20 世纪 70 年代中期，荷兰政府引入了根据租户收入水平提供的直接租房补贴。既保证了低收入群体能够住得起社会租赁住房，也保证了社会住房协会（公司）获得稳定的租金收入。社会住房协会（公司）外部融资的主要来源是银行贷款。市场贷款的风险越大，利率越高，借贷成本也就越高。住房建设所需资金量大，利息高低决定了社会住房协会（公司）建设社会住房成本的高低。为了保证社会住房协会（公司）能在资本市场以较低利息获得充足的资金进行社会住房项目的开发建设，荷兰建立了中央住房基金、社会住房担保基金、政府担保的三级安全网体系。

1988 年，荷兰中央政府建立中央住房基金，其资金来源是社会住房协会（公司）缴纳的会费，所有社会住房协会（公司）都必须缴纳会费。中央住房基金为遇到资金困难、无法偿还到期本息的社会住房协会（公司）提供援助资金，帮助其进行重组。中央住房基金首先对提出救助申请的社会住房协会（公司）进行评估和调查，并提出整改意见，援助资金以补助或贷款的形式提供。截止到 2000 年，中央住房基金共为 17 家资金出现困难的社会住房协会（公司）提供资金支持，救助金额累计 4.8 亿欧元。[①] 中央住房基金的另一重要职能是对荷兰全国的社会住房协会（公司）进行财务上的监督，公布出现财务问题的社会住房协会（公司）的名单。每年中央住房基金都要就社会住房协会（公司）的财务连续性和偿债能力进行评估，并发布年度评估报告。根据评估结果将社会住房协会（公司）分为 A、B、C 三个档次，属于 A 档的社会住房协会（公司）财务状况良好，资本使用效率较高，达到中央住房基金的资金标准。属于 B 档的社会住房协会（公司）流动

---

① A. Ouwehand and G. van Daalen, *Dutch Housing Association—A Modle for Social Housing*, Delft: Delft University Press, 2002, p. 84.

性和偿债能力达到临界点，需要防范财务风险。属于 C 档的社会住房协会（公司）资本使用效率较低，需改善资金管理。荷兰住房、空间规划和环境部根据中央住房基金的调查结果，可以责令那些出现资金问题和资本使用效率低的社会住房协会（公司）进行整改和重组。2000 年，荷兰全国 620 家社会住房协会（公司）中有 30 家因没有达到中央住房基金的财务要求而进行整改。[①] 由此可见，中央住房基金是荷兰社会住房建设融资的第一级安全保障，主要是监督和帮助资金财务出现问题的社会住房协会（公司）进行重组，摆脱困境。达到一定的资金储备标准和财务状况要求，就可以由社会住房担保基金担保在私人资本市场上进行融资。社会住房担保基金构成荷兰社会住房建设融资的第二级安全保障。

社会住房担保基金成立于 1983 年，是由全国社会住房协会（公司）共同参与建立的非营利组织，符合条件的社会住房协会（公司）均可加入。接受社会住房担保基金贷款担保的社会住房协会（公司）需向其缴纳一定数量的担保费（费率为 0.0069%），这些累积的担保费构成了社会住房担保基金的安全储备金（Security Reserve），用于帮助出现困难的社会住房协会（公司）还款。2007 年，社会住房担保基金的安全储备金达到 4.4 亿欧元。此外，接受贷款担保的社会住房协会（公司）还必须将其贷款总额的 3.85%存入社会住房担保基金的账户，成为社会住房担保基金的临时性负债（Contingent Liability）。2007年，其金额达到 700 亿欧元。当安全储备金降到一定限度，社会住房担保基金就可以动用临时性负债来为社会住房协会（公司）提供第二层还款担保。由此可见，社会住房担保基金是一个资金充足、安全结构稳定、信誉可靠的担保组织，在很大程度上可以保证社会住房协会（公司）在资本市场以有利条件获得资金融通。社会住房担保基金的信用等级被国际评级机构标准普尔和穆迪公司分别评为 AAA 和 Aaa 级，

---

① A. Ouwehand, G. van Daalen, "Dutch Housing Association—A Modle for Social Housing", Delft: Delft University Press, 2002, p. 85.

均为信用等级的最高级。社会住房担保基金建立之初仅用于为住房改造资金贷款提供担保，此后提供担保的范围逐渐扩大。1988 年，政府完全停止向社会住房协会（公司）提供低息贷款，新建住房资金贷款也纳入社会住房担保基金的担保范围。1995 年市场化改革后，社会住房担保基金对社会住房协会（公司）所有项目贷款均提供担保。目前，约有 96% 的社会住房协会（公司）在资本市场融资时寻求社会住房担保基金的担保。2010 年和 2011 年年度新增担保贷款金额分别为 151 亿欧元和 79 亿欧元。截至 2011 年年底，社会住房担保基金为社会住房协会（公司）担保贷款总金额累计 863 亿欧元。[①] 为社会住房协会（公司）提供贷款的银行主要是荷兰城市银行（Bank Nederlandse Gemeenten）和荷兰水务局银行（Nederlandse Waterschapsbank）两家银行[②]。2010 年和 2011 年，两家银行提供的贷款占社会住房协会（公司）总贷款量比重分别为 92% 和 89%。

如果社会住房担保基金担保资金枯竭，无法再为社会住房协会（公司）提供担保，荷兰中央政府和地方政府将为社会住房协会（公司）提供无息贷款，帮助其克服资金困难。中央政府和地方政府各提供无息贷款总额的 50%。荷兰中央政府和地方政府构成了社会住房建设融资安全网体系的第三级，成为最后担保人。这就大大增强了社会住房协会（公司）在资本市场融资能力和可信度，为其社会住房建设融资创造了便利。

欧盟委员会将荷兰这种三级担保安全网体系视为国家补贴，而政府只能为"公共经济利益服务"活动提供国家补贴，否则会扭曲市场，不利于市场竞争。依据欧盟委员会的标准，荷兰政府规定，将社会住房存量的 90% 出租给年收入在 33 000 欧元以下家庭的社会住房协会（公司）才有资格申请社会住房建设工程、社区环境改善、社区配套设

---

① http://www.english.wsw.nl/investorrelations.
② 在《环球金融》(*Global Finance*)杂志评选出的 2012 年全球 50 家最安全银行榜单中，荷兰这两家银行分列第二和第七。

施建设方面的贷款担保。

市场化改革后，荷兰政府取消了对社会住房协会（公司）的直接补贴，但保留了一些在城市更新中涉及公共利益建设工程的补贴。这种补贴体现在中央政府对城市更新投资的预算中，由中央政府下拨给地方政府，再由地方政府下拨给承担相关工程项目的社会住房协会（公司）。这也是社会住房协会（公司）的一个资金来源。

从上面分析我们看出，社会住房协会（公司）自有资本和房租收入是其内部融资的主要渠道，银行贷款是外部融资的主要渠道，中央住房基金、社会住房担保基金和政府构成外部融资的三级担保体系。此外，社会住房协会（公司）有时还通过向有合作关系的其他社会住房协会（公司）借款获得融资。在农村的一些中小规模的社会住房协会（公司）住房项目较少，有一些富余资金。而城市中的社会住房协会（公司）工程项目较多，需要大量资金。这种情况下，一些资金富余的中小规模社会住房协会（公司）为了实现资本的增值保值，愿意把富余资金以低于市场的利率借给城市里需要资金融通的社会住房协会（公司）。

三、荷兰社会住房的目标群体、分配制度和租房补贴

（一）荷兰社会住房的目标群体

荷兰社会住房政策的一个特点是所有荷兰居民（低收入和中等收入者）都可以申请社会租赁住房，但低收入群体具有优先租赁权。荷兰《住房法》规定，社会住房机构——社会住房协会（公司）每年需将闲置社会住房的80%出租给年收入低于36 789欧元（2018年水平）的低收入申请家庭，10%的空置社会住房出租给年收入在36 789欧元至41 056欧元（2018年水平）的中等收入申请家庭，剩余10%的空置社会住房可以出租给年收入在41 056欧元以上的高收入家庭。[①] 此

---

① "Hoe kom ik in aanmerking voor een sociale-huurwoning?", https://www. rijksoverheid. nl/onderwerpen/huurverhoging/vraag-en-antwoord/sociale-huurwoning-voorwaarden.

外，低收入群体，包括领取政府救济金（多为失业者、外来移民、残疾人、刑满释放人员）和月工资仅达国家最低工资水平（1469.4 欧元）的荷兰公民，在获得社会租赁住房时具有优先权，都属于社会住房政策的基本目标群体。罗纳德·范·肯彭和雨果·普雷穆斯按收入水平将荷兰公民分为 10 组，来考察社会租赁房屋租户的收入状况。结果发现，收入最低的 10% 人口中有 54.7% 租住社会廉租房，22.5% 租住私人租赁住房，拥有自有租房的仅为 22.8%。而收入最高的 10% 人口中，这三项比重分别是 8.4%、7% 和 84.6%。两位学者的研究也证实了荷兰社会租赁住房的主要是面向低收入群体的，但也为中等和高收入公民提供。

（二）荷兰社会住房的分配制度

从二战后到现在，荷兰的廉租房的分配制度经历了一些变革。二战后，面临严重的住房短缺问题，1947 年荷兰政府出台了《住房分配法》，以法律的形式确定了以需要为基础的社会住房分配原则，政府在社会租赁住房的分配中进行直接干预，起主导作用。凡是有住房需要的荷兰公民均可向当地政府提出申请①，政府审查批准后，按照需要的紧迫程度和等待时间长短，发给申请者住房许可，然后申请者与公共住房公司签订租房协议，获得相应房屋的租住权。这种以政府主导和需求为基础的分配制度的弊端逐渐暴露出来。由于实际差异，地方政府在申请资格、优先标准等方面有不同规定，造成全国标准不统一，有失公平。另外，"需要"的概念很模糊和宽泛，可以从不同角度解释，容易导致作弊和不透明。以政府为主导，结果在很大程度上就是分到什么样的房子就得接受什么样的房子，有些房子的条件、位置、环境并不符合申请人的要求，申请者要么放弃要么接受。很多申请者

---

① 社会租赁住房的申请者必须年满十八周岁，在当地有一定经济和社会联系（如在当地工作、曾在当地居住过等），收入水平不得高于政府规定的最高水平，一些有健康和社会问题的人群有优先获得住房的权利。

因上述情况放弃租住权，结果大大增加了政府和公共住房公司工作量，降低了分房的效率。基于这种分配模式存在的弊端，1990 年，荷兰代尔夫特市探索实行新的以选择为基础的社会住房的分配方式。公共住房公司在报纸杂志等媒体上公布现有房源的基本情况，如住房面积、楼层、位置等，由符合条件的申请者根据自身要求进行选择。这种广告模式更加方便申请者选房，而且符合 90 年代社会住房部门市场化改革的方向。由于这种分配模式起源于代尔夫特，因此被称为"代尔夫特模式"。代尔夫特模式很快被其他城市采纳，并一直延续至今。

　　现在，社会住房协会（公司）通过网络、报纸杂志等渠道定期公布可用房源，申请者对中意的房子进行申请，每名申请者可以在其所登记的地区选取最多三套住房进行申请。网站对每套住房的所有申请者按照登记时间长短进行排队，排在前 15 位的申请者会被通知在规定的时间去看房。看房后，申请人可以在网站上选择"接受"或"拒绝"。然后，网站再对选择接受的申请者按相应标准进行排队，排在第一位的最终就获得这套廉租房的租住权。而其余的申请者再继续等待下一次申请机会。符合申请廉租房条件的公民在当地的公共住房公司登记排队的时间一般需 4 到 5 年，一些大城市的排队等候时间可能会更长。如果同一住宅同时有多个符合条件者申请，会给一些特殊人群优先权。这些特殊人群包括：现有住房条件对健康有不利影响的申请者、即将流落街头或现有的居住条件严重阻碍其社会生活的申请者、30 岁以下的年轻人或 55 岁以上的老人、现居住地与工作单位距离太远的申请者、拆迁户。房屋公司在每套住房的申请条件中都会注明优先照顾人群的范围。一旦某套住房的申请者中有符合照顾条件的人，他就可以"插"在其他排队者的前面，优先获得房子的租住权。具体谁有获得房屋的优先权由当地的独立委员会来决定，以尽可能确保公平。

　　公共廉租房都属于公共住房公司所有，以多层公寓式建筑居多，约占社会租赁住房总量的 53%。① 公共廉租房使用面积一般在 50—120 平方米之间，配备标准的厨房、卫生间以及水电煤气设备。值得一提的是，荷兰廉租房没有居住年限，可以永久居住，如果租住廉租房的家庭收入增加且有购买意愿，可以按照市价的七五折到九折优先购买所租住的房子。2012 年，根据户型和房屋面积，廉租房租金一般为每月 300—600 欧元不等，但最高不得超过 664.66 欧元。

除了廉租房制度，荷兰特有的租房补贴制度也极有效地减轻了低收入群体的住房开支负担，保证其获得体面的住所。但不是每个人都可以申请租房补贴，租房补贴的申请条件如下：申请者必须是年满 18 周岁的荷兰籍公民或持有效居留许可的外籍公民；申请者必须租住在一套独立住宅中，即房子必须有自己的大门，独立的客厅、卧室、厕所和厨房；出租房月租超过规定标准；申请者年收入、存款未超过规定限额；申请者地址必须在当地市政厅注册。租房补贴受申请者收入水平、房租高低、存款多少限制外，补贴的额度还与申请者年龄、是否独居、家庭是否有子女、家庭人口多少、身体是否有残疾等多种因素影响。申请前，申请者可以到税务局网站上按照要求输入自己的相关信息，网站可以大概估算出申请者是否有资格获得租房补贴或所获租房补贴大概金额。经估算，如果符合申请条件，申请者可以到税务局网站上填写申请表，并估计本年度收入。税务局按照申请者的收入估算，每月向申请者发放租房补贴。第二年税务局会核实申请者的实际收入，根据实际收入重新计算租房补贴，申请者则根据最后的计算结果多退少补。②

---

① 在社会租赁住房中，4 层以上的高层公寓约占 11%，4 层以下的低层公寓约占 42%，独立房屋占 47%。

② 关于荷兰住房补贴的详细政策在本书第二章第三节中已做详细论述。

第四节　荷兰的住房补贴政策

住房补贴制度是荷兰社会住房政策的另一重要政策工具，是直接发放给申请者的需求方补贴，也称为"人头补贴"。相对于供给方补贴，需求方补贴具有补贴效率高、灵活性强等优点。在社会住房租金上涨的情况下，住房补贴可以减轻租户住房支出负担，保障其住房可支付性。本节主要对荷兰住房补贴的申请条件、补贴水平、住房保有形式要求等问题进行分析。

一、荷兰住房补贴申请的资格条件

在荷兰，申请住房补贴的基本条件有：申请者年满 18 周岁；持有有效的居住许可；与房东签订了租房合同，租住设施齐全的独立住宅（租住度假屋或船屋不能申请租房补贴）；收入和资产情况满足限制标准。如表 8-2 所示，对于不同年龄、不同家庭结构的申请者相应的收入、资产、房租的限制水平不同。从表中可以看出，年龄在 23 岁及以上但低于退休年龄且有申请伙伴（夫妻、同居者或共同在租房地址注册者）的申请者需满足如下条件方可申请租房补贴：本人及申请伙伴总的年收入低于 30 400 欧元；本人及申请伙伴每人的储蓄和投资均不超过 30 000 欧元；所租房屋的月租水平在 225.08—710.68 欧元之间。

表 8-2　荷兰不同情况住房补贴申请者的收入资产限额及月租金限额
（2018 年标准[①]）

（单位：欧元）

家庭情况	申请者年龄	总年收入最高限额	月租金限额	每人储蓄与投资限额
单身家庭	18 岁以下[②]	22 400	225.08—417.34	30 000
	18—22 岁	22 400	225.08—417.34	30 000
	大于 23 岁（含）但小于退休年龄	22 400	225.08—710.68	30 000
	退休年龄及以上	22 375	223.26—710.68	30 000

家庭情况	申请者年龄	总年收入最高限额	月租金限额	每人储蓄与投资限额
非单身家庭	18—22 岁	30 400	225.08—417.34（如有一个孩子或同居配偶年龄在 23 岁以上月租金最高限额可为 710.68 欧元）	30 000
	大于 23 岁（含）但小于退休年龄	30 400	225.08—710.68	30 000
	退休年龄及以上	30 400	221.45—710.68	30 000

资料来源：荷兰国家税务局，"Huurtoeslag"，https://www.belastingdienst.nl/wps/wcm/connect/bldcontentnl/belastingdienst/prive/toeslagen/huurtoeslag/huurtoeslag－2018/voorwaarden－2018/voorwaarden－huurtoeslag－2018。

①申请者收入资产限额、房租限额每年进行调整。

②通常来说，在荷兰 18 岁以下居民不能申请住房补贴，但父母已过世或有孩子的 18 岁以下居民也有资格申请住房补贴。

二、荷兰住房补贴的金额水平

荷兰租房补贴水平的高低与申请者本人及其申请伙伴的年龄、收入水平、储蓄和投资水平、房租水平、共同居住子女数量、家庭是否有残疾人等多种因素相关。申请者可在荷兰国家税务局网站上输入自身详细情况，评估出可获得补贴金额的数量。例如，一位已婚的 40 岁的申请者，其配偶年龄为 37 岁，育有未成年子女，家庭年收入水平为 25 600 欧元，家庭储蓄和投资总额不超过 6 万欧元，所租房屋房租水平为 650 欧元，根据荷兰国家税务局的评估系统，该租房补贴申请者每月可获得 237 欧元的租房补贴。

在荷兰，租住社会住房和私人租赁住房的符合条件的租户均可申请住房补贴。

第五节　荷兰社会住房政策的经验借鉴及政策建议

城市化过程中面临的一个难题就是城市人口增长与住房需求之间的矛盾。作为人口大国的中国正处于工业化和城市化快速发展的时期，住房问题面临巨大压力。如何使人们住有所居、快乐生活，应该是政府和社会的主要任务和责任，也是社会稳定和经济可持续发展的重要影响因素。中国的社会住房政策起步晚，存在较大的完善空间。通过对荷兰社会住房政策发展历程的回顾，我们不难发现，中国正在面临着与荷兰当时类似的城市住房短缺问题，特别是低收入群体的住房保障问题尤为突出。荷兰成功运用社会住房政策解决了城市住房问题，成为欧洲社会保障住房发展的典范。社会住房政策是荷兰构建福利国家的重要方面，是荷兰社会稳定、经济繁荣的重要基础。立足中国国情，借鉴荷兰社会住房政策的发展经验，本节对中国社会住房保障体系的建立提出如下政策建议。

第一，制定专门住房法律，将住房保障纳入法治框架。以法律来规范住房市场，以法律来遏制住房投机、土地财政、房产泡沫这些威胁中国经济和社会稳定的不利因素，同时以法律的形式确定社会保障住房的建设目标、建设机构的责任义务、经营管理、融资渠道。荷兰住房保障制度成功的一个重要原因是住房保障制度基本上是以法律法规的形式体现的，如《住房法》（1901 年）、《住房分配法》（1947 年）、《社会住房租赁部门管理通则》（1993 年）等。

第二，完善社会保障住房的治理框架。可借鉴荷兰成立专门从事社会保障住房建设、管理、维修的非营利机构。目前，中国没有专门从事社会租赁住房建设和管理的专门机构，社会保障房主要是政府通过收购和商品房开发商在获得一定优惠条件后配套开发建设的。荷兰社会住房协会（公司）是从事社会住房建设、出租、管理和维修的专门机构，社会住房作为社会资产由其分配管理，是既有自身经济利益又承担社会责任的社会企业。荷兰社会住房协会（公司）经过 100 多年的发展，在社会住房建设开发方面积累了丰富的经验和专业知识。社会住房的质量和小区环境优良，使荷兰社会住房颇具吸引力，也是很多中产家庭愿意租住社会住房协会（公司）的房屋、居民自有住房率比较低的重要原因。中国也可探索建立专门的社会住房建设机构，构建中央政府—省政府—市政府—社会住房建设机构的多层级管理体制。

第三，建立社会保障住房的融资制度，为社会保障房建设提供充足的资金。20世纪90年代市场化改革前，荷兰政府的建房补贴、政府贷款、土地地价出让等持续的财政投入是促进社会住房协会（公司）迅速发展、社会住房供应迅速增长的重要原因。市场化改革中，为了给予住房协会更大的财务和开发自主权，减轻政府的财政负担，拓宽融资渠道，荷兰建立了以中央住房基金、社会住房担保基金、中央和地方政府为主体的三级担保安全网，确保社会住房协会（公司）在资本市场上以较低的利息获得建设资金。这种政府担保，运用的是社会资金，不仅减轻了政府的财政负担，还保证了社会住房资金的稳定来源，值得我们借鉴。

第四，加大社会租赁住房（廉租房）建设力度，缓解供需矛盾。中国目前经济适用房和"两限房"房源不足，供需矛盾突出。而荷兰的社会住房保障制度，基本是以向低收入群体提供社会租赁住房为主的，社会租赁部门住房存量占全部住房存量的三分之一，占整个租赁市场的约四分之三，阿姆斯特丹、鹿特丹、海牙、乌特勒支这些大城市社会租赁住房的比重更高。荷兰这种以租为主的社会住房保障制度，保证了社会住房协会（公司）手中有持续稳定的房源和租金收入，保证了社会住房政策的持续性，有效解决了城市低收入人群的住房问题。而中国大城市的社会租赁住房比重较低，无法满足庞大的住房需求。因此，城市住房保障应该从经济适用房、"两限房"出售向以廉租房建设为主转变，加大社会租赁住房的供应力度，缓解供需矛盾。

第五，合理规划社会保障房的空间布局，防止低收入群体在空间上过度集中，同时提高社会保障房的质量。由于社会保障房的租赁者多为中低收入群体，社会住房分布过于集中容易出现"居住空间分离"和"贫民窟"现象。荷兰在社会住房建设上合理规划布局，分散建设社会租赁住房，鼓励不同收入居民混合居住同一小区。为了促进低收入者融入社会，一些社会租赁住房还选址在交通便利、靠近市中心、购物方便的地段，降低租住者的出行和生活成本，为其工作和教育提供便利。而中国的社会租赁住房多建在远离城市中心、远离工作地、地价低廉的郊区和远郊，大大增加了租住者的出行和生活成本，易形成贫富居住空间分离的现象，不利于城市健康发展和社会稳定。

荷兰政府对住房质量进行严格的监管和控制，以保证房屋质量。社会住房协会（公司）除了注重房屋建设质量外，还十分注重社区环境和设施建设，改善和提高居民的生活居住环境。此外，荷兰社会住房协会（公司）负责对房屋进行维护、维修，每年都有大量的资金投入到对旧房的翻新和维护上。相比之下，中国社会保障房的质量、小区环境和配套设施还有待改善和提高。

第六，加强住房租金管理和制定针对低收入者的租房补贴。荷兰政府在增加社会租赁住房供给和提高房屋质量的同时，还根据租房者的收入水平、房租水平、年龄、家庭人口数等具体情况，给予金额不等的租房补贴，以保证低收入者获得体面的住房。在社会租赁住房分配方面，荷兰政府还给予老年人、残疾人、外来移民、失业者等特殊群体特殊照顾和优先权。中国也可探索制定针对低收入群体的租房补贴，切实做到高收入家庭承担较多的房租，低收入家庭获得较充足的政府补贴。

第九章　欧洲国家社会住房政策经验启示与对策建议

<hr>

第一节　欧洲国家社会住房政策经验总结与启示

通过前面对欧洲国家社会住房政策的总览性分析和对欧洲典型国家英国、德国、法国、荷兰社会住房政策历史发展与具体举措的详细描述，可以得出如下经验和启示。

一、欧洲国家社会住房政策以法律为基石

总结欧洲典型国家住房政策在解决住房问题方面取得良好效果的经验，其中重要的一条就是住房政策的制定和变革都是建立在法律基础之上的。住房政策的目标制定、政策工具、融资担保、治理框架、政府职责等主要内容都以相应的法律法规为基础。法律制度保障了住房政策的连续性和权威性，不会因为领导人或政府更迭发生大幅度的变化。英国在 1909 年颁布了首部综合性住房法《住房与城镇规划法》，1919 年，对《住房与城镇规划法》进行了修订，这奠定了英国保障性住房政策的法律基础，明确了政府在公共住房建设方面的职责以及中央政府支持地方公共住房建设的财政职责。1921 年，英国制定和颁布

《住房法》，进一步落实了1919年对《住房与城镇规划法》修订的要求，建立了中央政府在公共住房上补贴制度，并确定了中央政府提供政策指导与财政补贴，地方政府负责规划与执行的基本模式。此后，英国对《住房法》进行多次修订，并制定了多部与住房政策相关的法律法规，以此作为执行或革新住房政策的制度保障。德国的《租房补贴法》对租房补贴的目标、额度计算方法、申请者收入限额、租房补贴的审批、支付和变更等都作出了详细的规定，保证了德国租房补贴制度的有效运行。德国对租户利益的维护较为典型，而租户利益维护政策的效力同样来源于详细的法律规定。德国的《租房法》对租赁合同的签订、期限、解除以及出租人和承租人的权利与义务都进行了详细规定，突出对承租人权益的保护，保障租赁住房市场的有序运行。完善的租赁住房保障制度使得德国居民将租房居住作为解决自身住房问题的一个重要渠道，而不将购买自有住房作为解决住房问题的主要渠道。这也使得德国成为欧洲国家住房自有率最低的国家之一。

二、欧洲社会住房政策将供给方补贴与需求方补贴相结合

二战后，欧洲国家经历了严重的住房短缺，为了快速增加住房供给，欧洲国家普遍采取向建房者发放补贴或给予税收、贷款优惠等措施，促进新建住房的增加，解决城市居民的住房短缺问题。在住房供给不足的情况下，供给方补贴十分有效，对解决二战后欧洲国家的"房荒"问题发挥了重要作用。但随着住房供需慢慢趋于平衡，供给方补贴的诸多弊端，如补贴效率低、政府财政负担重、导致低收入人群聚居等，逐渐暴露出来。为克服供给方补贴的各种弊端，欧洲国家开始引入需求方补贴。需求方补贴，即政府向符合条件的申请者发放购房或租房补贴，以增强其住房可支付能力，解决其住房问题。需求方补贴的效率更高、灵活性更强。目前，从供给方补贴向需求方补贴转型已成为欧洲国家社会住房政策的总体趋势。

三、欧洲国家促进社会住房建设和供应主体向多元化发展

从欧洲国家社会住房发展的历史来看，没有哪一个国家是单凭政府的力量解决住房问题的。欧洲社会住房供应主体经历了由政府供应到政府与私营住房部门和社会住房机构共同供应的发展轨迹。当前，欧洲国家社会住房供应主体的作用和权责分配呈现出的主要特点是：中央政府负责全国性住房政策的制定，在保障性住房财政投入上承担较大比例，同时对地方政府执行住房政策的绩效进行监管。地方政府则负责住房政策的实施，评估地方居民住房需求情况，保障社会住房的有效供应。社会住房机构（住房合作社、住房协会等）逐渐成为欧洲国家社会住房建设和管理的主体。德国住房问题的解决是中央政府、地方政府、合作社、非营利机构、私营公司等共同努力的结果，在相应的法律框架下，各主体相互配合，共同建房、出租房、管房。20世纪80年代以前，地方政府曾经是英国住房政策的最重要执行者，承担保障性住房的规划、投资、供应和管理等。随着保守党执政，英国政府通过一系列的法律来扩大住房协会等社会住房部门的作用，推动公共住房产权从地方政府向住房协会转移，并通过设立住房公司强化对住房协会的监管。

四、重视住房金融的发展，拓宽社会住房建设的融资渠道

住房建设需要土地、建筑材料、人力等多种要素，购买这些要素需要投入大量的资金。稳定持续的融资渠道是保障性住房建设重要前提条件。从欧洲社会住房发展的过程来看，社会住房融资渠道由政府拨款的单一渠道不断向多种渠道扩展。欧洲国家社会住房建设的资金来源包括住房管理机构租金收入和售房收入、政府担保贷款、商业银行贷款、购房者股权投资等多种渠道。在社会住房存量较高的国家（如荷兰），社会住房的租金收入是住房协会（公司）的一项重要资金来源。社会住房租金会随着运营成本和物价的提高而上涨，以弥补社会住房日常维护和管理的成本。但房租的上涨会削弱低收入家庭住房

的可支付能力，收入较低的社会住房租住家庭可能无法承受房租的上涨。为了解决这一矛盾，欧洲国家实行租房补贴制度，符合收入条件的家庭可以申请住房补贴，使住房支出维持在家庭可支配收入的30%左右。租房补贴制度既保障了租房协会可以获得稳定的房租收入，又保证了租住社会住房低收入家庭的住房可支付性。

五、社会住房政策目标由追求住房数量向追求居住质量和社会发展等方面延伸

欧洲国家的住房政策目标经历了从单纯低层次目标向综合性高层次目标转变的过程。二战后，因战争破坏，欧洲多数国家都面临着严重的住房短缺和居住条件恶化的问题。在此背景下，欧洲国家社会住房政策的主要目标是迅速增加住房供给量，改善住房条件和卫生配套设施。20世纪60年代以来，与大规模的保障性住房建设项目相关的贫困人口聚居、居住隔离、社区衰败等问题逐渐暴露出来。在此背景下，欧洲社会住房政策将社会住房供应与提高居民经济自立能力、营造混合式居住社区、建设可持续性住房等目标结合起来，通过城市政策、空间规划、税收补贴等工具实现上述目标。可见，欧洲社会保障性住房政策经历了由单纯追求住房供给数量增加，到注重住房建设质量和居住条件，再到关注社区发展、城市可持续发展、社会融合的发展历程。

第二节　完善中国保障性住房政策的对策建议

中国现行的保障性住房体系由经济适用房、廉租房、公租房、"两限房"、自住型商品房以及职工住房公积金和政府企事业单位住房补贴等构成。从实际情况来看，中国当前的住房保障政策体系面临法律不够健全、保障范围不够清晰、社会力量参与不足、融资渠道单一、政策工具单一等问题和挑战。本节借鉴欧洲国家社会住房政策实践经验，提出完善中国保障性住房政策的相关政策建议。

一、制定和完善中国的住房保障立法，用法律推动保障性住房政策的实施

完善的住房立法是欧洲国家保障性住房政策有效实施的制度保证，增强了保障性住房政策的权威性、稳定性和持续性。纵观中国保障性住房政策发展历程，住房政策具有较大的不稳定性，甚至一些政策刚刚出台就面临争议，难以为继。其根本原因是中国尚无一部专门的住房法，制约了中国保障性住房政策的权威性和实施效力。因此，当务之急是加快中国住房保障立法进程，对住房保障的关键问题从立法层面作出界定和规定，以确保保障性住房政策的权威性和有效实施。重点包括以下几方面的内容。第一，从法律上确定保障性住房政策的根本目标是保障公民的基本居住权，即人人享有"住有所居"的权利。第二，从公共产品、社会公平、收入分配的角度重新界定住房在经济和社会发展中的地位，明确住房的社会保障属性。将"房住不炒"的理念写入住房法，为政府部门制定和执行具体的住房保障措施提供法律上的依据。第三，对政府规制商品房市场和实施保障性住房建设两项任务的权限与职责作出法律上的规定。在商品房市场上，政府应运用税收、金融等经济手段履行宏观调控职能，以促进市场公平竞争、维护消费者利益为目标，避免直接使用行政手段干预住房市场。在保障性住房建设方面，确立稳定的保障性住房公共财政保障机制，发挥市场机制和非营利部门在保障性住房建设方面的作用。第四，法律上明确中央政府和地方政府在保障性住房建设中的权责与分工。中央政府负责保障性住房政策的制定、承担保障性住房建设的主要财政职责；地方政府主要承担住房需求评估、执行保障性住房政策，从规划和土地利用上为保障性住房建设提供便利。第五，从法律上规定住房保障对象的准入标准、保障水平、分配和轮候办法、退出机制等。退出机制的建立对于保障低收入人群的住房权具有重要意义。建立保障性住

房租房收入的动态监督机制，当保障性住房租户的收入水平超过准入标准后，就应当严令其退出或按市场价格交纳房租。否则，将采取法律手段予以解决。

二、促进保障性住房供应主体的多元化

一般认为，中国保障性住房政策始于 1995 年的《国家安居工程实施方案》，不论是产权出售型的经济适用房，还是只租不售型的廉租房、公租房，其供应主体都是政府。政府采取资金补贴、免费或让价出让土地等方式给予保障性住房建设支持。获得政府土地优惠的开发商有义务在所得地块开发建设商品房的同时配建一部分保障性住房。可见，在中国，政府是是保障性住房建设的主导力量，政府以优惠换取开发商配建保障性住房，参与保障性住房建设的社会力量缺失或明显不足。中国可借鉴欧洲国家社会住房建设经验，调动社会力量参与保障性住房的建设和管理。具体来说，鼓励和支持建立专门的非营利住房协会或机构，由其管理、维护和分配保障性住房，提高保障性住房建设和管理的专业化水平。可探索地方政府、开发商、住房非营利机构、工作单位共同构成的保障房供应的多元化供应主体，调动多方社会力量参与保障性住房建设。在中国的保障性住房建设中，社会力量和私营机构缺失较为明显。为此，可探索建立社会租赁住房部门，出台社会住房租赁机构资质管理办法，允许和鼓励私营企业和开发商参与保障性住房的建设和供给。私营企业或开发商建设社会租赁住房或收购存量住房，可以申请政府社会住房基金支持或税收优惠。

三、拓宽保障性住房的多元化融资渠道，建立保障性住房的长效机制

目前，中国保障性住房建设的资金主要来源于土地出让金净收益、住房公积金的增值收益、中央政府预算内投资安排的廉租房专项补助资金以及地方财政预算安排的保障性住房专项资金等。无论是土地出

让金净收益，住房公积金增值收益，还是政府拨款，从根本上说都来源于国家的财政资金。当中央政府或地方财政由于某种原因吃紧的时候，保障性住房建设资金在一定程度上会被缩减或挤占。单一的资金来源渠道不利于保障性住房的持续和稳定发展。为此，我们可以采取两种办法确保保障性住房的稳定资金来源。一方面，从立法层面对政府在保障性住房财政投入机制作出明确规定，中央政府和地方政府可探索在年度财政预算中设立保障性住房的专项支出科目，建立保障性住房资金的长效机制。另一方面，鼓励多元化的社会资本参与保障性住房的建设和供给，拓宽保障住房建设的资金来源渠道。

四、加强保障性住房建设的空间规划，避免低收入人群聚居

欧洲国家公共住房政策实践中，曾经出现过低收入人群聚居，形成了以教育水平低、失业率高、配套服务差、犯罪率高为主要特点的低收入人群社区和贫民窟。这些问题社区成为城市安全的隐患，对城市稳定和中产阶级社区安全构成威胁，具有明显的外部性。二战后，欧洲国家在面临严重住房短缺的情况下，住房政策的核心目标是迅速增加住房供给，解决城市住房短缺问题。为此，在政府的支持下兴建了大规模的公共住房社区，为未来低收入人群的聚居埋下了隐患。中国在保障房建设中应尽量避免在城市某一地区大规模兴建社会租赁住房，特别是要避免在郊区等公共服务设施不便的地区大规模兴建公共租赁住房、廉租房等保障性住房，避免出现贫困人口聚集、社区隔离等社会问题。一些公共租赁住房还由于建在远离市中心或公共交通不便的远郊，申请者望而却步，造成一些公共租赁住房的闲置。为此，提出两点政策建议：第一，实行公共租赁住房与商品房的搭建，即政府规定某一商业楼盘必须搭建一定比例的公共租赁住房，且不可独栋建设，需与一般商品房穿插在一起；第二，建立和完善租房补贴制度。租房补贴主要面向具有稳定工作、良好诚信记录的城市工薪阶层（包括非户籍人口），优先发放给低收入家庭。租房补贴使得低收入家庭可

以自由选择居住地点，由于对位置、环境、住房条件的偏好不同，低收入人群的居住将呈现分散状态，可避免低收入人群聚居的问题。

五、注意保障性住房的层次性，适度扩大保障人群范围

在解决住房问题的政策实践中，多数国家都是从重点解决低收入人群的住房问题入手，再逐步解决中等收入家庭的住房问题，具有一定的层次性。住房保障政策优先解决低收入家庭的住房问题本无可厚非，但中国在确定低收入家庭收入标准方面，存在一些争论，保障范围的标准不够清晰。目前，中国低收入家庭一般被理解为收入最低的20%的城镇家庭，但这一标准仅仅为政策实施提供了参考，不具备全国范围内的可比性。目前，中国保障性住房的目标群体为低收入家庭，其中经济适用房面向低收入家庭，廉租房面向最低收入家庭。然而，在政策执行中产生了两个无法获得保障的"夹心层"，即不够资格申请廉租房又买不起经济适用房的家庭和超出经济适用房保障范围又无力购买商品房的家庭。中国在确定城市低收入人群和保障性住房的准入标准时应充分考虑地区和城市间收入的差距，同时将房价、居住成本、物价水平等因素考虑进去。从住房的可支付性出发，制定准入标准和确定保障对象，避免出现"夹心层"。在北上广深这样的大城市，政府在制定保障性住房准入标准时，应充分考虑房价水平，将房价收入比等住房可支付性指标等因素考虑进去，提高保障房准入标准，将中等收入工薪阶层纳入保障范围，避免这些城市的中坚力量处于城市"夹心层"的尴尬境地。

六、逐渐由产权出售型的住房保障模式向出租型的保障模式转变

长期以来中国实行以经济适用房、"两限房"等出售型为主的住房保障制度。经济适用房属于产权出售型保障房，缺乏有效的退出机制，一旦经济适用房被出售，针对该房产的公共财政投入就变成了个人收益，无法再重复利用保障其他低收入人群的住房需求。可见，这种出

售型的住房保障制度存在一些明显缺陷：住房建设资金主要由政府筹集，政府财政压力大；房源不足，供需矛盾突出，存在着骗购和寻租现象；该类住房的申请者覆盖范围小，非户籍城市人口不在保障范围内；缺乏流动性，当申请者的经济状况发生变化时，缺少有效的退出机制。为此，中国可借鉴欧洲国家租赁型社会住房建设的经验，加强租赁型保障房的建设和供给力度，为城市低收入人群和非户籍城市人口提供流动性强、可支付性高的公共租赁住房，解决他们的住房问题。

参考文献

中文文献

[1]艾克豪夫.德国住房政策[M].毕宇珠,丁宇,译.北京:中国建筑工业出版社,2012.

[2]奥沙利文,吉布.住房经济学与公共政策[M].孟繁瑜,译.北京:中国人民大学出版社,2015.

[3]鲍威尔.新工党,新福利国家?:英国社会政策中的"第三条道路"[M].林德山,李资姿,吕楠,译.重庆:重庆出版社,2010.

[4]布劳德伯利.剑桥现代欧洲经济史:1870年至今[M].张敏,孔尚会,译.北京:中国人民大学出版社,2015.

[5]陈洪波,蔡喜洋.德国住房价格影响因素研究[J].金融评论,2013,5(1):32-48+124.

[6]陈洪波,蔡喜洋.全球房地产启示录之稳定的德国[M].北京:经济管理出版社,2015.

[7]陈杰,斯蒂芬斯,满燕云.公共住房的未来:东西方的现状与趋势[M].陈杰,译.北京:中信出版社,2015.

[8]德里昂.欧洲与法国社会住房政策的主要问题[J].马璇,姚鑫,译.国际城市规划,2009,24(4):22-27.

[9]弗里斯.欧洲的城市化1500-1800[M].朱明,译.北京:商务印书馆,2015.

[10]何元斌.保障性住房建设的理论、实践与制度创新研究[M].北京:经济科学出版社,2014.

[11]江泽林.城镇住房保障理论与实践[M].北京:中国建筑工业出版社,2012.

[12]景娟,钱云.荷兰社会住房保障体系的发展对中国的启示[J].现代城市研究,2010,25(10):27-32.

[13]凯梅尼.从公共住房到社会市场:租赁住房政策的比较研究[M].王韬,译.北京:中国建筑工业出版社,2010.

[14]刘志林,景娟,满燕云.保障性住房政策国际经验:政策模式与工具[M].北京:商务印书馆,2016.

[15]毛锐.撒切尔政府私有化政策研究[M].北京:中国社会科学出版社,2005.

[16]莫林斯,穆里.英国住房政策[M].陈立中,译.北京:中国建筑工业出版社,2011.

[17]倪虹.国外住房发展报告[M].北京:中国建筑工业出版社,2013.

[18]彭华民.西方社会福利理论前沿:论国家、社会、体制与政策[M].北京:中国社会出版社,2009.

[19]夏普,雷吉斯特,格兰姆斯.社会问题经济学[M].郭庆旺,译.北京:中国人民大学出版社,2015.

[20]许兵,孟学礼,孔炜.德国房地产市场保持平稳的经验[J].中国货币市场,2011(4):13-17.

[21]姚玲珍.中国公共住房政策模式研究[M].上海:上海财经大学出版社,2003.

[22]余南平.金融危机下德国住房模式反思[J].德国研究,2010(3):11-18+77.

[23]余南平.欧洲社会模式:以欧洲住房政策和住房市场为视角[M].上海:华东师范大学出版社,2009.

[24]朱玲.德国住房市场中的社会均衡和经济稳定因素[J].经济学动态,2015(2):98-107.

外文文献

[1]1995 Tenant purchase scheme explanatory memorandum[EB/OL].[2018-7-18].http://ciarrai.ie/en/allservices/housing/tenantpurchasescheme/thefile,5430,en.pdf.

[2]AGYIRI AMANKWAH A, CHIRAMBO A, LUF M, et al. Economic review:april 2016[R]. London:Office for National Statistics, 2016.

[3]BARROW B. First-time buyer age "will increase to 35"... while for their parents it

was 23[N/OL]. MailOnline, (2011-08-20) [2018-06-12]. https://www. dailymail. co. uk/news/article-2028022/First-time-buyer-age-increase-35--parents-23. html.

[4]BLANCHFLOWER D, MACHIN S. Falling real wages in the UK[EB/OL]. (2014-05-12) [2016-07-30]. http://voxeu. org/article/falling-real-wages-uk.

[5]BRAGA M, PALVARINI P. Social housing in the EU[R]. Brussels: The European Parliament's Committee on Employment and Social Affairs, 2013.

[6]BYRNE M. We are selling off social housing and it's madness[N/OL]. Dublin InQuirer, (2016-04-27) [2018-07-13]. https://www. dublininquirer. com/2016/04/27/mick-we-are-selling-off-social-housing-and-it-is-madness/.

[7]CAHILL N. Financing of social housing in selected european countries[J]. National Economic & Social Council Secretariat Papers, 2014(11).

[8]CECODHAS Housing Europe Observatory. Study on financing of social housing[R]. Brussels: CECODHAS Housing Europe Observatory, 2013.

[9]CECODHAS Housing Europe Observatory. Study on financing of social housing in 6 European Countries[R]. Belgium: CECODHAS Housing Europe Observatory, 2013.

[10]CLAPHAM D, MACKIE P, ORFORD S, et al. Housing options and solutions for young people in 2020[J]. Population, 2012, 16:19.

[11]Co-operative housing international. About Germany[EB/OL]. [2018-6-27]. http://www. housinginternational. coop/co-ops/germany/.

[12]Co-operative housing international. About Sweden[EB/OL]. [2018-6-27]. http://www. housinginternational. coop/co-ops/sweden/.

[13]Council homes sold through right to buy[EB/OL]. [2018-6-12]. http://england. shelter. org. uk/professional_resources/housing_databank/results? area_selection = 64&data_selection=C12&selected_min=1997&selected_max=2017.

[14]DAVIS T. Comparing the social fousing sectors of the Netherlands and the United States[J]. NEURUS papers, 2001, 25.

[15]De balans voor een gemiddelde huurwoning - inkomsten[EB/OL]. [2018-07-09]. https://www. aedes. nl/feiten-en-cijfers/geld-en-investeringen/wat-doen-woningcorporaties-met-hun-geld/expert-wat-doen-woningcorporaties-met-hun-geld. html.

[16] Department for communities & local government. English housing survey:

household, 2012/13[R]. London: Department for communities & local government, 2014.

[17] Department for communities & local government. English housing survey: Household, 2014/15[R]. London: Department for communities & local government, 2016.

[18] Department for communities & local government. Live tables on house building. [DB/OL]. (2018-09-27)[2018-08-21]. https://www. gov. uk/government/statistical-data-sets/live-tables-on-house-building.

[19] Department for Communities and Local Government. 2008-2009 English housing survey[R]. London: Department for Communities and Local Government, 2010.

[20] Department for Communities and Local Government. English housing survey headline report 2014-15[R]. London: GOV. UK, 2016.

[21] Department for Communities and Local Government. Tenure trends and cross tenure analysis[R]. London: Department for Communities and Local Government, 2015.

[22] Department of Employment Affairs and Social Protection. Maximum rent limits 2016-Effective 1st July 2016[EB/OL]. (2016-07-04)[2018-07-30]. https://www. welfare. ie/en/Pages/Maximum-Rent-Limits-by-County. aspx.

[23] Department of Housing, Planning and Local Government. Social housing policy[EB/OL]. [2018-07-30]. https://www. housing. gov. ie/sites/default/files/migrated-files/en/Publications/DevelopmentandHousing/Housing/table_with_2016_income_limits. pdf.

[24] DOL K, HAFFNER M. Housing statistics in the European Union 2010[R]. The Hague: Ministry of the Interior and Kingdom Relations, 2010.

[25] DOWARD J. Young adults may have to wait until middle age to buy their first home [N/OL]. The Guardian, (2010-08-28)[2017-10-21]. https://www. theguardian. com/society/2010/aug/29/housing-crisis-affordable-homes-mortgages.

[26] Dutch social housing in a nutshell-examples of social innovation for people[R]. The Hague: Aedes vereniging van woningcorporaties, 2007.

[27] EGNER B. Housing policy in Germany-a best practice model? [M]. Friedrich-Ebert-Stiftung, 2011.

[28] FORREST R, MURIE A, WILLIAMS P. Home ownership: differentiation and fragmentation[M]. Routledge, 2021.

[29] GBV-Jahresstatistik 2016[EB/OL]. [2018-08-14]. https://www. gbv. at/

Document/View/4683.

[30] GIBB K. Trends and change in social housing finance and provision within the European Union[J]. Housing Studies, 2002, 17(2): 325-336.

[31] GOV. UK. 5 reasons why we are backing hinkley point C[EB/OL]. (2016-03-12)[2016-07-09]. https://www. gov. uk/government/news/5-reasons-why-we-are-backing-hinkley-point-c.

[32] GOV. UK. Help to buy ISA factsheet[EB/OL]. (2015-07-22)[2016-01-28] https://www. gov. uk/government/publications/help-to-buy-isa-factsheet.

[33] GOV. UK. Innovate UK[EB/OL]. [2016-07-09]. https://www. gov. uk/government/organisations/innovate-uk/about.

[34] GOV. UK. Live tables on social housing sales, table 671: annual right to buy sales for England (includes chart)[DB/OL]. (2018-11-28)[2018-12-10]. https://www. gov. uk/government/statistical-data-sets/live-tables-on-social-housing-sales.

[35] GOV. UK. Live tables on social housing sales, table 682: social housing sales: annual financial data on right to buy sales for England: 1998-99 to 2016-17[DB/Ol]. (2018-11-28)[2018-12-10]. https://www. gov. uk/government/statistical-data-sets/live-tables-on-social-housing-sales.

[36] Gross domestic product at market prices[DB/OL]. (2018-08-17)[2018-12-11]. http://ec. europa. eu/eurostat/tgm/refreshTableAction. do? tab = table&plugin = 1&pcode = tec00001&language=en.

[37] HAMROUSH S, LUFF M, BANKS A, et al. An analysis of the drivers behind the fall in direct investment earnings and their impact on the UK's currrent account deficit[R]. London: Office for National Statistics, 2016.

[38] HM Government. HM treasury analysis: the long-term economic impact of EU membership and the alternatives[R]. London: HM Government, 2016.

[39] HM Revenue & Custom. Summary of import and export trade with EU and non-EU countries - annual 2009-2017[EB/OL]. [2018-12-11]. https://www. uktradeinfo. com/Statistics/Pages/Annual-Tables. aspx.

[40] Höchstbeträge für Miete und Belastung[EB/OL]. [2018-07-31] https://www. wohngeld. org/mietstufe. html.

[41]Hoe kom ik in aanmerking voor een sociale-huurwoning? [EB/OL]. [2018-12-07]. https://www. rijksoverheid. nl/onderwerpen/huurverhoging/vraag-en-antwoord/sociale-huurwoning-voorwaarden.

[42]Housing benefit is a public benefit administered by udbetaling Danmark. [DB/OL]. [2018-07-20]. https://www. atp. dk/en/atp-as-an-administrator/udbetaling-danmark/housing-benefits.

[43]How will refugees affect European economies? [EB/OL]. (2015-10-19)[2018-8-8]. http://bruegel. org/2015/10/how-will-refugees-affect-european-economies/.

[44]Huurtoeslag[EB/OL]. [2018-07-07]. https://www. belastingdienst. nl/wps/wcm/connect/bldcontentnl/belastingdienst/prive/toeslagen/huurtoeslag/huurtoeslag - 2018/voorwaarden-2018/voorwaarden-huurtoeslag-2018.

[45]HYPOSTAT 2017|a review of Europe's mortgage and housing markets[EB/OL]. (2017-09)[2018-6-12]. https://hypo. org/app/uploads/sites/3/2017/09/HYPOSTAT-2017. pdf.

[46]Innovate UK. Delivery plan 2016 to 2017[R/OL]. (2016-04)[2017-10-08]. https://assets. publishing. service. gov. uk/government/uploads/system/uploads/attachment_data/file/514838/CO300_Innovate_UK_Delivery_Plan_2016_2017_WEB. pdf.

[47]KEMENY J, LOWE S. Schools of comparative housing research: from convergence to divergence[J]. Housing Studies, 1998, 13(2): 161-176.

[48]KENTIS B. Council housing numbers hit lowest point since records began[N/OL]. Independent, (2017-11-16)[2018-06-12]. https://www. independent. co. uk/news/uk/politics/council-housing-uk-lowest-level-records-began-a8059371. html.

[49]KENTIS B. Fewer social homes being built than at any time since second world war, official figures reveal[N/OL]. Independent, (2017-11-10)[2018-6-12]. https://www. independent. co. uk/news/uk/politics/fewer - social - homes - second - world - war - local - authorites-councils-housing-tenants-right-to-buy-a8047011. html.

[50]Keppler A. Housing in the Netherlands[J/OL]. [2018-07-05]. https://www. jstor. org/stable/1019709.

[51]LENNARTZ C, ARUNDEL R, RONALD R. Young people and homeownership in Europe through the global financial crisis [R]. Amsterdam: Amsterdam Centre for Urban

Studies, 2014.

[52]LOWE S. The housing debates[M]. Bristol: Policy Press, 2011.

[53]LUNDE J, WHITEHEAD C. Milestones in European housing finance[M]. Oxford: John Wiley & Sons, 2016.

[54]Ministerie van Binnenlandse Zaken en Koninkrijksrlaties. Cijfers over Wonen en Bouwen 2016[R]. Den Haag: Het ministerie van Binnenlandse Zaken en Koninkrijksrelaties, 2016.

[55]MOREAU, SYLVIE, PITTINI, et al. Profiles of a movement: co-operative housing around the world-softcover[EB/OL]. [2018-6-12] https://www. abebooks. com/978095 7323209/Profiles-Movement-Co-operative-Housing-Around-0957323204/plp.

[56]Office for National Statistics. Balance of payments: total trade in services[EB/OL]. (2018-09-28) [2018-12-11]. https://www. ons. gov. uk/economy/nationalaccounts/ balanceofpayments/timeseries/ktms.

[57]Office for National Statistics. Employees and self-employment by age, UK, 2001 to 2016[DB/OL]. (2016-07-08)[2018-07-10]. https://www. ons. gov. uk/employmentand labourmarket/peopleinwork/employmentandemployeetypes/adhocs/005894employeesandselfem ploymentbyageuk2001to2016.

[58]Office for National Statistics. Home economy gross domestic product (GDP) business investment in the UK: January to March 2016 revised results[DB/OL]. (2016-06-30)[2016-07-07]. http://www. ons. gov. uk/economy/grossdomesticproductgdp/bulletins/ businessinvestment/quarter1jantomar2016revisedresults#economic-background.

[59]Office for National Statistics. Labour force survey 2015[R]. London: ONS, 2015.

[60]Office for National Statistics. Real households & NPISH (S. 14+S. 15) disposable income per head[DB/OL]. (2017-6-30)[2018-6-30]. https://www. ons. gov. uk/ economy/grossdomesticproductgdp/timeseries/du8y/ukea.

[61]Office for National Statistics. Statistical bulletin: UK labour market[DB/OL]. (2016-01-01)[2016-07-01]. http://www. ons. gov. uk/ons/rel/lms/labour-market-statistics/january-2016/statistical-bulletin. html? format=print.

[62]Office for National Statistics. Time series: BOP: balance: NSA: total trade in goods £M[DB/OL]. (2018-12-10) [2018-12-11]. https://www. ons. gov. uk/economy/

nationalaccounts/balanceofpayments/timeseries/lqct.

[63]Office for National Statistics. Time series: CPI annual rate 00: all items 2015＝100 [DB/OL]. (2018－11－14)[2018－12－11]. https://www. ons. gov. uk/economy/ inflationandpriceindices/timeseries/d7g7.

[64]Office for National Statistics. Time series: real households & NPISH (S. 14+S. 15) disposable income per head: CVM £: SA[DB/OL]. (2017－6－30)[2018－12－11]. https:// www. ons. gov. uk/economy/grossdomesticproductgdp/timeseries/ihxz.

[65]Office for National Statistics. UK perspectives 2016: housing and home ownership in the UK[R/OL]. (2016－05－25)[2016－07－08]. https://www. ons. gov. uk/peoplepop ulationandcommunity/housing/articles/ukperspectives2016housingandhomeownershipintheuk/ 2016－05－25.

[66]Office for National Statistics. Why are more young people living with their parents? [EB/OL]. (2016－02－22)[2016－07－22]. http://visual. ons. gov. uk/living－with－ parents/.

[67]Ontwikkeling woningvoorraad corporaties 2007－2016[EB/OL]. [2018－07－09]. https://www. aedes. nl/feiten－en－cijfers/woning/hoe－ontwikkelt－het－bezit－van－corporaties－ zich/expert－hoe－ontwikkelt－het－bezit－van－corporaties－zich. html.

[68]OSBORNE H. "Rent trap" keeping England's young people off the housing ladder [N/OL]. The Guardian, (2014－07－23)[2018－06－12]. https://www. theguardian. com/ money/2014/jul/23/rent－trap－keeps－young－off－housing－ladder.

[69]OSBORNE H. Record levels of young adults living at home, says ONS[N/OL]. The Guardian, (2014－01－21)[2018－06－12]. https://www. theguardian. com/money/ 2014/jan/21/record－levels－young－adults－living－home－ons.

[70]OUWEHAND A, VAN DAALEN G. Dutch housing association— a model for social housing[M]. Delft: Delft University Press, 2002.

[71]PADLEY M, HIRSCH D. A Minimum income standard for the UK in 2017[R/ OL]. York: Joseph Rowntree Foundation, 2017.

[72]PATTISON B, DIACON D, VINE J. Tenure trends in the UK housing system: will the private rented sector continue to grow? [M]. BSHF, 2010.

[73]PITTINI A, LAINO E. Housing Europe review 2012-the nuts and bolts of European

social housing systems[R/OL]. (2011-10)[2018-6-12]. https://www. researchgate. net/ publication/236144096_Housing_Europe_Review_2012_The_nuts_and_bolts_of_European_ social_housing_systems.

[74]PITTINI A. Housing affordability in the EU—current situation and recent trends [R]. Brussels: CECODHAS Housing Europe's Observatory Research Briefing, 2012.

[75]Press Association. More than 1m families waiting for social housing in England[N/ OL]. The Guardian, (2018-06-09)[2018-07-08]. https://www. theguardian. com/ society/2018/jun/09/more-than-1m-families-waiting-for-social-housing-in-england.

[76]PRIEMUS H, SMITH J. Social housing investment: housing policy and finance in the UK and the Netherlands, 1970-1992[J]. Netherlands journal of housing and the built environment, 1996, 11(4):401-419.

[77] PRIEMUS H. Commercial rented housing: two sectors in the Netherlands[J]. Netherlands journal of housing and the built environment, 1998, 13(3):255-277.

[78]PRIEMUS H. How to abolish social housing? The Dutch case[J]. International journey of urban and regional research, 1995,19(1):145-155.

[79]SAUNDERS P. The meaning of "home" in contemporary English culture[J]. Housing studies, 1989(4):177-192.

[80]SCANLON K, WHITEHEAD C, ARRIGOITI M. F. Social housing in Europe[M]. Oxford: John Wiley & Sons, 2014.

[81]STAFF R J. Young people, Housing and social policy[M]. London: Routledge, 1999.

[82]Statistics Netherlands. Housing associations own one in three Dutch homes[EB/ OL]. (2011-06-12)[2018-12-11]. http://www. cbs. nl/en-GB/menu/themas/bouwen- wonen/publicaties/artikelen/archief/2011/2011-3520-wm. htm.

[83]SWINFORD S. Rise of generation rent as home ownership hits 25-year low[N/ OL]. Telegraph, (2014-2-16)[2018-06-12]. https://www. telegraph. co. uk/finance/ property/house-prices/10663923/Rise-of-Generation-Rent-as-home-ownership-hits-25- year-low. html.

[84]Tenant (incremental) purchase scheme 2016 tenant information[EB/OL]. [2018- 7-16]. https://www. tipperarycoco. ie/sites/default/files/Publications/Tenant%20Purchase

%20Information%20booklet%20%E2%80%93%20English. pdf.

[85]The Economist, Inteligence Unit. Referendum result will stop the recovery in its track[EB/OL]. (2016-06-29)[2016-07-12]. https://country. eiu. com/.

[86]The National Centre for Social Research. 2006/07 Survey of English housing[R]. London: Department for Communities and Local Government, 2008.

[87]Vil du søge boligstøtte[EB/OL]. [2018-12-10]. https://www. borger. dk/bolig-og-flytning/Boligstoette-oversigt/Boligstoette-soege.

[88]WEICHER J C. The affordability of new homes[J]. Real estate economics, 1977,5 (2): 209-226.

[89]WHITERHEAD C M E. From need to affordability: an analysis of UK housing objectives[J]. Urban Studies,1991, 28(6): 871-887.

[90]WILSON W, KENNEDY S, KEEN R. Support for mortgage interest (SMI) scheme [R]. UK: House of Commons, 2018.

[91]Wohngeld 2018 nach dem Wohngeldgesetz[EB/OL]. (2018-02-17)[2018-08-01]. https://www. wohngeld. org/.

[92]Wohngeld Statistik 2005 bis 2016[EB/OL]. [2018-07-31]. https://www. wohngeld. org/statistik. html.

[93]World Trade Organization. World trade statistical review 2016[R]. Geneva: WTO, 2016.

后　记

《欧洲国家的社会住房政策研究》一书是国家社会科学基金一般项目"城市化进程中欧洲国家的社会住房政策研究"（项目编号：14BJL011）的最终研究成果。从构思立项、书稿撰写再到付梓出版，每个阶段都充满了挑战与收获。项目的顺利完成离不开相关人士和机构的支持和帮助。在图书出版之际，我真诚地向所有给予我帮助和支持的个人与机构表示深深的谢意！

首先，我要衷心感谢国家社科基金对本研究的资助和支持。国家社科基金对选题的认可与支持让我有机会深入探讨和研究欧洲国家的社会住房政策，为这一领域的研究贡献自己的微薄之力。同时，感谢项目评审专家对本研究的指导，您的宝贵意见和建议为书稿的撰写和完善提供了重要的思路和方法。

其次，我要对项目组成员原中国社会科学院欧洲研究所秦爱华副研究员、对外经济贸易大学外语学院许维力博士、北京大学外国语学院路燕萍博士表示诚挚的谢意！她们在项目研究设计、数据分析、实地调研、书稿写作过程中付出了大量心血和辛勤劳动。没有她们的协助和支持，这部专著不可能如此顺利地完成。

再次，我要特别感谢家人对我的支持和鼓励。在我追求学术梦想的过程中，妻子张春艳给予我极大的理解与包容，是我学术之路上最坚强的后盾。在项目研究的日常生活中，她不仅承担起照顾孩子和完成家务的重担，还在我遇到困难与挫折时，给予我莫大的精神支持和鼓励。没有你的陪伴与支持，我难以在科研的道路上行稳致远。两个乖巧女儿的笑容和陪伴，让我在繁忙的学术生活中感受到家的温暖与幸福，是我不断前行的最大动力。

最后，我对所在单位温州大学商学院和人文社科处给予我的支持表示感谢。学院为我提供了良好的研究环境和丰富的学术资源，在我面对研究难题时，给予了极大的支持和帮助。该书有幸入选温州大学精品文库，非常感谢温州大学人文社科处对该书出版给予的部分资助和大力支持。

在图书出版之际，我还要特别感谢当代世界出版社社长助理兼一编辑部主任刘娟娟女士和她的编辑团队，他们的专业精神和辛勤付出才使得本书得以顺利出版。

值得一提的是，本书是我在中国驻德国大使馆常驻期间完成的。常驻德国的这段经历为项目的完成提供了极为宝贵的资源和难得的机会。在德国期间的实地调研和直接接触，让我有机会获取有关欧洲国家社会住房政策的第一手资料，有利于我对当地的社会住房政策实践产生更为直观而深入的理解，为项目研究提供了源头活水，使得研究更加深入和贴合实际。可以说，德国工作期间的实地调研为本书的撰写打下了坚实的基础。

希望本书能为关注社会住房政策的学者、研究者和政策制定者提供一些有益参考，为未来的研究带来点滴启发，为社会住房政策研究与实践贡献微薄的力量。尽管自己努力做到完美，但由于水平有限，书中难免仍有不足之处，敬请各位读者批评指正，我会在今后的研究中继续努力。

李罡

2024 年 5 月 30 日于北京